23 COISAS QUE NÃO NOS CONTARAM SOBRE O CAPITALISMO

Ha-Joon Chang

23 COISAS QUE NÃO NOS CONTARAM SOBRE O CAPITALISMO

Tradução
CLAUDIA GERPE DUARTE

Título original: *23 Things They Don't Tell You About Capitalism*
Copyright © 2010 Ha-Joon Chang.
Copyright da edição brasileira © 2013 Editora Pensamento-Cultrix Ltda.
1ª edição 2013.
4ª reimpressão 2021.
Todos os direitos reservados. Nenhuma parte desta obra pode ser reproduzida ou usada de qual-quer forma ou por qualquer meio, eletrônico ou mecânico, inclusive fotocópias, gravações ou sistema de armazenamento em banco de dados, sem permissão por escrito, exceto nos casos de trechos curtos citados em resenhas críticas ou artigos de revistas.

A Editora Cultrix não se responsabiliza por eventuais mudanças ocorridas nos endereços conven-cionais ou eletrônicos citados neste livro.

Editor: Adilson Silva Ramachandra
Editora de texto: Denise de C. Rocha Delela
Coordenação editorial: Roseli de S. Ferraz
Preparação de originais: Roseli de S. Ferraz
Produção editorial: Indiara Faria Kayo
Assistente de produção editorial: Estela A. Minas
Revisão: Claudete Agua de Melo e Yociko Oikawa
Editoração Eletrônica: Fama Editora

Dados Internacionais de Catalogação na Publicação (CIP)
(Câmara Brasileira do Livro, SP, Brasil)

Chang, Ha-Joo
    23 coisas que não nos contaram sobre o capitalismo / Ha-Joo Chang; tradução Claudia Gerpe Duarte. — São Paulo : Cultrix, 2013.

    Título original: 23 things they don't tell you about capitalism.
    ISBN 978-85-316-1220-6
    1. Capitalismo 2. Desenvolvimento econômico 3. Livre mercado 4. Política econômica I. Título.

13-00914   CDD-330.122

Índices para catálogo sistemático:
1. Política econômica de livre mercado : Economia 330.122

Direitos de tradução para o Brasil
adquiridos com exclusividade pela
EDITORA PENSAMENTO-CULTRIX LTDA que se reserva a
propriedade literária desta tradução.
Rua Dr. Mário Vicente, 368 — 04270-000 — São Paulo, SP
Fone: (11) 2066-9000
E-mail: atendimento@editoracultrix.com.br
http://www.editoracultrix.com.br
Foi feito o depósito legal.

Dedico este livro a Hee-Jeong, Yuna e Jin-Gyu

7 maneiras de ler *23 Coisas Que Não Nos Contaram Sobre o Capitalismo*

Primeira Maneira. Se você nem ao menos tem certeza do que é o capitalismo, leia:
"Coisas" 1, 2, 5, 8, 13, 16, 19, 20 e 22

Segunda Maneira. Se você acha que a política é perda de tempo, leia:
"Coisas" 1, 5, 7, 12, 16, 18, 19, 21 e 23

Terceira Maneira. Se você anda pensando por que a sua vida não parece melhorar apesar de uma renda em constante crescimento e de tecnologias cada vez mais modernas, leia:
"Coisas" 2, 4, 6, 9, 10, 17, 18 e 22

Quarta Maneira. Se você acha que algumas pessoas são mais ricas do que outras porque são mais capazes, mais instruídas e mais empreendedoras, leia:
"Coisas" 3, 10, 13, 14, 15, 16, 17, 20 e 21

Quinta Maneira. Se você deseja saber por que os países pobres são pobres e como eles podem ficar mais ricos, leia:
"Coisas" 3, 6, 7, 8, 9, 10, 11, 12, 15, 17 e 23

Sexta Maneira. Se você acha que o mundo é um lugar injusto, mas que não há muito que você possa fazer a respeito, leia: "Coisas" 1, 2, 3, 4, 5, 11, 13, 14, 15, 20 e 21

Sétima Maneira. Leia a coisa inteira na seguinte ordem...

Sumário

Agradecimentos do autor 11

Introdução 13

1: Não existe algo como um livre mercado 21

2: A gestão das empresas *não* deve estar voltada para o interesse dos seus donos 34

3: O salário da maioria das pessoas nos países ricos é maior do que deveria ser 49

4: A máquina de lavar roupa mudou mais o mundo do que a internet o fez 59

5: Pressuponha o pior com relação às pessoas e você receberá o pior 72

6: A maior estabilidade macroeconômica *não* tornou a economia mundial mais estável 85

7: As políticas de livre mercado raramente fazem os países pobres ficarem ricos 99

8: O capital tem uma nacionalidade 114

9: Não vivemos em uma era pós-industrial 131

10: Os Estados Unidos não têm o padrão de vida mais elevado do mundo 149

11: A África não está destinada ao subdesenvolvimento........ 161

12: Os governos são capazes de fazer boas escolhas.............. 178

13: Tornar as pessoas ricas mais ricas não faz com que todo mundo fique rico... 193

14: Os executivos americanos são caros demais.................... 206

15: As pessoas nos países pobres são mais empreendedoras do que as pessoas nos países ricos.. 218

16: Não somos inteligentes o bastante para deixar que o mercado cuide das coisas.. 232

17: Mais instrução por si só não tornará um país mais rico... 246

18: O que é bom para a General Motors não é necessariamente bom para os Estados Unidos................................ 261

19: Apesar da queda do comunismo, ainda estamos vivendo em economias planejadas... 273

20: A igualdade de oportunidades pode não ser justa........... 287

21: O governo poderoso torna as pessoas mais abertas à mudança.. 301

22: Os mercados financeiros precisam se tornar menos, e não mais, eficientes... 314

23: Uma boa política econômica não requer bons economistas... 328

Conclusão: Como reconstruir a economia mundial.................. 340

Notas.. 355

Agradecimentos

Muitas pessoas me ajudaram enquanto eu escrevia este livro. Depois de desempenhar um papel fundamental na viabilização do meu livro anterior, *Bad Samaritans* [*Maus Samaritanos*], que enfocou o mundo em desenvolvimento, Ivan Mulcahy, o meu agente literário, incentivou-me constantemente a escrever outro livro com uma perspectiva mais ampla. Peter Ginna, o meu editor na Bloomsbury USA, não apenas ofereceu um valioso *feedback* editorial como também desempenhou um papel crucial na definição do tom da obra quando sugeriu o título, *23 Coisas Que Não Nos Contaram Sobre o Capitalismo*, enquanto eu estava conceituando o livro. William Goodlad, o meu editor na Allen Lane, assumiu o comando da atividade editorial e realizou um esplêndido trabalho, fazendo com que tudo saísse perfeito.

Muitas pessoas leram capítulos do livro e apresentaram comentários bastante proveitosos. Duncan Green leu todos os capítulos e me ofereceu conselhos extremamente úteis, tanto com relação ao conteúdo quanto sob o aspecto editorial. Geoff Harcourt e Deepak Nayyar leram muitos capítulos e ofereceram conselhos perspicazes. Dirk Bezemer, Chris Cramer, Shailaja Fennell, Patrick Imam, Deborah Johnston, Amy Klatzkin, Barry Lynn, Kenia Parsons e Bob Rowthorn leram vários capítulos e fizeram valiosos comentários.

Sem a ajuda dos meus competentes assistentes de pesquisas, eu jamais teria obtido todas as informações detalhadas nas quais o livro se baseia. Agradeço, em ordem alfabética, a Bhargav Adhvaryu, Hassan Akram, Antonio Andreoni, Yurendra Basnett, Muhammad Irfan, Veerayooth Kanchoochat e Francesca Reinhardt pela sua ajuda.

Desejo também agradecer a Seung-il Jeong e Buhm Lee por me fornecer informacões que não se encontram facilmente acessíveis.

Finalmente e igualmente importante, agradeço à minha família, sem cujo apoio e amor o livro não teria sido concluído. Hee-Jeong, a minha mulher, não apenas me proporcionou um forte apoio emocional enquanto eu escrevia o livro mas também leu todos os capítulos e me ajudou a formular os meus argumentos de uma maneira mais coerente e coloquial. Fiquei imensamente satisfeito ao ver que, quando apresentei algumas das minhas ideias para minha filha Yuna, ela reagiu com uma surpreendente maturidade intelectual para uma adolescente de 14 anos de idade. Jin-Gyu, meu filho, me ofereceu algumas ideias muito interessantes e também um forte apoio moral para o livro. Eu o dedico a essas três pessoas queridas.

Introdução

A economia mundial está destroçada. Embora o estímulo fiscal e monetário de uma escala sem precedente tenha evitado que o desastre financeiro de 2008 se transformasse em um colapso total da economia mundial, o colapso global de 2008 continua a ser a segunda maior crise econômica da história, depois da Grande Depressão. Na ocasião em que escrevo estas linhas (março de 2010), enquanto algumas pessoas declaram o final da recessão, uma recuperação constante não está de modo algum garantida. Na ausência de reformas financeiras, as estratégias monetárias e fiscais pouco rígidas conduziram a novas bolhas financeiras, enquanto a economia real está exaurida de dinheiro. Se essas bolhas estourarem, a economia global poderá cair em outra recessão (*double-dip*), ["duplo mergulho", numa tradução livre]. Até mesmo se a recuperação se sustentar, o resultado da crise será sentido durante anos. Poderá levar anos para que o setor corporativo e o segmento doméstico reconstruam os seus balanços patrimoniais. Os enormes déficits orçamentários criados pela crise obrigarão os governos a reduzir de uma maneira significativa os investimentos públicos e as aplicações na área do bem-estar social, afetando negativamente o crescimento econômico, a pobreza e a estabilidade social — possivelmente durante décadas. Algumas pessoas que perderam o emprego e a sua casa durante a crise talvez nunca mais consigam ingressar novamente na economia convencional. Essas perspectivas são assustadoras.

Essa catástrofe foi essencialmente criada pela ideologia do livre mercado que domina o mundo desde a década de 1980. Fomos informados que, se não interferíssemos, os mercados produziriam os resultados mais eficientes e justos. Eficientes, porque as pessoas sabem como utilizar da melhor maneira possível os recursos que controlam, e justos, porque o processo do mercado competitivo garante que as pessoas sejam recompensadas de acordo com a sua produtividade. Fomos informados de que os negócios deveriam ter o máximo de liberdade possível. As empresas, por estar mais perto do mercado, sabem o que é melhor para os seus negócios. Se deixarmos que façam o que desejam, a criação da riqueza será maximizada, beneficiando também o resto da sociedade. Fomos informados de que a intervenção do governo no mercado frequentemente é concebida para limitar o escopo da criação da riqueza por razões igualitárias equivocadas. Mesmo quando isso não é verdade, os governos não podem aprimorar os resultados do mercado, pois não possuem as informações nem os incentivos necessários para tomar boas decisões de negócios. Em resumo, fomos informados de que deveríamos confiar cegamente no mercado e sair do caminho.

Seguindo esse conselho, quase todos os países introduziram uma política econômica de livre mercado ao longo das três últimas décadas, como a privatização de indústrias e instituições financeiras de propriedade do governo, a desregulamentação das áreas financeira e industrial, a liberalização do comércio e dos investimentos internacionais e a redução do imposto de renda e dos pagamentos da previdência social. Essas diretrizes, como admitiram os seus defensores, poderiam criar temporariamente alguns problemas, como o aumento da desigualdade, mas em última análise todos seriam beneficiados pela criação de uma sociedade mais dinâmica e mais rica. A maré ascendente levanta todos os barcos ao mesmo tempo, era a metáfora.

O resultado dessas políticas foi exatamente o oposto do que fora prometido. Esqueça por um momento o colapso financeiro, que deixará uma "cicatriz" no mundo durante várias décadas. Antes disso, e sem o conhecimento da maioria das pessoas, as estratégias de livre mercado haviam resultado em um crescimento mais lento, no aumento da desigualdade e em uma maior instabilidade na maioria dos países. Em muitas nações ricas, esses problemas foram disfarçados por uma grande expansão do crédito; desse modo, o fato de os salários nos Estados Unidos terem permanecido estagnados e as horas de trabalho aumentado a partir dos anos de 1970 foi convenientemente obscurecido pelo inebriante *pot-pourri* do *boom* do consumo alimentado pelo crédito. Os problemas eram bastante sérios nos países ricos, mas foram ainda mais graves para o mundo em desenvolvimento. O padrão de vida na África subsaariana ficou estagnado nas últimas três décadas, enquanto o índice de crescimento *per capita* na América Latina declinou dois terços nesse mesmo período. Algumas nações em desenvolvimento cresceram rápido (embora ao lado de um igual aumento rápido da desigualdade) nesse período, como a China e a Índia, mas esses foram precisamente os países que, embora parcialmente liberalizantes, recusaram-se a introduzir uma política integral de livre mercado.

Portanto, o que nos disseram os defensores do livre mercado — ou, como são frequentemente chamados, os economistas neoliberais — era, na melhor das hipóteses, apenas parcialmente verdadeiro e, na pior das hipóteses, estava completamente errado.

Como demonstrarei ao longo deste livro, as "verdades" espalhadas pelos ideólogos do livre mercado se baseiam em suposições indolentes, visões tacanhas, ou até mesmo ideias necessariamente egoístas. O meu objetivo neste livro é revelar algumas verdades essenciais a respeito do capitalismo que não serão reveladas pelos defensores do livre mercado.

Este livro não é um manifesto anticapitalista. Criticar a ideologia do livre mercado não é o mesmo que ser contra o capitalismo. Apesar dos seus problemas e limitações, acredito que o capitalismo ainda é o melhor sistema econômico já inventado pela humanidade. O que eu critico é uma versão particular do capitalismo que vem dominando o mundo nas últimas três décadas, ou seja, o capitalismo de livre mercado. Essa não é a única maneira de administrar o capitalismo, e certamente não é a melhor, como demonstra o registro das últimas três décadas. Este livro mostra que existem maneiras pelas quais o capitalismo deve, e pode, ser aprimorado.

Embora a crise de 2008 tenha nos feito questionar seriamente o modo pelo qual as nossas economias são dirigidas, a maioria de nós não se envolve com essas questões por achar que elas devem ser tratadas pelos especialistas. E isso é verdade — em um determinado nível. As respostas exatas de fato exigem um conhecimento sobre muitos assuntos técnicos, muitos dos quais são tão complicados que os próprios especialistas divergem com relação a eles. É, portanto, natural que a maioria de nós não tenha o tempo ou o treinamento necessário para aprender todos os detalhes técnicos para então poder emitir a nossa opinião sobre a eficácia do TARP (Troubled Asset Relief Program) ou Programa de Recuperação de Ativos Problemáticos, a necessidade do G20, a sabedoria da nacionalização dos bancos ou os níveis apropriados dos salários dos executivos. E quando se trata de coisas como a pobreza na África, o funcionamento da Organização Mundial do Comércio ou as regras de adequação dos fundos do Bank for International Settlements (BIS), quase todos nós ficamos francamente perdidos.

No entanto, *não* é necessário conhecer todos os detalhes técnicos para entender o que está acontecendo no mundo e exercer o que eu chamo de "cidadania econômica ativa" para exigir que aqueles que ocupam posições de tomada de decisões adotem uma linha de ação correta. Afinal de contas, fazemos avaliações a respeito dos mais diferentes tipos de assuntos apesar de carecer de um conhecimento técnico. Não precisamos ser especialistas em epidemiologia para saber que as fábricas de alimentos, os açougues e os restaurantes devem respeitar padrões de higiene. A avaliação das questões econômicas não é diferente: depois que você tomar conhecimento dos principais princípios e fatos básicos, poderá fazer algumas avaliações sólidas sem conhecer os detalhes técnicos. O único pré-requisito é que você esteja disposto a remover os óculos com lentes cor-de-rosa que as ideologias neoliberais sugerem que você use todos os dias. Os óculos fazem com que o mundo pareça simples e bonito, mas se você retirá-los, poderá contemplar a luz clara e implacável da realidade.

Logo que você compreender que não existe na verdade algo como um livre mercado, você não será enganado por pessoas que condenam a regulamentação afirmando que ela "tira a liberdade" do mercado (*ver pp. 21-33*). Quando você tomar conhecimento de que grandes governos ativos podem promover, em vez de refrear, o dinamismo econômico, você verá que a disseminada desconfiança no governo é injustificável (*ver pp. 178-192 e 301-313*). O fato de você saber que *não* vivemos em uma economia de conhecimento pós-industrial o levará a questionar a sabedoria de desconsiderar, ou mesmo de receber implicitamente bem, o declínio industrial de um país como fizeram alguns governos (*ver pp. 131-148 e 246-260*). Quando você compreender que a economia *trickle-down* não funciona, você enxergará as reduções excessivas de impostos para os ricos pelos que elas são — uma mera redistribuição ascendente da renda, em vez de uma maneira de fazer com que todos nós fiquemos mais ricos, como nos disseram que iria acontecer (*ver pp. 193-205 e 287-300*).

O que aconteceu à economia mundial não foi um acaso ou o resultado de uma força irresistível da história. Não foi devido a uma lei de ferro do mercado que os salários ficaram estagnados e as horas de trabalho estão aumentando para quase todo mundo, enquanto a renda dos executivos de alto nível e dos banqueiros aumentou enormemente (*ver pp. 149-160 e 206-217*). E não é simplesmente por causa de um progresso incontrolável das tecnologias de comunicação e transporte que estamos expostos a crescentes forças da concorrência internacional e temos que nos preocupar com a segurança do emprego (*ver pp. 59-71 e 85-98*). Não foi inevitável que o setor financeiro se separasse cada vez mais da economia real nas últimas três décadas, acabando por criar a catástrofe econômica na qual nos encontramos hoje (*ver pp. 261--272 e 314-327*). Não é devido principalmente a alguns fatores estruturais inalteráveis, como um clima tropical, uma localização desfavorável ou uma cultura nociva, que os países pobres estão pobres (*ver pp. 99-113 e 161-177*).

As decisões humanas, especialmente aquelas tomadas por aqueles que têm o poder de definir as regras, fazem com que as coisas aconteçam do jeito que acontecem, como irei explicar. Embora nenhum tomador de decisões isolado possa ter certeza de que as suas ações sempre conduzirão aos resultados desejados, as decisões que foram tomadas não são em um certo sentido inevitáveis. Não vivemos no melhor dos mundos possíveis. Se decisões diferentes tivessem sido tomadas, o mundo teria sido um lugar diferente. Levando isso em conta, precisamos perguntar se as decisões tomadas pelos ricos e poderosos se baseiam em um raciocínio judicioso e em evidências sólidas. Somente quando fazemos isso podemos exigir uma ação correta da parte das corporações, governos e organizações internacionais. Sem a nossa cidadania econômica ativa, sempre seremos vítimas de pessoas que têm uma capacidade maior de tomar decisões, que nos dizem que as coisas acontecem porque têm que acontecer e, por conseguinte, que nada podemos fazer para alterá-las, por mais desagradáveis e injustas que elas possam parecer.

Este livro tem a intenção de equipar o leitor com um entendimento de como o capitalismo realmente funciona e como é possível fazê-lo funcionar melhor. No entanto, não se trata de um livro de "economia para idiotas". É uma tentativa de ser, ao mesmo tempo, bem menos e bem mais do que isso.

Menos do que economia para idiotas porque não abordo muitos dos detalhes técnicos que até mesmo um livro básico de introdução à economia seria obrigado a explicar. Entretanto, essa omissão de detalhes técnicos não acontece por eu acreditar que eles estejam além da compreensão dos meus leitores. Noventa e cinco por cento da economia é bom-senso tornado complicado, e até mesmo no caso dos 5% remanescentes, o raciocínio essencial, ou até mesmo todos os detalhes técnicos, podem ser explicados em termos simples. Ela acontece simplesmente porque acredito que a melhor maneira de aprender os princípios econômicos é usando-os para compreender os problemas que mais interessam ao leitor. Por conseguinte, só introduzo detalhes técnicos quando eles se tornam relevantes, e não de uma maneira sistemática clássica.

No entanto, embora completamente acessível a leitores não especializados, o livro é muito mais do que um livro de economia para idiotas. Na realidade, ele se aprofunda muito mais do que muitos livros avançados de economia no sentido que questiona muitas teorias econômicas e fatos empíricos reconhecidos que esses livros aceitam como fato consumado. Embora um leitor não especializado possa achar intimidante que lhe seja pedido que questione essas teorias apoiadas pelos "especialistas" e que desconfie de fatos empíricos aceitos pela maioria dos profissionais da área, você descobrirá que isso é na realidade bem mais fácil do que parece, tão logo você pare de pressupor que o que a maioria dos especialistas acredita precisa necessariamente estar certo.

A maior parte das questões que discuto no livro não tem respostas simples. Na realidade, em muitos casos, o meu argumento principal é que não existe uma resposta simples, ao contrário do que os economistas que defendem o livre mercado desejam que acreditemos. Não obstante, a não ser que encaremos essas questões, não perceberemos como o mundo realmente funciona. E a não ser que entendamos isso, não seremos capazes de defender os nossos próprios interesses e, muito menos, de fazer um bem maior como cidadãos econômicos ativos.

1
Não existe algo como um livre mercado

O que eles dizem

Os mercados precisam ser livres. Quando o governo interfere para impor o que os participantes do mercado podem ou não podem fazer, os recursos são impossibilitados de circular para a sua utilização mais eficaz. Se as pessoas não podem fazer as coisas que consideram mais lucrativas, elas perdem o incentivo de investir e inovar. Portanto, se o governo colocar um teto no aluguel residencial, os locadores perderão o incentivo de manter as suas propriedades ou construir novas. Ou então, se o governo restringir os tipos de produtos financeiros que podem ser vendidos, duas partes contratantes que poderiam ter se beneficiado de transações inovadoras que satisfazem as suas necessidades idiossincráticas não podem colher os ganhos potenciais do livre contrato. As pessoas precisam ser deixadas "livres para escolher", como sugere o título do famoso livro, *Capitalism and Freedom* [*Capitalismo e Liberdade*], de Milton Friedman, visionário do livre mercado.

O que eles não dizem

O livre mercado não existe. Todo mercado tem algumas regras e limites que restringem a liberdade de escolha. O mercado só parece livre porque estamos tão condicionados a aceitar as suas restrições subjacentes que deixamos de percebê-las. Não é possível definir objetivamente o quanto um mercado é "livre". Essa é uma definição política. A alegação habitual dos economistas que defendem o livre mercado de que eles estão tentando defender o mercado contra a interferência politicamente motivada do governo é falsa. O governo está sempre envolvido e esses adeptos do livre mercado estão tão politicamente motivados quanto qualquer pessoa. Superar o mito de que existe algo como um "livre mercado" objetivamente definido é o primeiro passo na direção de entender o capitalismo.

A mão de obra deve ser livre

Em 1819, um novo projeto de lei para regulamentar a mão de obra infantil entrou em pauta no Parlamento inglês. A regulamentação proposta era incrivelmente "leve" de acordo com os padrões atuais. Ela proibiria o trabalho de crianças pequenas, ou seja, aquelas com menos de 9 anos de idade. As crianças mais velhas (com idades entre 10 e 16 anos) continuariam a ter permissão para trabalhar, mas com as horas de trabalho restringidas a doze horas por dia (isso mesmo, eles estavam realmente sendo gentis com as crianças). As novas regras só se aplicavam às fábricas de algodão, que reconhecidamente eram extremamente perigosas para a saúde dos trabalhadores.

A proposta causou uma enorme controvérsia. Os adversários achavam que ela solapava a inviolabilidade da liberdade de contrato, destruindo portanto a própria base do livre mercado. Ao discutir a lei, alguns membros da Câmara dos Lordes se opuseram a ela alegando que a "mão de obra deveria ser livre". O argumento deles era o seguinte: as crianças querem (e precisam) trabalhar, e os donos das fábricas querem empregá-las; qual é o problema?

Hoje, nem mesmo o mais fervoroso defensor do livre mercado na Grã-Bretanha pensaria em incluir novamente o trabalho infantil como parte do pacote de liberalização do mercado que eles tanto desejam. No entanto, até o final do século XIX ou início do século XX, quando as primeiras regulamentações da mão de obra infantil foram introduzidas na Europa e na América do Norte, muitas pessoas respeitáveis achavam que a regulamentação do trabalho infantil contrariava os princípios do livre mercado. Vemos, portanto, que a "liberdade" de um mercado está, assim como beleza, nos olhos de quem a contempla. Se você considera que o direito das crianças de não precisar trabalhar é mais importante do que o direito dos proprietários das fábricas de poder contratar as pessoas que eles considerem mais lucrativas, você não encarará a proibição do trabalho infantil como uma violação da liberdade do mercado de trabalho. Se você acredita no oposto, você enxergará um mercado "não livre", tolhido por uma regulamentação equivocada do governo.

Não precisamos recuar dois séculos para ver regulamentações que admitimos como coisa natural (e aceitamos como o "ruído ambiental" dentro do livre mercado) que foram seriamente contestadas como solapando o livre mercado, quando introduzidas. Quando as regulamentações ambientais (p. ex., regulamentações sobre as emissões dos carros e das fábricas) surgiram há algumas décadas, muitas pessoas se opuseram a elas por considerar que elas violavam seriamente a nossa liberdade de escolha. Os adversários dessas regulamentações perguntavam: se as pessoas querem dirigir carros mais poluentes ou se as fábricas consideram mais lucrativos os métodos de produção mais poluentes, por que o governo deveria impedi-las de fazer essas escolhas? Hoje, quase todas as pessoas aceitam essas regulamentações como "naturais". Elas acreditam que as ações que prejudicam os outros, mesmo que involuntariamente (como a poluição), precisam ser restringidas. Elas também entendem que é sensato usar com cuidado os nossos recursos energéticos, já que muitos deles não são renováveis. Elas podem acreditar que reduzir o impacto humano sobre as mudanças climáticas também faz sentido.

Se o mesmo mercado pode ser percebido por diferentes pessoas como tendo vários graus de liberdade, não existe realmente uma maneira objetiva de definir o quanto esse mercado é livre. Em outras palavras, o livre mercado é uma ilusão. Alguns mercados só *parecem* livres porque aceitamos tão completamente as regulamentações que os sustentam que elas se tornam invisíveis.

Cordas de piano e mestres de kung fu

Assim como muitas pessoas, quando criança eu era fascinado pelos mestres de kung fu dos filmes de Hong Kong que desafiam a gravidade. Também como muitas crianças, suponho, fiquei amargamente desapontado quando descobri que aqueles mestres na verdade estavam pendurados em cordas de piano.

O livre mercado é um pouco assim. Aceitamos de um modo tão completo a legitimidade de certas regulamentações, que simplesmente não as enxergamos. Quando examinamos atentamente os mercados, verificamos que eles são sustentados por regras — por um grande número delas.

Para começar, existe um vasto leque de restrições com relação ao que pode ser negociado, e não estou falando apenas das proibições "óbvias" relacionadas com as drogas narcóticas e os órgãos humanos. Os votos eleitorais, os empregos do governo e as decisões judiciais não estão à venda, pelo menos abertamente, nas economias modernas, embora estivessem à venda, no passado, na maioria dos países. As vagas nas universidades normalmente não podem ser vendidas, embora em alguns países o dinheiro possa comprá-las, seja pagando (ilegalmente) as pessoas que fazem a seleção ou (legalmente) por meio de doações em dinheiro à instituição. Muitos países proíbem o comércio de armas de fogo e de bebidas alcoólicas. Em geral, os medicamentos precisam ser explicitamente licenciados pelo governo, com base na prova da sua segurança, antes que possam ser comercializados. Todas essas regulamentações são potencialmente polêmicas, como era a proibição de vender seres humanos (o tráfico de escravos) há um século e meio.

Há também restrições a respeito de quem pode participar dos mercados. A regulamentação do trabalho da mão de obra infantil hoje proíbe o ingresso de crianças no mercado de trabalho. As pessoas precisam de uma licença para exercer as profissões que causam um impacto significativo na vida humana, como a medicina e a advocacia (que às vezes pode ser expedida por uma associação profissional em vez de pelo governo). Muitos países só permitem que empresas com um capital acima de um determinado valor fundem um banco. Até mesmo a bolsa de valores, cuja fraca regulamentação foi uma das causas da recessão global de 2008, tem regras a respeito de quem pode negociar. Você não pode simplesmente aparecer na Bolsa de Valores de Nova York (NYSE) com uma sacola cheia de ações e vendê-las. As empresas precisam cumprir uma lista de exigências e satisfazer rígidos padrões de auditoria ao longo de um determinado número de anos para que as suas ações possam ser negociadas. A negociação de ações só é realizada por corretores e operadores licenciados. As condições da negociação também são especificadas. Uma das coisas que me surpreendeu quando me mudei para a Grã-Bretanha em meados da década de 1980 foi o fato de que as pessoas podiam exigir um reembolso total de um produto do qual não gostassem, mesmo que ele não estivesse com defeito. Na época, era impossível fazer isso na Coreia, a não ser nas lojas de departamento de alto nível. Na Grã-Bretanha, o direito do consumidor de mudar de ideia era considerado mais importante do que o direito do vendedor de evitar o custo envolvido em devolver ao fabricante os produtos indesejados (porém em perfeito estado). Existem muitas outras regras que regulamentam vários aspectos do processo de permuta: a garantia dos produtos, deixar de entregar os produtos, a inadimplência em um empréstimo e assim por diante. Em muitos países, também são necessárias permissões para a localização dos pontos de venda, havendo restrições com relação às vendas na rua ou leis de zoneamento que proíbem atividades comerciais em áreas residenciais.

Há também a regulamentação dos preços. Não estou me referindo aqui apenas aos fenômenos altamente visíveis como o controle dos aluguéis ou do salário mínimo que os economistas que defendem o livre mercado adoram odiar.

Os salários nos países ricos são mais determinados pelo controle da imigração do que por qualquer outra coisa, inclusive qualquer legislação sobre o salário mínimo. Como é determinado o máximo da imigração? Não é pelo "livre" mercado da mão de obra, o qual, se deixado à vontade, acabará substituindo de 80 a 90% dos trabalhadores nativos pela mão de obra mais barata e, frequentemente, mais produtiva dos imigrantes. A imigração é em grande medida definida pela política. Desse modo, se você tem alguma dúvida residual a respeito do papel substantivo que o governo desempenha no livre mercado da economia, faça uma pausa para refletir que todos os nossos salários são, em essência, politicamente determinados (*ver pp. 49-58*).

Depois da crise financeira de 2008, o preço dos empréstimos (se você conseguir um ou se você já tiver uma taxa de empréstimo variável) ficou muito mais baixo em um grande número de países graças à contínua redução das taxas de juros. Isso aconteceu porque, de repente, as pessoas não quiseram mais empréstimos e os bancos precisaram baixar os preços para alterá-los? Não, isso resultou de decisões políticas destinadas a fomentar a demanda por meio da redução das taxas de juros. Mesmo em épocas normais, na maioria dos países, as taxas de juros são determinadas pelo banco central, o que significa que considerações políticas se insinuam no processo. Em outras palavras, as taxas de juros também são determinadas pela política.

Se os salários e as taxas de juros (em grande medida) são determinados politicamente, então todos os outros preços são determinados politicamente, já que eles afetam todos os outros preços.

O livre comércio é justo?

Vemos uma regulamentação quando não apoiamos os valores morais por trás dela. A restrição com tarifas elevadas do século XIX sobre o livre comércio imposta pelo governo federal dos Estados Unidos enfureceu os senhores de escravos, os quais ao mesmo tempo nada viam de errado em negociar pessoas no livre mercado. Para aqueles que acreditavam que as pessoas podem ser propriedades de outras, proibir o tráfico de escravos era tão censurável quanto restringir o comércio de produtos manufaturados.

Os donos de lojas coreanos da década de 1980 provavelmente teriam considerado a exigência da "devolução incondicional" como uma regulamentação do governo injustamente opressiva que restringia a liberdade do mercado. Esse choque de valores também reside atrás do debate contemporâneo sobre o livre comércio *versus* o comércio justo. Muitos americanos acreditam que a China está engajada em um comércio internacional que pode ser livre mas não é justo. Na opinião deles, ao pagar aos trabalhadores salários inaceitavelmente baixos e obrigá-los a trabalhar em condições desumanas, a China está concorrendo de uma maneira injusta. Os chineses, por sua vez, podem replicar dizendo que é inaceitável que os países ricos, ao mesmo tempo em que defendem o livre comércio, tentem impor barreiras artificiais às exportações chinesas procurando restringir as importações de produtos fabricados em péssimas condições de trabalho. Eles acham injusto ser impedidos de explorar o único recurso que têm em grande abundância: a mão de obra barata.

É claro que a dificuldade, nesse caso, é que não há uma maneira objetiva de definir "salários inaceitavelmente baixos" ou "condições desumanas de trabalho". Com as enormes disparidades internacionais que existem no nível do desenvolvimento econômico e dos padrões de vida, é natural que o que é um salário de fome nos Estados Unidos seja um salário magnífico na China (cuja média salarial equivale a 10% da americana) e uma fortuna na Índia (cuja média salarial é 2% da americana). Na realidade, a maioria dos americanos com a mentalidade do mercado justo não teria comprado coisas fabricadas pelos seus próprios avós, que trabalhavam horas extremamente longas em condições desumanas. Até o início do século XX, a semana de trabalho típica nos Estados Unidos era de cerca de sessenta horas. Na época (em 1905, para ser mais exato), esse era um país no qual a Suprema Corte declarou inconstitucional uma lei do estado de Nova York que limitava a dez por dia as horas de trabalho dos padeiros, alegando que ela "privava o padeiro da liberdade de trabalhar o quanto desejasse".

Vemos, portanto, que o debate sobre o comércio justo é basicamente a respeito de valores morais e decisões políticas, e não de economia no sentido habitual. Embora ele envolva uma questão econômica, não é algo com o qual os economistas, com as suas caixas de ferramentas técnicas, estejam particularmente bem equipados para lidar.

Tudo isso *não* significa que precisamos adotar uma posição relativista e deixar de criticar os outros por que tudo deve ser aceito. Podemos ter (e eu tenho) uma opinião sobre a aceitabilidade dos padrões de trabalho vigentes na China (ou, por sinal, em qualquer outro país) e tentar fazer alguma coisa a respeito, sem acreditar que aqueles que têm um ponto de vista diferente estejam errados em um sentido absoluto. Embora a China não possa proporcionar salários americanos ou condições de trabalho suecas, ela certamente pode melhorar os salários e as condições de trabalho dos seus trabalhadores. Na realidade, muitos chineses não aceitam as condições de trabalho vigentes e exigem regulamentações mais duras. No entanto, a teoria econômica (pelo menos a economia de livre mercado) não pode nos dizer quais deveriam ser os salários e as condições de trabalho "corretos" na China.

Acho que não estamos mais na França

Em julho de 2008, com o colapso do sistema financeiro, o governo dos Estados Unidos "despejou" 200 bilhões de dólares no Fannie Mae e no Freddie Mac, os credores hipotecários, e estatizou-os. Ao presenciar isso, o Senador republicano Jim Bunning de Kentucky, em uma declaração que ficou famosa, condenou essa atitude como algo que só poderia acontecer em um país "socialista" como a França.

A França já era bastante ruim, mas no dia 19 de setembro de 2008, o amado país do Senador Bunning foi transformado no Império do Mal propriamente dito pelo líder do seu próprio partido. Segundo o plano anunciado naquele dia pelo Presidente George W. Bush e que foi posteriormente chamado de TARP (Troubled Asset Relief Program), o governo americano iria usar pelo menos 700 bilhões de dólares do dinheiro dos contribuintes para comprar os "ativos tóxicos" que estavam estrangulando o sistema financeiro.

O Presidente Bush, contudo, não encarava as coisas exatamente dessa maneira. Ele argumentou que, em vez de "socialista", o plano era simplesmente uma continuação do sistema americano do livre empreendimento, que "repousa na convicção de que o governo federal deve interferir no mercado somente quando necessário". Só que, na opinião dele, estatizar um bloco enorme do setor financeiro era apenas uma dessas coisas necessárias.

A declaração do Sr. Bush é, naturalmente, um exemplo supremo do discurso político duplo, ou seja, uma das maiores intervenções estatais da história humana é disfarçada como outro processo cotidiano do mercado. Entretanto, por meio dessas palavras, o Sr. Bush expôs a frágil base sobre a qual se ergue o mito do livre mercado. Como a declaração revela com extrema clareza, o que é uma intervenção estatal necessária compatível com o capitalismo de livre mercado é na realidade uma questão de opinião. Não existe um limite cientificamente definido para o livre mercado.

Se não há nada sagrado a respeito de delimitações particulares do mercado que por acaso possam existir, a tentativa de modificá--las é tão legítima quanto a tentativa de defendê-las. Na realidade, a história do capitalismo tem sido uma luta constante a respeito dos limites do mercado.

Muitas coisas que estão fora do mercado hoje foram removidas por uma decisão política, e não pelo processo do mercado em si — seres humanos, empregos públicos, votos eleitorais, decisões judiciais, vagas nas universidades ou medicamentos não aprovados. Ainda são feitas tentativas de comprar pelo menos algumas dessas coisas ilegalmente (subornando funcionários públicos, juízes ou eleitores) ou legalmente (usando advogados caros para ganhar uma ação na justiça, doações a partidos políticos etc.), mas, embora tenha havido movimentos em ambas as direções, a tendência tem sido em direção a uma menor "marketização".

No caso de produtos que ainda são negociados, mais regulamentações foram introduzidas com o tempo. Em comparação com algumas décadas atrás, temos hoje regulamentações muito mais rígidas a respeito de quem pode produzir o que (p. ex., certificados para fabricantes de produtos orgânicos ou produtores com certificado de comércio justo), como esses produtos podem ser fabricados (p. ex., restrições sobre a poluição ou emissões de carbono) e como eles podem ser vendidos (p. ex., regras sobre rótulos de produtos e sobre o reembolso).

Além disso, refletindo a sua natureza política, o processo de modificar os limites do mercado foi às vezes marcado por violentos conflitos. Os americanos travaram uma guerra civil por causa do livre comércio de escravos (embora o livre comércio de mercadorias — ou a questão das tarifas — também fosse uma questão importante).[1] O governo britânico travou a Guerra do Ópio contra a China para obter o livre comércio do ópio. As regulamentações sobre o livre mercado na mão de obra infantil só foram implementadas devido à luta dos reformistas sociais, como discuti anteriormente. Tornar ilegais o livre mercado dos empregos públicos ou dos votos encontrou uma forte resistência da parte dos partidos políticos que compravam votos e distribuíam empregos públicos para recompensar os partidários do governo. Essas práticas só chegaram ao fim por intermédio de uma combinação de ativismo político, reformas eleitorais e mudanças nas regras relacionadas com a contratação do governo.

Reconhecer que os limites do mercado são ambíguos e não podem ser determinados de uma maneira objetiva nos permite entender que a economia não é uma ciência como a física ou a química, e sim um exercício político. Os economistas que defendem o livre mercado podem querer que você acredite que os limites corretos do mercado podem ser cientificamente determinados, mas isso é incorreto. Se os limites do que você está estudando não podem ser cientificamente determinados, o que você está fazendo não é uma ciência.

Vemos, portanto, que ser contra uma nova regulamentação é a mesma coisa que dizer que o *status quo*, por mais injusto que possa ser a partir do ponto de vista de algumas pessoas, não deve ser modificado. Dizer que uma regulamentação existente deveria ser revogada é o mesmo que dizer que o domínio do mercado deveria ser expandido, o que significa que aqueles que têm dinheiro deveriam receber mais poder nessa área, já que o mercado é conduzido com base no princípio de "um dólar, um voto".

Desse modo, quando os economistas que defendem o livre mercado dizem que uma certa regulamentação não deve ser introduzida porque restringiria a "liberdade" de um certo mercado, eles estão meramente expressando a opinião política de que rejeitam os direitos que serão defendidos pela lei proposta. O seu disfarce ideológico é fingir que a sua política não é realmente política, mas sim uma verdade econômica objetiva, enquanto a política das outras pessoas *é* política. Não obstante, eles são tão politicamente motivados quanto os seus adversários.

Libertar-nos da ilusão da objetividade do mercado é o primeiro passo que temos que dar para poder entender o capitalismo.

2
A gestão das empresas
não deve estar voltada para
o interesse dos seus donos

O que eles dizem

Os acionistas são donos das empresas. Por conseguinte, a gestão das empresas deve estar voltada para os interesses deles. Não se trata simplesmente de um argumento moral. Os acionistas não têm nenhum pagamento fixo garantido, ao contrário dos funcionários (que têm um salário fixo), dos fornecedores (que recebem um valor específico pelo pagamento dos seus produtos), dos bancos que concedem empréstimos (que recebem taxas de juros fixas) e de outros envolvidos no negócio. A renda dos acionistas varia de acordo com o desempenho da empresa, o que dá a eles o maior incentivo para garantir que a empresa tenha um bom desempenho. Se a empresa for à falência, os acionistas perdem tudo, ao passo que outros *stakeholders* recebem pelo menos alguma coisa. Desse modo, os acionistas correm os riscos que outros envolvidos na empresa não correm, o que os incentiva a maximizar o desempenho da empresa. Quando a gestão da empresa está voltada para os acionistas, o lucro (o que resta depois que todos os pagamentos fixos são efetuados) é maximizado, o que também maximiza a contribuição social da empresa.

O que eles não dizem

Os acionistas podem ser os donos das corporações mas, sendo os mais instáveis dos *stakeholders*, com frequência são aqueles que menos se importam com o futuro a longo prazo da empresa (a não ser que sejam tão grandes que não possam realmente vender as ações sem abalar seriamente o negócio). Por conseguinte, os acionistas, em especial, mas não exclusivamente, os menores, dão preferência a estratégias corporativas que maximizem os lucros a curto prazo, geralmente em detrimento de investimentos a longo prazo, e maximizem os dividendos desses lucros, o que enfraquece ainda mais a perspectiva a longo prazo da empresa por reduzir a quantidade de lucros acumulados que podem ser usados como reinvestimento. A gestão da empresa voltada para os acionistas não raro reduz o seu potencial de crescimento a longo prazo.

Karl Marx defende o capitalismo

Você provavelmente já reparou que o nome de muitas empresas no mundo anglófono contém a letra L — PLC, LLC, Ltd. etc. A letra L nesses acrônimos representa "limitada", a forma abreviada de "responsabilidade limitada" — companhia pública *limitada* (PLC — Public Limited Company), companhia de responsabilidade *limitada* (LLC — Limited Liability Company) ou simplesmente companhia *limitada* (Ltd.). Responsabilidade limitada significa que aqueles que investiram na empresa só perderão o que investiram (as suas "ações"), caso ela vá à falência.

No entanto, você talvez não tenha se dado conta de que a letra L, ou seja, responsabilidade limitada, é o que tornou possível o capitalismo moderno. Hoje, essa forma de organizar uma empresa é aceita como coisa natural, mas nem sempre foi assim.

Antes da invenção da companhia de responsabilidade limitada na Europa no século XVI — ou sociedade por ações, como era conhecida nos seus primeiros dias — os empresários tinham que arriscar tudo quando iniciavam um empreendimento. Quando digo tudo, eu realmente quero dizer tudo — não apenas a propriedade individual (responsabilidade ilimitada significava que um empresário falido tinha que vender todas as suas propriedades particulares para pagar as dívidas) mas também a liberdade individual (ele poderia ir para uma prisão de devedores, caso deixasse de honrar as suas dívidas). Levando isso em consideração, é quase um milagre que uma pessoa estivesse disposta a abrir um negócio.

Lamentavelmente, mesmo depois da invenção da responsabilidade limitada, até meados do século XIX era muito difícil utilizá-la na prática; os interessados precisavam de uma carta real para fundar uma companhia de responsabilidade limitada (ou uma carta do governo, no caso de uma república). Acreditava-se que aqueles que estivessem gerindo uma companhia de responsabilidade limitada sem possuí-la integralmente se disporia a correr riscos excessivos, porque parte do dinheiro que estariam arriscando não seria deles. Ao mesmo tempo, os investidores que não estivessem envolvidos com a gestão em uma companhia de responsabilidade limitada também tomariam menos cuidado com a monitoração dos administradores, já que os seus riscos eram limitados (aos seus respectivos investimentos). Adam Smith, o pai da economia e o santo padroeiro do capitalismo de livre mercado, se opunha à responsabilidade limitada baseado nesses argumentos. Em uma declaração que ficou famosa, ele afirmou que "não se pode exatamente esperar que os diretores das companhias [sociedades por ações]..., por administrar o dinheiro de outras pessoas e não o próprio, zelem por ele com a mesma cautela apreensiva com a qual os sócios de uma sociedade privada com responsabilidade ilimitada frequentemente zelam pelo seu próprio dinheiro".[1]

Por conseguinte, os países normalmente só concediam a responsabilidade limitada para empreendimentos excepcionalmente grandes e arriscados considerados de interesse nacional, como a Companhia Holandesa das Índias Orientais fundada em 1602 (e a sua arqui-inimiga, a Companhia Britânica das Índias Orientais) e a notória Companhia Britânica dos Mares do Sul, cuja bolha especulativa que a cercou em 1721 conferiu durante gerações uma má reputação às companhias de responsabilidade limitada.

No entanto, por volta de meados do século XIX, com o surgimento de indústrias em grande escala como as ferrovias, as siderúrgicas e indústrias químicas, a necessidade da responsabilidade limitada foi sendo sentida cada vez com mais intensidade. Muito poucas pessoas tinham uma fortuna grande o bastante para fundar sozinha uma siderúrgica ou uma ferrovia, de modo que, começando pela Suécia em 1844 e em seguida pela Grã-Bretanha em 1856, os países da Europa Ocidental e da América do Norte* tornaram a responsabilidade limitada disponível de um modo geral — predominantemente nas décadas de 1860 e 1870.

Entretanto, a desconfiança com relação à responsabilidade limitada perdurava. Ainda no final do século XIX, algumas décadas depois da introdução da responsabilidade limitada generalizada, os pequenos empresários na Grã-Bretanha "os quais, sendo ativamente responsáveis por um negócio e também os seus proprietários, buscavam limitar a responsabilidade para as suas dívidas por meio do recurso da incorporação [responsabilidade

---

* Os anglo-saxões não consideram o México parte da América do Norte. (N. da trad.)

limitada]" eram malvistos, de acordo com uma historiografia influente do empreendedorismo na Europa Ocidental.[2]

Curiosamente, uma das primeiras pessoas a perceber a importância da responsabilidade limitada para o desenvolvimento do capitalismo foi Karl Marx, o suposto arqui-inimigo do capitalismo. Ao contrário de muitos dos seus contemporâneos defensores do livre mercado (e Adam Smith antes deles) que se opunham à responsabilidade limitada, Marx compreendeu como ela possibilitaria a mobilização dos capitais de vulto necessários para as indústrias pesadas e químicas que estavam surgindo por reduzir o risco para os investidores individuais. Ao escrever em 1865, quando o mercado de ações ainda era em grande parte uma atração secundária no drama do capitalismo, Marx teve a presciência de chamar a sociedade por ações de "o maior desenvolvimento da produção capitalista". À semelhança dos seus adversários defensores do livre mercado, Marx tinha consciência e criticava a tendência da responsabilidade limitada de incentivar os gestores a correr riscos excessivos. No entanto, Marx a considerava um efeito colateral do enorme progresso material que essa inovação institucional estava prestes a ocasionar. É claro que, ao defender o "novo" capitalismo dos seus críticos no livre mercado, Marx tinha um motivo dissimulado. Ele achava que a sociedade por ações era um "ponto de transição" para o socialismo porque ela separava a propriedade da gestão, tornando possível com isso eliminar os capitalistas (que hoje não dirigem a empresa) sem comprometer o progresso material que o capitalismo havia alcançado.

O fim da classe capitalista

O prognóstico de Marx de que um novo capitalismo baseado em sociedades por ações prepararia o terreno para o socialismo não se realizou. No entanto, a sua predição de que a nova instituição da responsabilidade limitada generalizada colocaria as forças produtivas do capitalismo em um novo plano se revelou extremamente presciente.

Durante o final do século XIX e início do século XX, a responsabilidade limitada acelerou enormemente a acumulação do capital e o progresso tecnológico. O capitalismo se transformou, deixando de ser um sistema formado pelas fábricas de alfinetes, açougues e padarias de Adam Smith, com no máximo algumas dezenas de empregados e administrados por um único dono, e passando a ser um sistema de enormes corporações que contratavam centenas, ou até mesmo milhares, de funcionários, entre estes os próprios executivos de alto nível, com uma complexa estrutura organizacional.

Inicialmente, o antigo problema, muito temido, do incentivo gerencial das companhias de responsabilidade limitada, ou seja, que os gestores, por estar usando o dinheiro de terceiros, tenderiam a correr riscos excessivos, não pareceu ter muita importância. Nos primeiros dias da responsabilidade limitada, muitas empresas de grande porte eram administradas por um empresário carismático, como Henry Ford, Thomas Edison e Andrew Carnegie, que eram donos de uma parte significativa da empresa. Embora esses gestores, que eram parcialmente donos da empresa, pudessem abusar da posição que ocupavam e correr riscos excessivos (o que não raro faziam), havia um limite para isso. Como grande parte da empresa era deles, eles iriam prejudicar a si mesmos se tomassem uma decisão excessivamente arriscada. Além disso, muitos desses gestores parcialmente proprietários eram homens que possuíam uma capacidade e uma visão excepcionais, de modo que até mesmo as suas decisões precariamente incentivadas eram com frequência superiores àquelas tomadas pela maioria dos gestores que eram totalmente donos das empresas e tinham um bom incentivo.

Entretanto, à medida que o tempo foi passando, surgiu uma nova classe de gestores profissionais que substituiu esses empresários carismáticos. À medida que as empresas foram crescendo, foi ficando cada vez mais difícil para qualquer pessoa isolada possuir uma parte significativa delas, embora em alguns países europeus, como a Suécia, as famílias fundadoras (ou fundações de propriedade delas) continuassem sendo os principais acionistas, graças à permissão legal de que fossem emitidas novas ações com um menor direito de voto (normalmente 10%, às vezes até mesmo com 0,1%). Com essas mudanças, os gestores profissionais se tornaram os protagonistas dominantes, e os acionistas foram ficando cada vez mais passivos no que dizia respeito à maneira como as empresas eram geridas.

A partir da década de 1930, falava-se cada vez mais sobre o surgimento do capitalismo gerencial, no qual os capitalistas no sentido tradicional — os "capitães da indústria", como os vitorianos costumavam chamá-los — haviam sido substituídos por burocratas de carreira (burocratas do setor privado, mas mesmo assim burocratas). Havia uma crescente preocupação de que esses administradores contratados estivessem administrando os negócios visando a seus próprios interesses e não aos interesses dos seus donos legítimos, ou seja, os acionistas. Argumentava-se que quando deveriam estar maximizando os lucros, esses administradores estavam maximizando as vendas (para maximizar o tamanho da empresa e, portanto, o seu próprio prestígio) e os seus próprios privilégios, ou, pior ainda, que estavam diretamente envolvidos em projetos de prestígio que favoreciam enormemente o seu ego mas pouco aumentavam os lucros da empresa e, portanto, o seu valor (que era basicamente avaliado em função da sua capitalização no mercado de ações).

Alguns aceitavam a ascensão dos gestores profissionais como um fenômeno inevitável, ou até mesmo totalmente favorável. Joseph Schumpeter, o economista americano nascido na Áustria, famoso pela sua teoria do empreendedorismo (*ver pp. 218-231*), argumentou na década de 1940 que, com o aumento da dimensão das empresas e a introdução de princípios científicos na pesquisa e no desenvolvimento corporativo, os heroicos empresários do início do capitalismo seriam substituídos por administradores burocráticos profissionais. Schumpeter acreditava que esse fenômeno reduziria o dinamismo do capitalismo, mas considerava-o inevitável. Na década de 1950, John Kenneth Galbraith, o economista americano nascido no Canadá, também argumentou que a ascensão das grandes corporações administradas por gestores profissionais era inevitável e que, portanto, a única maneira de contrapor "forças equivalentes" a esses empreendimentos era por meio de uma maior regulamentação do governo e do aumento do poder dos sindicatos.

Não obstante, durante as décadas seguintes, mais ferrenhos defensores da propriedade privada acreditavam que os incentivos gerenciais precisavam ser concebidos de uma maneira que levasse os gestores a maximizar os lucros. Muitas pessoas inteligentes haviam trabalhado nesse problema de "projeto de incentivo", mas o "santo graal" se revelou fugidio. Os gestores sempre conseguiam descobrir uma maneira de cumprir as palavras exatas do contrato, mas não o seu espírito, especialmente se considerarmos que não era fácil para os acionistas verificar se o mau desempenho dos lucros alcançado por um gestor havia resultado da sua incapacidade de prestar uma atenção suficiente aos valores do lucro ou se havia sido causado por forças além do seu controle.

O santo graal ou uma aliança profana?

Foi então que, na década de 1980, o santo graal foi encontrado. Ele foi chamado de maximização do valor do acionista. Argumentou-se que os gestores profissionais deveriam ser remunerados de acordo com o montante que são capazes de fornecer aos acionistas. Argumentou-se que, para alcançar isso, primeiro os lucros teriam que ser maximizados por meio de uma redução brutal dos custos — despesas com salários, investimentos, estoques, gerentes de nível médio e assim por diante. Segundo, a maior parcela possível desses lucros precisava ser distribuída para os acionistas — por meio de dividendos e da recompra de ações. A fim de estimular os gestores a se comportar dessa maneira, a proporção dos seus pacotes de compensação salarial expressada pelas opções de ações precisava ser aumentada, para que eles se identificassem mais com os acionistas. A ideia foi defendida não apenas pelos acionistas, mas também por muitos gestores profissionais, sendo o mais famoso deles Jack Welch, que foi durante muito tempo presidente do conselho de administração da General Electric (GE), a quem com frequência é atribuído o mérito de ter criado o termo "valor do acionista" em um discurso proferido em 1981.

Pouco depois do discurso de Welch, a maximização do valor do acionista tornou-se o espírito do mundo corporativo americano. No início, a ideia pareceu funcionar realmente bem tanto para os gestores quanto para os acionistas. A participação dos lucros na renda nacional, que havia apresentado uma tendência decrescente desde a década de 1960, aumentou acentuadamente em meados da década de 1980 e vem apresentando uma tendência crescente desde então.[3] E os acionistas recebiam uma parcela maior desse lucro sob a forma de dividendos, enquanto viam o valor das suas ações subir. Os lucros distribuídos como uma parcela do lucro corporativo total dos Estados Unidos permaneceram em 35 a 45% entre as décadas de 1950 e 1970, mas adquiriram uma tendência ascendente a partir do final da década de 1970 e hoje estão em torno de 60%.[4] Os gestores viram a sua remuneração disparar (*ver pp. 206-217*), mas os acionistas pararam de questionar os pacotes salariais deles, já que estavam felizes com os preços cada vez mais altos das ações e dos dividendos. A prática logo se espalhou para outros países — com mais facilidade em países como a Grã-Bretanha, que tinha uma estrutura de poder corporativo e uma cultura de gestão semelhantes às dos Estados Unidos, e com menos facilidade em outros países, como veremos mais adiante.

No entanto, essa aliança profana entre os gestores profissionais e os acionistas foi completamente financiada pela opressão dos outros *stakeholders* da empresa (motivo pelo qual ela se espalhou muito mais devagar em outros países ricos nos quais os outros *stakeholders* têm um poder relativo maior). Os empregos foram brutalmente reduzidos, muitos trabalhadores foram demitidos e novamente contratados como mão de obra não sindicalizada com salários mais baixos e menos benefícios, e os aumentos salariais foram reprimidos (não raro por meio da transferência ou terceirização em países com baixos salários, como a China ou a Índia — ou da ameaça de que essa medida seria tomada). Os fornecedores, e os seus funcionários, também foram oprimidos por uma constante redução nos preços dos bens e serviços, enquanto o governo era pressionado para reduzir as alíquotas de impostos corporativos e/ou oferecer mais subsídios, com a ajuda da ameaça de se transferirem para países com alíquotas de impostos corporativos mais baixos e/ou subsídios comerciais mais elevados. Em decorrência disso, a desigualdade de renda cresceu vertiginosamente (*ver pp. 193-205*) e, em um *boom* corporativo aparentemente infinito (que terminou, como sabemos, em 2008), a vasta maioria das populações americana e britânica só pôde participar da (aparente) prosperidade contraindo empréstimos com taxas sem precedente.

A imediata redistribuição da renda em lucros já era bastante nociva, mas a participação cada vez maior do lucro na renda nacional a partir da década de 1980 tampouco se converteu em investimentos mais elevados (*ver pp. 193-205*). O investimento como uma parcela da produção nacional dos Estados Unidos na realidade diminuiu, em vez de aumentar, de 20,5% na década de 1980 para 18,7% a partir de então (1990-2009). Isso poderia ter sido aceitável se essa menor taxa de investimento tivesse sido compensada por uma utilização mais eficiente do capital, gerando um crescimento maior. Entretanto, a taxa de crescimento *per capita* dos Estados Unidos caiu de cerca de 2,6% ao ano nas décadas de 1960 e 1970 para 1,6% no período de 1990 a 2009, o auge do capitalismo do acionista. Na Grã-Bretanha, onde mudanças semelhantes no comportamento corporativo estavam tendo lugar, o crescimento da renda *per capita* caiu de 2,4% nas décadas de 1960 e 1970, quando o país estava supostamente sofrendo da "Doença Britânica", para 1,7% durante o período de 1990 a 2009. Portanto, administrar as empresas visando aos interesses dos acionistas nem mesmo beneficia a economia no sentido habitual (ou seja, desconsiderando a redistribuição ascendente da renda).

E isso não é tudo. A pior coisa a respeito da maximização do valor do acionista é que ela nem mesmo faz muito bem à companhia. A maneira mais fácil de uma empresa maximizar o lucro é reduzindo os gastos, já que aumentar a receita é mais difícil — diminuindo os gastos com salários por meio da redução de empregos e reduzindo os gastos com capital minimizando os investimentos. Gerar mais lucros, contudo, é apenas o início da maximização do valor do acionista. A proporção máxima do lucro assim gerado precisa ser entregue aos acionistas na forma de dividendos mais elevados. Ou a empresa usa parte dos lucros para recomprar as suas próprias ações, mantendo assim elevado o preço das ações e, portanto, indiretamente redistribuindo ainda mais lucros para os acionistas (que podem realizar ganhos de capital mais elevados caso decidam vender algumas das suas ações). As recompras de ações costumavam corresponder a menos de 5% dos lucros corporativos americanos durante décadas, até o início dos anos de 1980, mas continuaram a aumentar a partir de então e atingiram a proporção épica de 90% em 2007 e absurdos 280% em 2008.[5] William Lazonick, o economista de negócios americano, estima que, se a GM não tivesse gasto os 20,4 bilhões de dólares que gastou em recompras de ações entre 1986 e 2002, e tivesse colocado o dinheiro no banco (com um retorno anual de 2,5% após os impostos), ela não teria tido nenhum problema para conseguir os 35 bilhões de dólares de que precisava para evitar a falência em 2009.[6] E em toda essa farra de lucros, os gestores profissionais também se beneficiam enormemente, já que são donos de muitas ações devidos às opções de compra de ações.

Tudo isso prejudica a perspectiva a longo prazo da empresa. Reduzir empregos pode aumentar a produtividade a curto prazo, mas pode ter consequências negativas a longo prazo. Um menor número de funcionários significa um aumento da intensidade do trabalho, o que deixa os trabalhadores cansados e mais propensos a cometer erros, diminuindo a qualidade dos produtos e, portanto, a reputação da empresa. Mais importante ainda, a crescente insegurança, oriunda da constante ameaça de demissões, desestimula os trabalhadores, fazendo com que não desejem investir na aquisição de habilidades específicas ligadas à empresa, desgastando o potencial produtivo da empresa. Dividendos mais elevados e uma maior recompra das ações da própria empresa reduzem os lucros retidos, que são as principais fontes de investimento corporativo nos Estados Unidos e em outros países capitalistas ricos, diminuindo assim o investimento. O impacto da redução do investimento pode não ser sentido a curto prazo, mas a longo prazo torna retrógrada a tecnologia da empresa e ameaça a sua própria sobrevivência.

Mas os acionistas não deveriam se importar com isso? Na condição de donos da empresa, não são eles que têm mais a perder se ela se desvalorizar a longo prazo? Essa não é exatamente a ideia central quando uma pessoa é dona de um ativo — seja ele uma casa, um terreno ou uma empresa — que ela se preocupe com a produtividade dele a longo prazo? Se os donos estão deixando tudo isso acontecer, argumentariam aqueles que defendem o *status quo*, deve ser porque é isso que desejam, por mais insano que possa parecer para as pessoas de fora.

Lamentavelmente, apesar de serem os donos legítimos da empresa, entre os diversos *stakeholders,* os acionistas são os que estão menos comprometidos com a viabilidade a longo prazo da empresa. Isso acontece porque eles são aqueles que podem deixar a empresa com mais facilidade; tudo o que precisam fazer é vender as suas ações, se necessário com uma pequena perda, desde que sejam inteligentes o bastante para não aderir a uma causa perdida por tempo demais. Em contrapartida, é mais difícil para outros *stakeholders,* como funcionários e fornecedores, deixar a empresa e encontrar outro compromisso, porque é provável que tenham acumulado habilidades e bens de capital (no caso dos fornecedores) especificamente relacionados com as empresas com quem fazem negócio. Por conseguinte, eles têm um interesse maior na viabilidade da empresa do que a maioria dos acionistas. É por esse motivo que maximizar o valor do acionista é ruim para a empresa, bem como para o restante da economia.

A ideia mais idiota do mundo

A responsabilidade limitada propiciou um enorme progresso na capacidade produtiva humana ao possibilitar a acumulação de enormes quantidades de capital, exatamente porque ofereceu aos acionistas uma saída fácil, reduzindo assim o risco envolvido em qualquer investimento. Ao mesmo tempo, no entanto, essa facilidade de saída é exatamente o que torna os acionistas guardiões duvidosos do futuro a longo prazo de uma empresa.

É por esse motivo que quase todos os países ricos fora do mundo anglo-americano tentaram reduzir a influência dos acionistas móveis e manter (ou até mesmo criar) um grupo de *stakeholders* de longo prazo (entre eles alguns acionistas) por intermédio de vários métodos formais e informais. Em muitos países, o governo tem permanecido dono de uma quantidade considerável de ações nos empreendimentos essenciais — quer de uma maneira direta (p. ex., a Renault na França, a Volkswagen na Alemanha), quer indireta, quando os donos são bancos estatais (p. ex., França e Coreia) — e atuado como um acionista estável. Como foi mencionado anteriormente, países como a Suécia permitiram diferentes direitos de voto para classes de ações distintas, o que possibilitou que as famílias fundadoras conservassem um controle significativo das corporações enquanto arrecadavam capital adicional. Em alguns países, existem representações formais de trabalhadores, que têm uma maior orientação a longo prazo do que os instáveis acionistas, na gestão da empresa (p. ex., a presença de representantes de sindicatos nas juntas fiscalizadoras da empresa na Alemanha). No Japão, as empresas minimizaram a influência dos instáveis acionistas por meio de uma compra cruzada de ações entre empresas amigas. Em decorrência disso, os gestores profissionais e os instáveis acionistas têm tido muito mais dificuldade em formar a "aliança profana" nesses países, embora eles também prefiram o modelo da maximização do acionista, considerando-se os óbvios benefícios que ele lhes proporciona.

Por ser fortemente influenciadas, ou até mesmo completamente controladas, por *stakeholders* de longo prazo, as empresas nesses países não têm tanta facilidade em saquear os trabalhadores, oprimir os fornecedores, negligenciar os investimentos e usar os lucros para dividendos e recompra de ações como fazem as companhias americanas e britânicas. Tudo isso significa que, a longo prazo, elas podem ser mais viáveis do que as empresas americanas ou britânicas. Pense por um instante em como a General Motors desconsiderou o seu domínio absoluto da indústria automobilística mundial e finalmente foi à falência ao mesmo tempo em que estava na vanguarda da maximização do valor do acionista por meio de um constante *downsizing* e abstendo-se de investir (*ver pp. 261-272*). A fraqueza da estratégia voltada para o curto prazo da GM tornou-se visível pelo menos a partir do final da década de 1980, mas a estratégia prosseguiu até que a empresa foi à falência em 2009, porque ela deixava tanto os gestores quanto os acionistas felizes embora ao mesmo tempo debilitasse a empresa.

Administrar empresas visando aos interesses de acionistas instáveis não apenas é injusto como também ineficaz, não apenas para a economia nacional mas também para a própria empresa. Jack Welch recentemente confessou que o valor do acionista é provavelmente "a ideia mais idiota do mundo".

3
O salário da maioria das pessoas nos países ricos é maior do que deveria ser

O que eles dizem

Em uma economia de mercado, as pessoas são remuneradas de acordo com a sua produtividade. As pessoas de coração mole podem ter dificuldade em aceitar que um sueco ganha cinquenta vezes mais do que um indiano para fazer o mesmo serviço, mas isso é um reflexo da produtividade relativa de cada um. As tentativas de reduzir artificialmente essas diferenças — por exemplo, por meio da introdução de uma lei do salário mínimo na Índia — resultou na remuneração ineficiente do talento e do esforço individuais. Somente um mercado onde a mão de obra é livre pode remunerar as pessoas de uma maneira eficiente e justa.

O que eles não dizem

A defasagem salarial entre os países ricos e pobres não existe principalmente por causa de diferenças na produtividade individual e sim devido ao controle da imigração. Se a imigração fosse livre, a maioria dos trabalhadores nos países ricos poderia ser, e efetivamente seria, substituída por trabalhadores dos países pobres. Em outras palavras, os salários são determinados politicamente. O outro lado da moeda é que os países pobres não são pobres por causa das pessoas pobres, muitas das quais são capazes de superar competitivamente os seus equivalentes nos países ricos, mas sim por causa das pessoas ricas, cuja maioria não pode fazer o mesmo. No entanto, isso não significa que os ricos nos países ricos possam parabenizar a si mesmos pela sua genialidade individual. Essa elevada produtividade só é possível por causa das instituições historicamente herdadas nas quais eles se apoiam. Para que possamos construir uma sociedade verdadeiramente justa, precisamos rejeitar o mito de que todos somos pagos de acordo com o nosso valor individual.

Dirigir sempre em linha reta... ou desviar-se da vaca (e do riquixá também)

Um motorista de ônibus em Nova Délhi recebe 18 rupias por hora. O seu equivalente em Estocolmo recebe cerca de 130 coroas, o que, no verão de 2009, equivalia mais ou menos a 870 rupias. Em outras palavras, o motorista sueco tem uma remuneração quase cinquenta vezes superior à do seu equivalente indiano.

A economia do livre mercado nos diz que se uma coisa é mais dispendiosa do que outro produto semelhante, a primeira deve ser melhor. Em outras palavras, nos livres mercados, os produtos (entre eles os serviços de mão de obra) recebem o que merecem. Portanto, se um motorista sueco — vamos chamá-lo de Sven — recebe um salário cinquenta vezes maior do que um motorista indiano — vamos chamá-lo de Ram — deve ser porque Sven é um motorista de ônibus cinquenta vezes mais produtivo do que Ram.

A curto prazo, admitirão alguns (embora não todos) economistas que defendem o livre mercado, as pessoas podem pagar um preço excessivamente elevado por um produto devido a uma moda ou mania passageira. Por exemplo, as pessoas pagaram preços absurdos pelos "ativos tóxicos" no recente *boom* financeiro (que se transformou na maior recessão desde a Grande Depressão) porque foram apanhados em um delírio especulativo. No entanto, argumentariam esses economistas, esse tipo de coisa não pode durar muito, já que, mais cedo ou mais tarde, as pessoas acabam descobrindo o verdadeiro valor das coisas (*ver pp. 232-245*). Do mesmo modo, mesmo que um trabalhador insuficientemente qualificado consiga um emprego bem remunerado por meio do logro (p. ex., falsificando um diploma) ou blefando em uma entrevista, ele será rapidamente demitido e substituído, porque logo ficará óbvio que a sua produtividade não justifica o seu salário. Portanto, prossegue o raciocínio, se Sven está recebendo uma remuneração cinquenta vezes mais elevada do que a de Ram, ele precisa estar produzindo cinquenta vezes mais do que Ram.

Mas é isso que realmente está acontecendo? Para começar, é possível que uma pessoa dirija cinquenta vezes melhor do que outra? Mesmo que, de algum modo, conseguirmos descobrir uma maneira de medir quantitativamente a qualidade da direção, esse tipo de discrepância na produtividade da direção é possível? Talvez seja, se compararmos pilotos de corrida profissionais como Michael Schumacher ou Lewis Hamilton com um determinado rapaz de 18 anos que tenha acabado de passar no exame de motorista. Entretanto, simplesmente não consigo imaginar como um motorista de ônibus comum possa dirigir cinquenta vezes melhor do que outro.

Além disso, na verdade, Ram provavelmente seria um motorista muito mais habilidoso do que Sven. É claro que este último pode ser um bom motorista de acordo com os padrões suecos, mas por acaso ele já precisou se desviar de uma vaca alguma vez na vida, algo que Ram tem que fazer regularmente? Na maior parte do tempo, a única coisa que é requerida de Sven é a capacidade de dirigir em linha reta (tudo bem, excetuando-se algumas manobras evasivas para escapar dos motoristas embriagados nas noites de sábado), enquanto Ram precisa transpor com dificuldade praticamente cada minuto do percurso, passando por carros de boi, riquixás e bicicletas cobertas por pilhas de engradados de três metros de altura. Assim, de acordo com a lógica do livre mercado, Ram deveria ganhar mais do que Sven, e não ao contrário.

Como resposta, um economista que defenda o livre mercado poderia argumentar que Sven é mais bem remunerado porque tem mais "capital humano", ou seja, habilidades e conhecimento acumulados por meio da instrução e do treinamento. Na realidade, é praticamente certo que Sven concluiu o ensino médio, tendo doze anos de escolaridade no seu currículo, enquanto Ram provavelmente mal sabe ler e escrever, tendo completado apenas cinco anos de estudos na sua aldeia no Rajastão.

No entanto, apenas uma pequena parte do capital humano adicional que Sven adquiriu nos seus sete anos suplementares de escolaridade seria relevante para dirigir um ônibus (*ver pp. 246-260*). Ele não precisa de nenhum conhecimento sobre cromossomos humanos ou sobre a guerra que a Suécia travou com a Rússia em 1809 para dirigir bem o seu ônibus. Por conseguinte, o capital humano adicional de Sven não é capaz de explicar o motivo pelo qual ele recebe um salário cinquenta vezes superior ao de Ram.

Falando sem rodeios, a principal razão pela qual Sven ganha cinquenta vezes mais do que Ram é o protecionismo; os trabalhadores suecos são protegidos da concorrência dos trabalhadores da Índia e de outros países pobres por meio do controle da imigração. Pensando bem, não existe nenhum motivo pelo qual todos os motoristas de ônibus suecos ou, por sinal, a maior parte da força de trabalho sueca (e a de qualquer outro país rico), não poderiam ser substituídos por alguns indianos, chineses ou ganenses. A maioria desses estrangeiros ficaria feliz se ganhasse uma fração dos salários pagos aos trabalhadores suecos, enquanto todos seriam capazes de executar o trabalho da mesma maneira, ou até mesmo com mais competência. E não estamos falando apenas de trabalhadores não especializados como faxineiros e garis. Um número enorme de engenheiros, bancários e programadores de computador está esperando em Xangai, Nairóbi e Quito, todos capazes de facilmente substituir os seus equivalentes em Estocolmo, Linköping e Malmö. No entanto, esses trabalhadores não podem entrar no mercado de trabalho sueco porque não podem migrar livremente para a Suécia devido ao controle da imigração. Como resultado, os trabalhadores suecos podem receber cinquenta vezes a remuneração dos trabalhadores indianos, apesar do fato de que muitos não apresentam uma taxa de produtividade mais elevada do que a dos trabalhadores indianos.

O elefante na sala

A nossa história sobre os motoristas de ônibus revela a existência do proverbial elefante na sala. Ela demonstra que o padrão de vida da grande maioria das pessoas nos países ricos depende decisivamente da existência de um controle extremamente rigoroso dos mercados de trabalho — o controle da imigração. Apesar disso, este último é invisível para muitos e deliberadamente desconsiderado por outros, quando falam sobre as virtudes do livre mercado.

Já argumentei (*ver pp. 21-33*) que o livre mercado na realidade não existe, mas o exemplo do controle da imigração revela a extensão da regulamentação do mercado que temos em economias supostamente de livre mercado que deixamos de perceber. Enquanto se queixam da legislação do salário mínimo, da regulamentação das horas de trabalho e de várias barreiras "artificiais" ao ingresso no mercado de trabalho impostas pelos sindicatos, poucos economistas chegam a mencionar o controle da imigração como uma das desagradáveis regulamentações que obstruem o funcionamento do mercado da mão de obra livre. Praticamente nenhum deles defende a extinção do controle da imigração. No entanto, para serem coerentes, eles deveriam também defender a livre imigração. O fato de que poucos deles fazem isso uma vez mais demonstra o meu ponto de vista que expus nas pp. 21-33, ou seja, que o limite do mercado é politicamente determinado e que os economistas que defendem o livre mercado são tão "políticos" quanto aqueles que desejam regulamentar os mercados.

É claro que ao criticar a contradição dos economistas que defendem o livre mercado com relação ao controle da imigração, *não* estou defendendo que o controle da imigração deveria ser extinto; não preciso fazer isso porque (como você já deve ter percebido a esta altura) não sou um economista que defende o livre mercado.

Os países têm o direito de decidir o número de imigrantes que aceitam e em que partes do mercado de trabalho eles poderão atuar. Todas as sociedades têm uma capacidade limitada de absorver imigrantes, os quais, com frequência, possuem uma herança cultural diferente, e seria errado exigir que um país ultrapassasse esse limite. Uma entrada excessivamente rápida de imigrantes não apenas provocaria um aumento repentino na concorrência pelos empregos como também dilataria as infraestruturas físicas e sociais, como a moradia e o sistema de saúde, criando uma tensão com a população residente. Igualmente importante, se bem que não tão facilmente identificável, é a questão na identidade nacional. Existe o mito — um mito necessário, mas mesmo assim um mito — de que as nações possuem uma identidade nacional imutável que não pode, e não deve, ser modificada. Não obstante, se um número excessivo de imigrantes entrar no país ao mesmo tempo, a sociedade receptora terá problemas para criar uma nova identidade nacional, sem a qual ela poderá ter dificuldade para manter a coesão social. Isso significa que a velocidade e a proporção da imigração precisam ser controladas.

Isso não quer dizer que as atuais políticas de imigração dos países ricos não possam ser melhoradas. Embora a capacidade de qualquer sociedade de absorver imigrantes seja limitada, não é como se a população total fosse fixa. As sociedades podem decidir ser mais, ou menos, abertas a imigrantes adotando atitudes e políticas sociais diferentes com relação à imigração. Além disso, no que diz respeito à composição dos imigrantes, quase todos os países ricos estão aceitando um número excessivo de pessoas "erradas" do ponto de vista dos países em desenvolvimento. Alguns países praticamente vendem os seus passaportes por meio de esquemas nos quais aqueles que levam consigo mais do que uma certa quantidade de "investimentos" são aceitos mais ou menos de imediato. Esse esquema só faz contribuir para a escassez de capital de que se ressentem a maioria dos países em desenvolvimento. Os países ricos também contribuem para a evasão de intelectualidade dos países em desenvolvimento ao aceitar com mais boa vontade as pessoas mais qualificadas. Estas são exatamente as pessoas que poderiam ter contribuído mais para o desenvolvimento dos seus países de origem do que os imigrantes não especializados, se tivessem permanecido no seu país natal.

Os países pobres são pobres por causa dos seus pobres?

A nossa história sobre os motoristas de ônibus não apenas desmascara o mito de que todo mundo recebe uma remuneração justa, de acordo com o seu valor em um livre mercado, como também nos oferece um vislumbre importante com relação à causa da pobreza nos países em desenvolvimento.

Muitas pessoas acham que os países pobres são pobres por causa dos seus pobres. Na realidade, as pessoas ricas nos países pobres tipicamente atribuem a pobreza do seu país à ignorância, à preguiça e à passividade dos pobres. Se ao menos os seus compatriotas trabalhassem como os japoneses, acompanhassem o ritmo dos alemães e fossem inventivos como os americanos — muitas dessas pessoas lhe diriam, se você estivesse disposto a ouvi-las — o seu país seria rico.

Do ponto de vista aritmético, é verdade que são os pobres que puxam para baixo a receita global média do país. No entanto, os ricos dos países pobres praticamente não se dão conta de que o seu país é pobre não por causa dos pobres, mas por causa deles próprios. Voltando ao exemplo do motorista de ônibus, a principal razão pela qual Sven ganha cinquenta vezes mais do que Ram é o fato de que ele compartilha o seu mercado de trabalho com outras pessoas que são cinquenta vezes mais produtivas do que os seus equivalentes indianos.

Mesmo que o salário médio na Suécia seja cerca de cinquenta vezes mais elevado do que o salário médio na Índia, os suecos de um modo geral certamente *não* são cinquenta vezes mais produtivos do que os seus equivalentes indianos. Muitos deles, inclusive Sven, são provavelmente menos qualificados, mas existem alguns suecos — os executivos de alto nível, cientistas e engenheiros de empresas líderes no mundo como a Ericsson, a Saab e a SKF — que são centenas de vezes mais produtivos do que os seus equivalentes indianos, de modo que a produtividade nacional média acaba se situando em torno de cinquenta vezes a da Índia.

Em outras palavras, os pobres dos países pobres em geral conseguem ficar à altura dos seus equivalentes nos países ricos. São os ricos dos países pobres que não conseguem fazer isso. É a sua baixa produtividade relativa que faz com que os seus países sejam pobres, de modo que o seu diatribe costumeiro de que os seus países são pobres por causa dos pobres é totalmente inapropriado. Em vez de culpar os seus pobres por arrastar o país para baixo, os ricos dos países pobres deveriam perguntar a si mesmos por que eles não conseguem puxar para cima o resto do seu país como fazem os ricos dos países ricos.

Finalmente, uma palavra de advertência para os ricos dos países ricos, para que não fiquem presunçosos ao escutar que é a sua produtividade elevada, aliada ao controle da imigração, que faz com que os pobres dos seus países sejam bem pagos.

Até mesmo em setores nos quais as pessoas dos países ricos são genuinamente mais produtivas do que os seus equivalentes nos países pobres, essa produtividade se deve, em grande parte, ao sistema, e não aos indivíduos em si. Não é simplesmente, e nem mesmo principalmente, pelo fato de serem mais inteligentes e mais instruídas que algumas pessoas nos países ricos são centenas de vezes mais produtivas do que os seus equivalentes nos países pobres. Elas conseguem isso porque vivem em economias que têm melhores tecnologias, empresas mais organizadas, melhores instituições e uma infraestrutura de melhor qualidade — coisas que são, em grande parte, produto de ações coletivas praticadas ao longo de gerações (*ver pp. 218-231 e 246-260*). Warren Buffet, o famoso financista, expressou belamente este argumento, ao declarar o seguinte em uma entrevista na televisão em 1995: "Creio pessoalmente que a sociedade seja responsável por um percentual significativo do que eu ganhei. Se me colocarem no meio de Bangladesh, do Peru ou de outro lugar semelhante, vocês descobrirão quanto este talento irá produzir no tipo errado de solo. Daqui a trinta anos ainda estarei tendo dificuldades. Atuo em um sistema de mercado que recompensa muito bem o que eu faço, na verdade desproporcionalmente bem."

Portanto, estamos na verdade de volta onde começamos. A remuneração de uma pessoa *não* é completamente um reflexo do seu valor. A maioria das pessoas, tanto nos países pobres quanto nos ricos, só ganha o que ganha devido ao controle da imigração. Até mesmo os cidadãos dos países ricos que não podem ser facilmente substituídos por imigrantes, podendo-se dizer, portanto, que eles realmente recebem o que valem (embora possam não receber — *ver pp. 206-217*), são tão altamente produtivos apenas por causa do sistema socioeconômico no qual atuam. Não é somente devido à sua genialidade individual que eles são extremamente produtivos.

A afirmação amplamente aceita de que somente se não interferirmos nos mercados as pessoas serão remuneradas corretamente e, portanto, de uma maneira justa, é um mito. Somente quando nos desfizermos desse mito e compreendermos tanto a natureza política do mercado quanto a natureza coletiva da produtividade individual seremos capazes de construir uma sociedade mais justa na qual legados históricos e ações coletivas, e não apenas o talento e o esforço individual, sejam adequadamente levados em conta na decisão de como remunerar as pessoas.

4
A máquina de lavar roupa mudou mais o mundo do que a internet o fez

O que eles dizem

A recente revolução nas tecnologias de comunicação, representada pela internet, mudou fundamentalmente a maneira como o mundo funciona. Ela causou a "extinção da distância". No "mundo sem fronteiras" assim criado, antigas convenções a respeito de interesses econômicos nacionais e o papel dos governos nacionais são inválidos. Essa revolução tecnológica define a época em que vivemos. A não ser que os países (ou as empresas ou, por sinal, as pessoas) mudem a uma velocidade correspondente, eles serão exterminados. Nós — enquanto indivíduos, empresas ou nações — teremos que nos tornar cada vez mais flexíveis, o que requer uma maior liberalização dos mercados.

O que eles não dizem

Ao nos darmos conta das mudanças, temos a tendência de encarar as mais recentes como sendo as mais revolucionárias. Essa atitude não raro está em desacordo com os fatos. O recente progresso nas tecnologias de telecomunicações não é tão revolucionário quanto o que teve lugar no final do século XIX — a telegrafia com fio — de uma maneira relativa. Além disso, sob o aspecto das consequentes mudanças econômicas e sociais, a revolução da internet (pelo menos ainda) não foi tão importante quanto a máquina de lavar roupa e outros eletrodomésticos, os quais, ao reduzir enormemente a quantidade de trabalho necessário para a execução das tarefas domésticas, possibilitou que as mulheres ingressassem no mercado de trabalho e praticamente extinguiu profissões como os serviços domésticos. Não devemos "inverter o telescópio" quando contemplamos o passado subestimando o velho e superestimando o novo, porque isso nos leva a tomar os mais diferentes tipos de decisões errôneas a respeito da política econômica nacional, das políticas corporativas e das nossas próprias carreiras.

Todo mundo tem uma empregada na América Latina

De acordo com uma amiga americana, o livro-texto de espanhol que ela usou na escola na década de 1970 tinha uma frase que dizia (em espanhol, é claro) que "todo mundo na América Latina tem uma empregada".

Pensando bem, isso é uma impossibilidade lógica. As empregadas também têm empregadas na América Latina? Talvez exista algum tipo de esquema de troca de empregadas no qual eu nunca ouvi falar, no qual as empregadas se alternam sendo empregadas umas das outras, para que todas possam ter uma empregada, mas não acho que isso seja verdade.

Naturalmente, é possível entender por que um autor americano pudesse criar uma frase assim. Uma proporção bem maior de pessoas nos países pobres do que nos ricos tem empregadas. Uma professora primária ou um jovem gerente que trabalhe em uma pequena empresa em um país rico jamais sonharia em ter uma empregada que dormisse no emprego, mas os seus equivalentes nos países pobres provavelmente têm uma ou até mesmo duas empregadas. É difícil obter os números, mas de acordo com dados da OIT (Organização Internacional do Trabalho), calcula-se que de 7 a 8% das pessoas que fazem parte da força de trabalho no Brasil e 9% das do Egito trabalhem como empregados domésticos. Os percentuais correspondentes são de 0,7% na Alemanha, 0,6% nos Estados Unidos, 0,3% na Inglaterra e no País de Gales, 0,05% na Noruega, caindo para 0,005% na Suécia (os percentuais são todos para a década de 1990, exceto os da Alemanha e Noruega que são para a década de 2000).[1] Portanto, de uma maneira proporcional, o Brasil tem de 12 a 13 vezes mais empregados domésticos do que os Estados Unidos, e o Egito tem 1.800 vezes mais do que a Suécia. É compreensível que muitos americanos pensem que "todo mundo" tem uma empregada na América Latina e que um sueco no Egito sinta que o país é quase que integralmente habitado por empregados domésticos.

O interessante é que a parcela da força de trabalho que trabalhava como empregados domésticos nos países ricos de hoje costumava ser semelhante à encontrada atualmente nos países em desenvolvimento. Nos Estados Unidos, cerca de 8% das pessoas "lucrativamente empregadas" em 1870 eram empregados domésticos. O coeficiente também se situava em torno de 8% na Alemanha até a década de 1890, embora tenha começado a cair bem rápido depois disso. Na Inglaterra e no País de Gales, onde a cultura do "criado" sobreviveu mais tempo do que em outros países devido à força da classe dos proprietários de terras, a proporção era ainda mais elevada: de 10 a 14% das pessoas que faziam parte da força de trabalho trabalhavam em serviços domésticos entre as décadas de 1850 e 1920 (com alguns altos e baixos). Na realidade, se você ler os romances de Agatha Christie escritos até a década de 1930, perceberá que não é apenas o magnata da imprensa que é assassinado na sua biblioteca trancada que tem empregados, mas também a solteirona de classe média com dificuldades financeiras, embora ela possa ter apenas uma empregada (que se envolve com um mecânico preguiçoso, que, ao que se constata mais tarde, é filho bastardo do magnata da imprensa, e que também é assassinada na página 111 por ser idiota o bastante para mencionar uma coisa que nem mesmo deveria ter visto).

O principal motivo pelo qual o número de empregados domésticos é tão menor (proporcionalmente, é claro) nos países ricos — embora obviamente não seja o único, tendo-se em vista as diferenças culturais entre os países em níveis semelhantes de renda, hoje e no passado — é o preço relativo mais elevado do trabalho. Com o desenvolvimento econômico, as pessoas (ou melhor, os serviços de mão de obra que elas oferecem) se tornam relativamente mais caras do que as "coisas" (*ver também pp. 131-148*). Como resultado, nos países ricos, o serviço doméstico se tornou um artigo de luxo acessível apenas para os ricos, ao passo que ele ainda é suficientemente barato para ser consumido até mesmo por pessoas da baixa classe média nos países em desenvolvimento.

Entra em cena a máquina de lavar roupa

No entanto, independentemente dos movimentos nos preços relativos das "pessoas" e das "coisas", a queda na participação de pessoas que trabalham como empregados domésticos não teria sido tão drástica como foi nos países ricos ao longo do último século, não tivesse sido pelo suprimento de uma enorme quantidade de tecnologias domésticas, que representei pela máquina de lavar. Por mais dispendioso (relativamente) que possa ser contratar pessoas que possam lavar a roupa, limpar a casa, aquecer a casa, cozinhar e lavar a louça, elas ainda teriam que ser contratadas, se essas coisas não pudessem ser feitas por máquinas. Ou então você teria que passar horas executando você mesmo essas tarefas.

As máquinas de lavar economizaram um tempo enorme. Não é fácil obter os dados, mas uma pesquisa realizada em meados da década de 1940 pela US Rural Electrification Authority relata que, com a introdução da máquina de lavar roupa elétrica e do ferro elétrico, o tempo necessário para lavar 17 quilos de roupa suja foi reduzido por um fator de quase 6 (de 4 horas para 41 minutos) e o tempo necessário para passar essa mesma roupa foi reduzido por um fator de mais de 2,5 (de 4,5 horas para 1,75 hora).[2] A água encanada significou que as mulheres não têm mais que passar horas indo buscar água (tarefa na qual até duas horas por dia são gastas em alguns países em desenvolvimento, de acordo com o Programa de Desenvolvimento das Nações Unidas). O aspirador de pó possibilitou que limpemos melhor a nossa casa em uma fração do tempo que era necessário antigamente, quando tínhamos que fazer isso com uma vassoura e trapos. O fogão a gás e o elétrico, bem como o aquecimento central, reduziu enormemente o tempo que era gasto para catar lenha, acender o fogo, manter o fogo aceso, e depois fazer a limpeza para fins de aquecimento e cozimento. Hoje, muitas pessoas nos países ricos têm até mesmo uma lava-louças, cujo (futuro) inventor, um certo Sr. I. M. Rubinow, funcionário do US Department of Agriculture, afirmou que seria "um verdadeiro benfeitor da humanidade" no artigo que publicou no *Journal of Political Economy* em 1906.

O surgimento dos eletrodomésticos, bem como da eletricidade, da água encanada e do gás encanado, transformou completamente a maneira como as mulheres, e por conseguinte os homens, vivem. Eles possibilitaram que um número bem maior de mulheres ingressasse no mercado de trabalho. Nos Estados Unidos, por exemplo, a proporção de mulheres brancas casadas que se encontram no auge da idade produtiva (35 a 44 anos) que trabalham fora de casa aumentou de um pequeno percentual no final da década de 1890 para quase 80% nos dias de hoje.[3] Isso também modificou substancialmente a estrutura ocupacional feminina ao permitir que a sociedade sobrevivesse com um número bem menor de pessoas trabalhando como empregados domésticos, como vimos anteriormente; na década de 1870, por exemplo, quase 50% das mulheres empregadas nos Estados Unidos trabalhavam como "criadas e garçonetes" (do que podemos deduzir que quase todas eram criadas e não garçonetes, considerando-se que comer fora ainda não era um grande negócio).[4] A maior participação no mercado de trabalho decididamente elevou o *status* da mulher em casa e na sociedade, reduzindo também, portanto, a preferência pelos filhos homens e aumentando o investimento na instrução das mulheres, o que aumenta ainda mais a participação feminina no mercado de trabalho. Até mesmo as mulheres instruídas que acabam optando por ficar em casa com os filhos têm um *status* mais elevado no lar, já que podem fazer ameaças convincentes de que são capazes de sustentar a si mesmas caso decidam abandonar os seus parceiros. Com as oportunidades de emprego externas, os custos de oportunidade dos filhos aumentaram, levando as famílias a ter menos filhos. Tudo isso modificou a dinâmica tradicional da família. Em conjunto, elas constituem mudanças realmente poderosas.

É claro que não estou dizendo que essas mudanças aconteceram apenas — ou até mesmo predominantemente — devido a mudanças nas tecnologias domésticas. A "pílula" e outros anticoncepcionais exerceram um poderoso impacto na educação feminina e na participação das mulheres no mercado de trabalho, possibilitando que elas controlassem a época e a frequência dos seus partos. E há também causas não tecnológicas. Mesmo com idênticas tecnologias domésticas, os países podem ter índices de participação do trabalho feminino no mercado bem diferentes, bem como diferentes estruturas ocupacionais, dependendo de coisas como convenções sociais relacionadas com a aceitabilidade de as mulheres de classe média trabalharem (as mulheres pobres sempre trabalharam), de incentivos fiscais para o trabalho remunerado e a criação dos filhos, e do preço das creches. Não obstante, contudo, continua sendo verdade que, sem a máquina de lavar (e outras tecnologias domésticas que economizam trabalho), a escala da mudança no papel da mulher na sociedade e na dinâmica familiar não teria sido nem de longe tão radical.

A máquina de lavar roupa supera a internet

Em comparação com as mudanças geradas pela máquina de lavar roupa (e companhia), o impacto da internet, que muitos acreditam ter mudado totalmente o mundo, não foi tão fundamental — pelo menos até agora. Sem dúvida a internet transformou a maneira como as pessoas passam as suas horas fora do trabalho — navegando na internet, batendo papo com os amigos no Facebook, conversando com eles no Skype, jogando jogos eletrônicos com alguém que pode estar sentado a oito mil quilômetros de distância e não sei o que mais. Ela também aumentou enormemente a eficiência com a qual podemos encontrar informações a respeito das nossas apólices de seguro, férias, restaurantes e, cada vez mais, até mesmo o preço do brócolis e do xampu.

No entanto, quando se trata de processos de produção, não está claro se o impacto foi tão revolucionário. Sem sombra de dúvida, no caso de algumas pessoas, a internet mudou profundamente a maneira como elas trabalham. Sei disso por experiência própria. Graças à internet, pude escrever um livro inteiro com a minha amiga e ocasional coautora, Professora Ilene Grabel, que leciona em Denver, Colorado, com apenas um encontro frente a frente e um ou dois telefonemas.[5] No entanto, no caso de muitas outras pessoas, a internet não causou um impacto tão grande na produtividade. Estudos têm se esforçado para descobrir o impacto positivo da internet na produtividade como um todo; como disse Robert Solow, o economista ganhador do Prêmio Nobel: "a evidência está em toda parte, exceto nos números."

Você poderá achar que a minha comparação é injusta. Os eletrodomésticos que menciono aqui tiveram pelo menos algumas décadas, às vezes um século, para fazer a sua mágica, ao passo que a internet mal tem duas décadas de idade. Isso é em parte verdade. Como o notável historiador da ciência, David Edgerton, declarou no seu fascinante livro *The Shock of the Old — Technology and Global History Since 1900*, a utilização máxima de uma tecnologia, e portanto o seu impacto máximo, com frequência é alcançado décadas depois da invenção dessa tecnologia. Mas mesmo no que diz respeito ao seu impacto imediato, tenho dúvidas se a internet é realmente a tecnologia revolucionária que muitos de nós acreditamos ser.

A internet perde para o telégrafo

Pouco antes do início do serviço de telégrafo transatlântico em 1866, uma mensagem levava cerca de três semanas para chegar do outro lado do Oceano Atlântico — o tempo que os barcos a vela levavam para cruzar o oceano. Até mesmo no caso do envio "expresso" em um navio a vapor (que só se tornou corrente na década de 1890), era preciso considerar um prazo de duas semanas (as travessias mais rápidas na época levavam de oito a nove dias).

Com o telégrafo, o tempo de transmissão de uma mensagem de, digamos, 300 palavras, foi reduzido para sete ou oito minutos. Podia até ser mais rápido. O *The New York Times* noticiou em 4 de dezembro de 1861 que o Discurso do Estado da União de Lincoln com 7.578 palavras foi transmitido de Washington, DC para o resto do país em 92 minutos, dando uma média de 82 palavras por minuto, o que teria possibilitado que a mensagem de 300 palavras fosse enviada em menos de quatro minutos. Mas isso foi um recorde, e a média se aproximava mais de 40 palavras por minuto, o que fazia com que uma mensagem de 300 palavras levasse 7,5 minutos para ser transmitida. De qualquer modo, de duas semanas para 7,5 minutos equivale a uma redução de 2.500 vezes.

A internet reduziu o tempo de transmissão de uma mensagem de 300 palavras de dez segundos no aparelho de fax para, digamos, dois segundos, mas isso é apenas uma redução por um fator de 5. A redução da velocidade pela internet é maior quando se trata de mensagens mais longas — é possível enviar em dez segundos (considerando o tempo do *upload*), digamos, um documento com 30 mil palavras, o que teria levado mais de 16 minutos (ou mil segundos) no aparelho de fax, o que nos dá uma aceleração sob o aspecto da velocidade de transmissão de cem vezes. No entanto, isso não é nada em comparação com a redução de 2.500 vezes no tempo alcançada pelo telégrafo.

A internet obviamente possui outras características revolucionárias. Ela nos permite enviar fotografias a alta velocidade (algo que nem o telégrafo nem o fax eram capazes de fazer, de modo que tínhamos que contar com o transporte físico). Ela pode ser acessada em muitos lugares, e não apenas nas agências dos correios. O mais importante é que podemos procurar as informações específicas que desejamos em um vasto número de fontes. No entanto, sob os aspectos da mera aceleração da velocidade, ela não é, nem de longe, tão revolucionária quanto a humilde telegrafia com fio (não estou nem mesmo me referindo à telegrafia sem fio).

Superestimamos enormemente os vários impactos da internet porque ela está nos afetando hoje. E não somos apenas nós que fazemos isso. Os seres humanos têm a tendência de se deixar fascinar pelas tecnologias mais novas e mais visíveis. Já em 1944, George Orwell criticou as pessoas que se deixavam se entusiasmar exageradamente pela "extinção da distância" e o "desaparecimento das fronteiras" graças ao avião e ao rádio.

Como entender melhor as mudanças

Que diferença faz se as pessoas acreditam erroneamente que a internet causou um impacto mais importante do que a telegrafia ou a máquina de lavar roupa? Qual a importância de as pessoas se deixarem impressionar mais pelas mudanças mais recentes?

Não teria nenhuma importância se essa distorção de perspectiva fosse apenas uma questão de pontos de vista pessoais. No entanto, essas perspectivas distorcidas causam impactos genuínos, já que resultam na utilização equivocada de recursos escassos.

O deslumbramento com a revolução da TIC (Tecnologia da Informação e Comunicação), representada pela internet, fez com que alguns países ricos — especialmente os Estados Unidos e a Grã-Bretanha — concluíssem erroneamente que produzir coisas é tão "antiquado" que eles deveriam tentar viver de ideias. E como eu explico nas pp. 131-148, essa crença na "sociedade pós-industrial" levou esses países a negligenciar indevidamente o seu setor industrial, com consequências adversas para as suas respectivas economias.

O que é ainda mais inquietante é que o fascínio das pessoas nos países ricos pela internet levou a comunidade internacional a se preocupar com a "divisão digital" entre os países ricos e pobres. Isso fez com que empresas, fundações de caridade e pessoas físicas doassem dinheiro para os países em desenvolvimento para que eles adquirissem equipamentos de computador e serviços de internet. A questão, contudo, é se é isso de que os países em desenvolvimento mais precisam. Talvez dar dinheiro para coisas menos modernas, como cavar poços, ampliar as redes elétricas e fabricar máquinas de lavar roupa com um preço mais acessível tivessem melhorado mais a vida das pessoas do que dar a cada criança um laptop ou montar centros de internet em aldeias rurais. Não estou dizendo que essas coisas são *necessariamente* mais importantes, mas muitos doadores se apressaram a entrar em programas sofisticados sem avaliar os custos e benefícios a longo prazo de utilizações alternativas do seu dinheiro.

Ainda em outro exemplo, a empolgação com a novidade levou pessoas a acreditar que as recentes mudanças nas tecnologias das comunicações e do transporte são de tal modo revolucionárias que hoje nós vivemos em um "mundo sem fronteiras", como diz o título do famoso livro, de autoria de Kenichi Ohmae, o guru de negócios japonês.[6] Como resultado, mais ou menos nos últimos vinte anos, muitas pessoas passaram a acreditar que seja qual for a mudança que está tendo lugar hoje, ela é resultado de um monumental progresso tecnológico, e ir contra ela será como tentar fazer o relógio andar para trás. Por acreditar nesse mundo, muitos governos extinguiram algumas das regulamentações extremamente necessárias sobre os fluxos de capital e a mão de obra e as mercadorias transnacionais, com resultados insatisfatórios (*ver, p. ex., pp. 99-113 e 114-130*). No entanto, como já demonstrei, as recentes mudanças nessas tecnologias não são nem de longe tão revolucionárias quanto as mudanças correspondentes de cem anos atrás. Na realidade, o mundo era bem mais globalizado há um século do que foi entre as décadas de 1960 e 1980 apesar de ter tecnologias de comunicação e transporte muito inferiores, porque nesse último período os governos, especialmente os governos poderosos, acreditavam em regulamentações mais rígidas desses fluxos transnacionais. O que determinou o grau da globalização (em outras palavras, da abertura nacional) foi a política, e não a tecnologia. Não obstante, se deixarmos que a nossa perspectiva seja distorcida pelo deslumbramento com a revolução tecnológica mais recente, não conseguiremos enxergar esse ponto e acabaremos implementando as políticas erradas.

Entender as tendências tecnológicas é muito importante para projetar corretamente as políticas econômicas, tanto no nível nacional quanto no internacional (bem como para tomar as decisões profissionais adequadas no nível individual). Entretanto, o nosso fascínio pelo que é mais recente, e a nossa depreciação do que já se tornou comum, pode fazer, e fez, com que seguíssemos os mais diferentes tipos de direções erradas. Apresentei esta questão de uma maneira deliberadamente provocante, contrapondo a humilde máquina de lavar roupa à internet, mas os meus exemplos devem ter lhe mostrado que as maneiras pelas quais as forças tecnológicas moldaram os acontecimentos econômicos e sociais sob a influência do capitalismo são muito mais complexas do que geralmente se acredita.

5

Pressuponha o pior com relação às pessoas e você receberá o pior

O que eles dizem

Adam Smith fez a famosa declaração: "Não é da benevolência do açougueiro, do cervejeiro ou do padeiro que esperamos o nosso jantar, mas sim da consideração deles pelo seus próprios interesses." O mercado aproveita belamente a energia das pessoas egoístas que só pensam em si mesmas (e, no máximo, na sua família imediata) para produzir a harmonia social. O comunismo fracassou porque negou esse instinto humano e dirigiu a economia partindo do princípio de que todo mundo era altruísta, ou, pelo menos, em grande medida altruísta. Temos que pressupor o pior com relação às pessoas (ou seja, que elas só pensam em si mesmas), se quisermos construir um sistema econômico durável.

O que eles não dizem

O interesse pessoal é uma característica extremamente poderosa em quase todos os seres humanos. No entanto, não é o nosso único impulso. Com frequência, não é nem mesmo a nossa principal motivação. Na realidade, se o mundo estivesse repleto das pessoas egoístas que encontramos nos compêndios de economia, ele ficaria paralisado porque passaríamos a maior parte do tempo trapaceando, tentando capturar os trapaceiros e punindo os que fossem apanhados. O mundo funciona como funciona somente porque as pessoas não são os agentes totalmente egoístas que a economia do livre mercado acredita que elas sejam. Precisamos projetar um sistema econômico que, ao mesmo tempo que reconheça que as pessoas são frequentemente egoístas, explore outros motivos humanos e extraia o que há de melhor nas pessoas. O mais provável é que se pressupusermos o pior com relação às pessoas, obteremos o que há de pior nelas.

Como (não) gerir uma empresa

Em meados da década de 1990, participei de uma conferência no Japão sobre o "milagre do crescimento do Leste Asiático", organizada pelo Banco Mundial. Um dos lados do debate era formado por pessoas como eu, que argumentavam que a intervenção do governo havia desempenhado um papel positivo na história do Leste Asiático ao se opor aos sinais do mercado, protegendo e subsidiando indústrias como as do automóvel e da eletrônica. A outra facção era composta pelos economistas que apoiavam o Banco Mundial, que argumentavam que a intervenção do governo havia sido, na melhor das hipóteses, algo de importância secundária e, na pior das hipóteses, havia feito mais mal do que bem ao Leste Asiático. O mais importante, acrescentaram, é que mesmo que fosse verdade que o milagre do Leste Asiático devesse alguma coisa à intervenção do governo, isso não significa que as políticas utilizadas pelos países do Leste Asiático possam ser recomendadas para outros países. Foi ressaltado que as autoridades do governo que elaboram as políticas são (como todos nós) agentes egoístas, mais interessados em expandir o seu poder e prestígio pessoais do que em promover os interesses nacionais. Eles argumentaram que a intervenção do governo funcionava no Leste Asiático porque, por motivos históricos, eles tinham burocratas excepcionalmente altruístas e capazes (o que não precisamos detalhar aqui). Até mesmo alguns dos economistas que defendiam um papel ativo para o governo admitiram esse ponto.

Ao ouvir esse debate, um cavalheiro japonês de aparência distinta que estava na audiência levantou a mão. Apresentando-se como um dos altos executivos da Kobe Steel, na época o quarto maior produtor de aço do Japão, o cavalheiro repreendeu os economistas por interpretar erroneamente a natureza da burocracia moderna, quer a do governo, quer a do setor privado.

O executivo da Kobe Steel disse (é claro que eu o estou parafraseando): "Sinto muito dizer isto, mas vocês, economistas, não entendem como o mundo funciona. Tenho um doutorado em metalurgia e trabalho na Kobe Steel há quase três décadas, de modo que tenho algum conhecimento da fabricação do aço. No entanto, a minha empresa é hoje tão grande e complexa que nem mesmo eu compreendo mais do que a metade das coisas que estão acontecendo dentro dela. Quanto aos outros executivos — com formação em contabilidade e marketing — eles realmente não tem muito conhecimento das coisas. Apesar disso, a nossa diretoria aprova rotineiramente a maioria dos projetos apresentados pelos nossos funcionários, porque acreditamos que eles trabalham pelo bem da empresa. Se partíssemos do princípio que todo mundo só pensa em promover os seus próprios interesses e questionássemos o tempo todo os motivos dos nossos funcionários, a empresa pararia de funcionar, pois passaríamos todo o nosso tempo analisando propostas que na realidade não entendemos. É simplesmente impossível administrar uma grande organização burocrática, seja ela a Kobe Steel ou o governo, se partirmos do princípio que todo mundo só pensa em si mesmo."

Esse é apenas um relato interessante, mas é um depoimento poderoso das limitações da teoria econômica convencional, a qual pressupõe que o interesse pessoal é a única motivação humana que conta. Vou desenvolver o meu raciocínio.

Açougueiros e padeiros egoístas

A economia de livre mercado parte do princípio que todos os agentes econômicos são egoístas, como foi resumido na avaliação de Adam Smith do açougueiro, do cervejeiro e do padeiro. A beleza do sistema de mercado, sustentam os defensores dessa economia, é que ele canaliza o que parece ser o pior aspecto da natureza humana — o egoísmo, ou a ganância, se você preferir — transformando essa tendência em uma coisa produtiva e socialmente benéfica.

Tendo em vista a sua natureza egoísta, os donos de lojas tentarão cobrar de você um preço alto demais, os trabalhadores tentarão ao máximo fugir à responsabilidade no trabalho e os gestores profissionais tentarão maximizar o seu salário e prestígio em vez dos lucros, já que estes vão para os acionistas e não para eles. No entanto, a força do mercado colocará rígidos limites, ou até mesmo eliminará por completo, esse tipo de comportamento: os donos de loja não o enganarão se tiverem um concorrente próximo; os trabalhadores não ousarão fazer corpo mole se souberem que podem ser facilmente substituídos; os gestores contratados não conseguirão enganar os acionistas se operarem em um vigoroso mercado de ações, que garantirá que os gestores que gerarem lucros mais baixos, diminuindo assim o preço das ações, correrão o risco de perder o emprego já que o controle acionário da sua empresa será tomado por outra.

Para os economistas que defendem o livre mercado, as autoridades públicas — os políticos e os burocratas do governo — apresentam um desafio especial sob esse aspecto. A sua busca do interesse pessoal não pode ser refreada em um grau significativo porque essas pessoas não estão sujeitas à disciplina do mercado. De fato, os políticos enfrentam alguma concorrência uns dos outros, mas as eleições têm lugar tão raramente que os seus efeitos disciplinares são limitados. Por conseguinte, eles têm amplas oportunidades de perseguir políticas que aumentem o seu poder e a sua riqueza, à custa da prosperidade nacional. Quando se trata de burocratas de carreira, as oportunidades de perseguir os interesses egoístas são ainda maiores. Mesmo que os seus líderes políticos, os políticos, tentem obrigá-los a implementar políticas que atendam a exigências eleitorais, eles sempre podem confundir e manipular os políticos, como foi brilhantemente retratado na série cômica da BBC *Yes, Minister* e na sua continuação, *Yes, Prime Minister*. Além disso, ao contrário dos políticos, esses burocratas de carreira têm uma segurança no emprego elevada, ou até mesmo vitalícia, de modo que podem aguardar o fim do mandato dos seus líderes políticos simplesmente protelando as coisas. Esse era o ponto crucial das preocupações que os economistas do Banco Mundial estava expressando na conferência no Japão que mencionei no início deste texto.

Por conseguinte, os economistas que defendem o livre mercado recomendam que a parte da economia controlada pelos políticos e burocratas deveria ser minimizada. A desregulamentação e a privatização, a partir desse ponto de vista, além de ser economicamente eficazes também são politicamente sensatas, já que minimizam a possibilidade de que as autoridades públicas possam usar o estado como um instrumento para promover os seus interesses pessoais, à custa do público em geral. Alguns — que pertencem à chamada escola da "Nova Administração Pública" — vão ainda mais além e recomendam que a administração do próprio governo deveria ser exposta às forças mais amplas do mercado: uma utilização mais agressiva de pagamento relacionado com o desempenho e contratos de curto prazo para os burocratas; uma terceirização mais frequente dos serviços do governo; um intercâmbio mais ativo de pessoal entre o setor público e o privado.

Podemos não ser anjos, mas...

A hipótese do individualismo egoísta, que se situa na base da economia do livre mercado, tem uma grande ressonância com as nossas experiências pessoais. Todos já fomos enganados por negociantes inescrupulosos, seja o fruteiro que colocou algumas ameixas podres no fundo da embalagem ou o fabricante de iogurte que exagerou enormemente os benefícios dos seus produtos para a saúde. Conhecemos um número excessivo de políticos corruptos e burocratas preguiçosos para acreditar que todos os funcionários públicos só pensam em servir ao público. Quase todos nós, eu inclusive, já fugimos da responsabilidade no trabalho e alguns de nós ficamos decepcionados com colegas mais jovens e assistentes que apresentam os mais diferentes tipos de desculpas para não trabalhar com seriedade. Além disso, segundo as notícias que lemos e ouvimos hoje em dia sobre gestores profissionais, até mesmo os supostos defensores dos interesses dos acionistas como Jack Welch da GE e Rick Wagoner da GM, não estavam realmente empenhados em fazer o que era melhor para os acionistas (*ver pp. 34-48*).

Tudo isso é verdade. Entretanto, também temos muitas evidências — não apenas relatos de casos isolados, mas sim evidências sistemáticas — que demonstram que o interesse pessoal não é a única motivação que importa, até mesmo na nossa vida econômica. O autointeresse é, sem dúvida, extremamente importante, mas o nosso comportamento às vezes tem origem em motivos até mesmo mais importantes do que o egoísmo, como, por exemplo, a honestidade, a dignidade, o altruísmo, o amor, a compreensão, a confiança, o senso do dever, a solidariedade, a lealdade, o espírito público, o patriotismo e assim por diante.[1]

O nosso exemplo anterior da Kobe Steel mostra como empresas bem-sucedidas são geridas com base na confiança e na lealdade, em vez de na desconfiança e no egoísmo. Se você acha que esse é um exemplo peculiar de um país de "formigas operárias" que reprime a individualidade contra a natureza humana, abra qualquer livro sobre liderança empresarial ou a autobiografia de qualquer empresário publicada no Ocidente e veja o que eles dizem. Eles dizem que você precisa desconfiar das pessoas e observá-las o tempo todo para que não sejam indolentes e desonestas? Não, eles provavelmente falam principalmente a respeito de como "estabelecer um vínculo" com os funcionários, mudar a maneira como eles veem as coisas, inspirá-los e promover o trabalho em equipe entre eles. Os bons administradores sabem que as pessoas não são robôs egoístas com falta de visão. Eles sabem que elas têm um lado "bom" e um lado "mau", e que o segredo da boa administração reside em intensificar o primeiro e atenuar o último.

Outro bom exemplo que ilustra a complexidade da motivação humana é a prática da "operação-padrão" ou "operação tartaruga", na qual os trabalhadores desaceleram a produção seguindo rigorosamente as regras que regulamentam as suas tarefas. Você poderá se perguntar como os trabalhadores podem prejudicar o empregador trabalhando de acordo com as regras. No entanto, esse método de greve parcial — também conhecido como "greve italiana" (e como *sciopero bianco*", ou "greve branca", pelos próprios italianos) — sabidamente reduz a produção de 30 a 50%. Isso acontece porque nem tudo pode ser especificado no contrato de trabalho (as regras) e, portanto, todos os processos de produção se apoiam expressivamente na boa vontade dos trabalhadores de fazer coisas adicionais que não são exigidas em contrato ou ter iniciativas e pegar atalhos a fim de agilizar as coisas, quando as regras são excessivamente incômodas. As motivações por trás desse comportamento altruísta dos trabalhadores variam, podendo ser amor pelo emprego, orgulho da sua capacidade pessoal, dignidade, solidariedade para com os colegas, confiança nos altos executivos ou lealdade para com a empresa. Mas a conclusão final é que as empresas, e portanto a nossa economia, ficariam paralisadas se as pessoas agissem de uma maneira totalmente egoísta, como a economia de livre mercado pressupõe que elas ajam.

Por não compreender a natureza complexa da motivação dos trabalhadores, os capitalistas da antiga era de produção em massa achavam que, ao privar completamente os trabalhadores da liberdade de ação com relação à velocidade e à intensidade do seu trabalho, e portanto da capacidade de "enrolar", a correia transportadora maximizaria a produtividade deles. No entanto, como esses capitalistas logo descobriram, ao se ver privados da sua autonomia e dignidade, os trabalhadores reagiram tornando-se passivos, descuidados e até mesmo pouco dispostos a cooperar. Desse modo, começando pela Escola das Relações Humanas que surgiu na década de 1930, que ressaltou a necessidade da boa comunicação com os trabalhadores, bem como entre eles, emergiram muitas abordagens administrativas que enfatizam a complexidade da motivação humana e sugerem maneiras de trazer à tona o que há de melhor nos trabalhadores. O apogeu dessa abordagem é o chamado "sistema japonês de produção" (às vezes conhecido como o "sistema Toyota de produção"), que tira partido da boa vontade e da criatividade dos trabalhadores, conferindo-lhes responsabilidades e confiando neles como agentes morais. No sistema japonês, os trabalhadores detêm um considerável grau de controle sobre a linha de produção. Eles também são incentivados a fazer sugestões para o aprimoramento do processo de produção. Essa abordagem possibilitou que as empresas japonesas alcançassem uma tal eficiência e qualidade de produção que hoje muitas companhias não japonesas as estão imitando. Por *não* pressupor o pior com relação aos seus trabalhadores, as empresas japonesas extraíram o que há de melhor neles.

O comportamento moral é uma ilusão de ótica?

Assim, se você olhar à sua volta e pensar um pouco, perceberá que o mundo parece repleto de comportamentos morais que contrariam as suposições dos economistas que defendem o livre mercado. Quando são confrontados com esses comportamentos, esses economistas frequentemente os descartam como sendo "ilusões de ótica". Se as pessoas dão a impressão de estar tendo um comportamento moral, argumentam eles, é apenas porque os observadores não enxergam as recompensas e sanções *ocultas* a que elas estão reagindo. De acordo com essa linha de raciocínio, as pessoas permanecem sempre egoístas. Se elas têm um comportamento moral, não é porque acreditem no código moral em si mas porque esse tipo de comportamento maximiza as recompensas e minimiza as punições para elas sob o aspecto pessoal. Por exemplo, se negociantes se abstêm de trapacear mesmo na ausência de uma coerção legal ou de concorrentes prontos para roubar o negócio deles, isso não significa que eles acreditem na honestidade. Eles agem dessa maneira porque sabem que a reputação de ser um negociante honesto atrai mais clientes. Ou muitos turistas que têm um mau comportamento não fariam o mesmo em casa, não porque de repente se tornem pessoas dignas quando voltam para casa, mas porque deixam de ter o anonimato do turista e passam, portanto, a ter medo de ser criticadas ou marginalizadas por pessoas que conhecem e que são importantes para elas.

Essas afirmações encerram alguma verdade. Existem, de fato, recompensas e sanções sutis que não são visíveis de imediato, e as pessoas reagem a elas. Entretanto, essa linha de raciocínio não funciona no final.

O fato é que, mesmo quando não existem em ação mecanismos ocultos de recompensa e sanção, muitos de nós nos comportamos honestamente. Por que, por exemplo, as pessoas — ou pelo menos aquelas que conseguem correr muito — não saem correndo sem pagar a corrida do táxi?[2] O motorista do táxi não pode ir muito longe na sua perseguição, já que não pode abandonar o táxi durante muito tempo. Se você mora em uma grande cidade, a chance de você encontrar de novo o mesmo motorista é quase nula, de modo que nem mesmo precisa ter medo de que o motorista possa retaliar de alguma maneira no futuro. Considerando-se tudo isso, é realmente extraordinário que tão poucas pessoas não fujam depois de uma corrida de táxi. Outro exemplo é que em uma viagem de férias ao exterior, você pode ter encontrado um mecânico ou um vendedor ambulante que não o tenha enganado, mesmo que não houvesse nenhuma maneira de você recompensá-lo espalhando aos quatro ventos que ele era honesto — o que é particularmente difícil quando você não consegue nem mesmo soletrar o nome turco da oficina ou quando a mulher cambojana que vende macarrão na rua, cujo nome você nem mesmo se lembra, talvez nem mesmo fique no mesmo lugar todos os dias.

O mais importante é que, em um mundo habitado por pessoas egoístas, o mecanismo invisível da recompensa/sanção *não pode* existir. O problema é que recompensar e punir outras pessoas pelo seu comportamento só custa tempo e energia para as pessoas que estão tomando essas medidas, ao passo que os benefícios oriundos de melhores padrões de comportamento abarcam todo mundo. Voltando aos nossos exemplos anteriores, se você, na condição de motorista de táxi, quiser perseguir e espancar um passageiro que tenha fugido sem pagar, você poderá correr o risco de ser multado por estacionamento irregular ou até mesmo ter o seu táxi arrombado. Mas qual é a chance de você ser beneficiado pela melhora do padrão de comportamento desse passageiro, que você talvez nunca mais encontre? Você gastaria tempo e energia para espalhar a notícia de que aquela oficina na Turquia é honesta e faz um bom trabalho, mas por que você deveria fazer isso se provavelmente nunca mais irá voltar àquela parte do mundo? Portanto, na condição de uma pessoa egoísta, você espera que alguém seja tolo o bastante para gastar tempo e energia aplicando a justiça privada a passageiros de táxi problemáticos ou a longínquas oficinas mecânicas, em vez de pagar você mesmo os custos. Entretanto, se todo mundo fosse egoísta como você, todo mundo agiria como você. Como resultado, ninguém recompensaria e puniria outras pessoas devido ao bom ou mau comportamento delas. Em outras palavras, os mecanismos invisíveis de recompensas e sanções que os economistas que defendem o livre mercado afirmam criar a ilusão de ótica da moralidade só podem existir porque *não* somos os agentes amorais que esses economistas afirmam que somos.

A moralidade não é uma ilusão de ótica. Quando as pessoas agem de uma maneira não egoísta — seja deixando de roubar os clientes, trabalhando arduamente apesar de ninguém as estar observando ou recusando propinas mesmo sendo um funcionário público mal remunerado — muitas delas, ou até mesmo todas elas, o fazem porque genuinamente acreditam que é a coisa certa a ser feita. Os mecanismos invisíveis de recompensas e sanções são importantes, mas não podem explicar todos — ou, na minha opinião, nem mesmo a maioria — dos comportamentos não egoístas, mesmo que seja apenas pela simples razão de que eles não existiriam se fossem inteiramente egoístas. Contrariando a afirmação da Sra. Thatcher de que "não existe algo como a sociedade. Existem homens e mulheres individuais, e há famílias", os seres humanos nunca existiram como agentes atomísticos egoístas, não limitados por nenhuma sociedade. Nascemos em sociedades com determinados códigos morais e somos socializados de maneira a "interiorizar" esses códigos.

É claro que tudo o que acabo de expor não tem a intenção de negar que o egoísmo é uma das mais importantes motivações humanas. No entanto, se todo mundo realmente só pensasse em promover o seu próprio interesse, o mundo já teria parado, porque haveria um excesso de trapaças nos negócios e de inatividade na produção. O mais importante é que se projetarmos o nosso sistema econômico com base nessa suposição, o resultado provavelmente será uma eficiência menor, em vez de maior. Se fizéssemos isso, as pessoas sentiriam que não são consideradas confiáveis como agentes morais e se recusariam a agir de uma maneira moral, obrigando-nos a gastar uma enorme quantidade de recursos para monitorar, julgar e punir as pessoas. Se pressupusermos o pior com relação às pessoas, obteremos o que há de pior nelas.

6
A maior estabilidade macroeconômica *não* tornou a economia mundial mais estável

O que eles dizem

Até a década de 1970, a inflação era o inimigo público número um. Muitos países sofriam com experiências desastrosas de hiperinflação. Mesmo quando uma magnitude hiperinflacionária não era alcançada, a instabilidade econômica causada por uma inflação alta e flutuante desestimulava o investimento e, portanto, o crescimento. Por sorte, o monstro da inflação foi exterminado na década de 1990, graças a atitudes mais rigorosas com relação aos déficits orçamentários do governo e à crescente introdução de bancos centrais politicamente independentes que são livres para se concentrar unilateralmente no controle da inflação. Considerando-se que a estabilidade econômica é necessária para o investimento a longo prazo e, portanto, para o crescimento, a subjugação da fera chamada inflação assentou a base para uma maior prosperidade a longo prazo.

O que eles não dizem

A inflação pode ter sido subjugada, mas a economia mundial tornou-se consideravelmente mais instável. A proclamação entusiástica do nosso sucesso ao controlar a volatilidade dos preços nas três últimas décadas não deu atenção à extraordinária instabilidade exibida pelas economias ao redor do mundo nessa ocasião. Houve um número enorme de crises financeiras, entre elas a crise financeira mundial de 2008, que destruiu a vida de muitas pessoas por meio do endividamento pessoal, da falência e do desemprego. O foco excessivo na inflação distraiu a nossa atenção de questões como o pleno emprego e o crescimento econômico. O emprego se tornou mais instável em nome da "flexibilidade do mercado de trabalho", o que desestabilizou a vida de muitas pessoas. Apesar da afirmação de que a estabilidade dos preços é a precondição para o crescimento, as políticas que tencionavam reduzir a inflação produziram apenas um crescimento anêmico a partir da década de 1990, época em que a inflação foi supostamente subjugada.

É lá que está o dinheiro — está mesmo?

Em janeiro de 1923, tropas francesas e belgas ocuparam a região do Ruhr na Alemanha, conhecida pela sua produção de carvão e aço. Isso aconteceu porque, em 1922, a Alemanha atrasou seriamente os pagamentos de indenização que estavam obrigados a fazer pelo Tratado de Versalhes, assinado na conclusão da Primeira Guerra Mundial.

Se queriam mais dinheiro, contudo, os franceses e os belgas deveriam ter tomado os bancos — afinal de contas, "é lá que está o dinheiro", como supostamente teria declarado o famoso assaltante de bancos americano Willie Sutton, quando lhe perguntaram por que ele assaltava bancos — em vez de ocupar um punhado de minas de carvão e usinas de aço. Por que não fizeram isso? Porque estavam preocupados com a inflação alemã.

A partir do verão de 1922, a inflação na Alemanha começara a ficar descontrolada. O índice do custo de vida subiu 16 vezes em seis meses no segundo semestre de 1922. É claro que a hiperinflação era causada, pelo menos em parte, pelas onerosas indenizações exigidas pelos franceses e pelos belgas, mas depois que ela começou, a ocupação do Ruhr pelos franceses e belgas a fim de garantir que receberiam o pagamento das indenizações de guerra em mercadorias, como carvão e aço, e não em um papel inútil, cujo valor diminuiria rapidamente, foi uma atitude completamente racional.

Eles acertaram ao fazer isso. A inflação alemã ficou totalmente descontrolada depois da ocupação do Ruhr, com os preços aumentando mais de dez bilhões de vezes (isso mesmo, bilhões, não milhares ou mesmo milhões) até novembro de 1923, quando foi introduzido o Rentenmark, a nova moeda.

A hiperinflação alemã deixou marcas enormes e duradouras na evolução da Alemanha. Alguns afirmam, justificadamente, que a experiência da hiperinflação assentou a base para a ascensão dos nazistas por ter desacreditado as instituições liberais da República de Weimar. Aqueles que adotam essa perspectiva estão então implicitamente dizendo que a hiperinflação da década de 1920 na Alemanha foi uma das principais causas da Segunda Guerra Mundial. O trauma alemão causado pela hiperinflação foi tão grande que o Bundesbank, o banco central da Alemanha Ocidental depois da Segunda Guerra Mundial, ficou famoso pela sua aversão excessiva a uma política monetária flexível. Mesmo depois da criação da moeda única europeia, o euro, e a consequente extinção *de facto* dos bancos centrais nacionais nos países da zona do euro, a influência da Alemanha fez com que o Banco Central Europeu (BCE — European Central Bank) aderisse a uma rígida política monetária mesmo diante de um desemprego persistentemente elevado, até que a crise financeira mundial de 2008 obrigou-o a se juntar a outros bancos centrais ao redor do mundo em um relaxamento sem precedente da política monetária. Portanto, quando falamos sobre as consequências da hiperinflação alemã, estamos falando a respeito de uma onda de choque que já dura quase um século depois do acontecimento e vem afetando não apenas a Alemanha, mas também a história de outros países da Europa e no mundo.

O quanto a inflação é prejudicial?

A Alemanha não é o único país que passou pela experiência da hiperinflação. Na imprensa financeira, a Argentina tornou-se sinônimo de hiperinflação nos tempos modernos, mas a taxa de inflação mais elevada que ela teve foi *apenas* de aproximadamente 20.000%. Pior do que a alemã foi a inflação húngara logo depois da Segunda Guerra Mundial e a do Zimbábue em 2008 nos últimos dias da ditadura do Presidente Robert Mugabe (hoje ele divide o poder com a antiga oposição).

A hiperinflação debilita a base do capitalismo, transformando os preços de mercado em ruídos inexpressivos. No auge da inflação húngara em 1946, os preços duplicavam a cada quinze horas, enquanto haviam duplicado a cada quatro dias nos piores dias da hiperinflação alemã de 1923. Os indicadores de preços não devem ser guias absolutos, como argumento ao longo de todo este livro, mas é impossível ter uma economia satisfatória quando os preços aumentam com essa velocidade. Além disso, a hiperinflação é com frequência o resultado ou a causa de desastres políticos, como Adolf Hitler ou Robert Mugabe. É extremamente compreensível que as pessoas desejem desesperadamente evitar a hiperinflação.

No entanto, nem toda inflação é hiperinflação. Naturalmente, existem pessoas que temem que qualquer inflação, se ignorada, aumentará e se transformará em uma hiperinflação. No início do milênio, por exemplo, o Sr. Masaru Hayami, presidente do banco central do Japão, ficou famoso ao se recusar a afrouxar o suprimento de dinheiro com a justificativa de que estava preocupado com a possibilidade de uma hiperinflação — apesar do fato de o país estar na ocasião no meio de uma deflação (preços em queda). Mas não existe nenhuma evidência de que isso seja inevitável — ou mesmo provável. Ninguém argumentaria que a hiperinflação é desejável, ou até mesmo aceitável, mas é altamente questionável afirmar que toda inflação é nociva, seja qual for a taxa.

A partir da década de 1980, os economistas que defendem o livre mercado conseguiram convencer o resto do mundo de que a estabilidade econômica, que eles definem como uma inflação muito baixa (idealmente zero), deveria ser alcançada a todo custo, já que a inflação é nociva para a economia. A inflação-alvo recomendada por eles tem sido algo em torno de 1 a 3% ao ano, como sugerido por Stanley Fischer, ex-professor de economia do MIT e economista principal do FMI de 1994 a 2001.[1]

Entretanto, não existe efetivamente nenhuma evidência de que, em níveis baixos, a inflação seja prejudicial à economia. Por exemplo, até mesmo estudos realizados por alguns economistas vinculados a instituições como a University of Chicago e o FMI indicam que, quando menor do que 8 a 10% ao ano, a inflação não tem nenhum relacionamento com a taxa de crescimento de um país.[2] Outros estudos até mesmo elevam esse limite, colocando-o em de 20 a 40% ao ano.[3]

A experiência isolada de cada país também sugere que uma inflação relativamente elevada é compatível com um rápido crescimento econômico. Durante os anos de 1960 e 1970, o Brasil teve uma inflação anual média de 42%, mas foi uma das economias mundiais que cresceram mais rápido, com a renda *per capita* aumentando 4,5% ao ano. Nesse mesmo período, a renda *per capita* da Coreia do Sul estava aumentando 7% ao ano, apesar de apresentar uma taxa de inflação média anual de quase 20%, que era na verdade superior à encontrada em muitos países latino-americanos na época.[4]

Além disso, há indícios de que políticas anti-inflacionárias excessivas podem na realidade ser prejudiciais à economia. Desde 1996, quando o Brasil, por ter passado por uma fase traumática de inflação acelerada, embora não exatamente de magnitude hiperinflacionária, começou a controlar a inflação elevando as taxas de juros reais (as taxas de juros nominais menos a taxa de inflação) para níveis que estão entre os mais altos do mundo (10 a 12% ao ano), a sua inflação caiu para 7,1% ao ano mas o crescimento econômico também sofreu, pois a sua taxa de crescimento da renda *per capita* foi de apenas 1,3% ao ano. A África do Sul também passou por uma experiência semelhante a partir de 1994, quando começou a conferir uma alta prioridade ao controle da inflação elevando as taxas de juros aos níveis brasileiros que acabo de mencionar.

Por que isso acontece? Porque as políticas que visam reduzir a inflação na realidade reduzem os investimentos e, portanto, o crescimento econômico, se levadas longe demais. Os economistas que defendem o livre mercado frequentemente tentam justificar a sua rígida atitude contra a inflação argumentando que a estabilidade econômica incentiva a poupança e o investimento, o que, por sua vez, estimula o crescimento econômico. Assim, ao tentar argumentar que a estabilidade macroeconômica, definida em função de uma inflação baixa, foi um fator fundamental no rápido crescimento das economias do Leste Asiático (uma proposição que na verdade não se aplica à Coreia do Sul, como acabamos de ver), o Banco Mundial argumenta no seu relatório de 1993: "A estabilidade macroeconômica estimula o planejamento e o investimento privado a longo prazo e, por intermédio do seu impacto sobre as taxas de juros reais e o valor real dos ativos financeiros, ajudou a aumentar a poupança financeira." No entanto, a verdade é que as políticas necessárias para reduzir a inflação a um nível muito baixo, de um único algarismo, desestimulam os investimentos.

Taxas de juros reais de 8, 10 ou 12% ao ano significam que os investidores em potencial não considerariam atrativos os investimentos não financeiros, já que poucos desses investimentos têm taxas de lucros superiores a 7%.[5] Nesse caso, os únicos investimentos lucrativos são os ativos financeiros com retorno elevado de alto risco. Embora os investimentos financeiros possam impulsionar o crescimento durante algum tempo, esse crescimento não pode ser sustentado, pois esses investimentos precisam no final estar respaldados por investimentos viáveis a longo prazo em atividades do setor real, como foi incisivamente demonstrado pela crise financeira de 2008 (*ver pp. 314-327*).

Portanto, os economistas que defendem o livre mercado deliberadamente se aproveitaram dos receios justificados das pessoas com relação a hiperinflação a fim de pressionar a implantação de políticas anti-inflacionárias exageradas, que causam mais mal do que bem. Isso já é ruim o bastante, mas se torna ainda pior. As políticas anti-inflacionárias não apenas prejudicaram o investimento e o crescimento, como também deixaram de atingir o seu suposto objetivo, ou seja, aumentar a estabilidade econômica.

Falsa estabilidade

Desde os anos 1980, mas especialmente a partir dos anos 1990, o controle da inflação tem estado no topo da agenda política de muitas nações. Foi recomendado com insistência aos países que refreassem os gastos públicos, para que os déficits do orçamento não alimentassem a inflação. Eles também foram incentivados a tornar o banco central politicamente independente, para que ele pudesse elevar as taxas de juros para níveis bem altos, se necessário contra o protesto popular, algo a que os políticos não conseguiriam resistir.

A luta foi longa, mas o monstro chamado inflação foi subjugado na maioria dos países em anos recentes. De acordo com dados do FMI, entre 1990 e 2008, a taxa média de inflação caiu em 97 de 162 países, em comparação com as taxas das décadas de 1970 e 1980. O combate à inflação foi particularmente bem-sucedido nos países ricos: a inflação caiu em todos eles. A inflação média nos países da OCDE — Organização para Cooperação e Desenvolvimento Econômico (cuja maioria é rico, embora nem todos os países ricos façam parte da OCDE) caiu de 7,9% para 2,6% entre os dois períodos (décadas de 1970 e 1980 *versus* décadas de 1990 e 2000). O mundo, especialmente se você vive em um país rico, ficou mais estável — ficou mesmo?

O fato é que o mundo ficou mais estável somente se encararmos a inflação baixa como o único indicador da estabilidade econômica, mas ele *não* se tornou mais estável na maneira como a maioria de nós o vivencia.

Um dos sentidos no qual o mundo se tornou mais instável ao longo das três décadas de dominância do livre mercado e fortes políticas anti-inflacionárias é a crescente frequência e extensão das crises financeiras. De acordo com um estudo de Kenneth Rogoff, um ex-economista principal do FMI e hoje professor da Harvard University, e Carmen Reinhart, professora da University of Maryland, praticamente nenhum país se encontrava em uma crise bancária entre o final da Segunda Guerra Mundial e meados da década de 1970, quando o mundo era muito mais instável do que hoje, quando avaliado pela inflação. Entre meados dos anos 1970 e o final dos anos 1980, quando a inflação se acelerou em muitos países, a proporção de países com crises financeiras aumentou para 5 a 10%, influenciada pela sua participação na renda mundial, aparentemente confirmando a visão do mundo centrada na inflação. No entanto, a proporção de países com crises bancárias subiu de repente para cerca de 20% em meados dos anos 1990, quando supostamente havíamos subjugado o monstro chamado inflação e atingido a meta evasiva da estabilidade econômica. Essa proporção caiu então por um breve período para zero em meados da década de 2000, mas subiu novamente para 35% depois da crise financeira mundial de 2008 (e está propensa a subir mais ainda enquanto escrevo estas linhas, ou seja, no início de 2010).[6]

Outro sentido no qual o mundo se tornou mais instável durante as três últimas décadas é o fato de a insegurança no emprego ter aumentado para muitas pessoas nesse período. A segurança no emprego sempre foi baixa nos países em desenvolvimento, mas a parcela de empregos inseguros no chamado "setor informal" — o conjunto de empresas não registradas que não pagam impostos e nem respeitam leis, inclusive as que definem a segurança no emprego — aumentou em muitos países em desenvolvimento durante esse período, devido à prematura liberalização das profissões que destruiu muitos empregos "formais" seguros nas suas indústrias. Nos países ricos, a insegurança no emprego também aumentou durante os anos de 1980, devido ao crescente desemprego (em comparação com o período entre os anos 1950 e 1970), o que, em parte, foi resultado de políticas macroeconômicas restritivas que colocaram o controle da inflação acima de tudo o mais. O desemprego diminuiu a partir da década de 1990, mas a insegurança no emprego aumentou ainda mais, em comparação com o período anterior à década de 1980.

Existem muitas razões para isso. Primeiro, a proporção de empregos de curto prazo aumentou na maioria dos países ricos, embora não tanto quanto algumas pessoas pensam. Segundo, embora aqueles que conservam o emprego possam permanecer no mesmo emprego quase (embora não exatamente) tanto tempo quanto os seus equivalentes do período anterior à década de 1980 costumavam permanecer, uma proporção mais elevada de rescisões do contrato de trabalho tornou-se involuntária, pelo menos em alguns países (especialmente nos Estados Unidos). Terceiro, particularmente no Reino Unido e nos Estados Unidos, empregos que haviam sido predominantemente seguros até mesmo durante os anos de 1980 — executivos, administrativos e os das profissões especializadas — se tornaram inseguros a partir dos anos de 1990. Quarto, mesmo que o emprego em si tenha permanecido seguro, a sua natureza e intensidade se tornaram sujeitas a mudanças mais frequentes e maiores — com frequência para pior. De acordo com um estudo de 1999 realizado para a Joseph Rowntree Foundation, por exemplo, a instituição beneficente da reforma social britânica que recebeu o nome em homenagem ao famoso empresário filantropo quacre, quase dois terços dos trabalhadores britânicos declararam ter sofrido um aumento na velocidade ou intensidade do trabalho com relação ao período precedente de cinco anos. Finalmente e igualmente importante, em muitos (embora não em todos) países ricos, o estado do bem-estar social foi reduzido a partir da década de 1980, de modo que as pessoas se sentem mais inseguras, mesmo que a probabilidade objetiva da perda do emprego seja a mesma.

A questão é que a estabilidade dos preços é apenas um dos indicadores da estabilidade econômica. Na realidade, para algumas pessoas, esse não é nem mesmo o indicador mais importante. Os acontecimentos mais desestabilizadores na vida da maioria das pessoas são coisas como perder o emprego (ou tê-lo radicalmente redefinido) ou perder a sua casa em uma crise financeira, e não a alta dos preços, a não ser que o aumento seja de uma magnitude hiperinflacionária (você consegue jurar de pés juntos que consegue diferençar uma inflação de 4% de uma de 2%?). É por esse motivo que o controle da inflação não conferiu à maioria das pessoas a sensação de estabilidade que os guerreiros anti-inflacionários tinham dito que ela faria.

A coexistência da estabilidade de preços (ou seja, a inflação baixa) e o aumento da instabilidade econômica em formas não ligadas aos preços, como crises bancárias mais frequentes e a crescente insegurança no emprego, não é uma coincidência. Tudo isso é resultado do mesmo pacote de medidas do livre mercado.

No estudo citado anteriormente, Rogoff e Reinhart ressaltam que a proporção de países nas crises bancárias está estreitamente relacionada com o grau de mobilidade do capital internacional. Essa maior mobilidade internacional é uma meta primordial para os economistas que defendem o livre mercado, que acreditam que o fato de o capital ter uma maior liberdade para atravessar fronteiras melhoraria a eficiência do uso do capital (*ver pp. 314-327*). Por conseguinte, eles têm pressionado a abertura do mercado de capital ao redor do mundo, embora recentemente tenham suavizado a sua posição nesse sentido com relação aos países em desenvolvimento.

Do mesmo modo, a crescente insegurança no emprego é uma consequência direta das políticas de livre mercado. A insegurança manifestada na elevada taxa de desemprego nos países ricos nos anos de 1980 foi resultado de rigorosas políticas macroeconômicas anti-inflacionárias. Entre a década de 1990 e a irrupção da crise de 2008, embora o desemprego tenha diminuído, a probabilidade de uma rescisão involuntária do contrato de trabalho aumentou, a parcela de empregos de curto prazo cresceu, os empregos foram redefinidos com mais frequência e o trabalho foi intensificado em muitas ocupações — tudo resultado de mudanças nas regulamentações do mercado de trabalho que se destinavam a aumentar a flexibilidade do mercado de trabalho e, portanto, a eficiência econômica.

O pacote de medidas do livre mercado, frequentemente conhecido como pacote de medidas neoliberais, enfatiza uma menor inflação, uma maior mobilidade do capital e mais insegurança no emprego (eufemisticamente chamada de maior flexibilidade do mercado de trabalho), essencialmente porque está voltado para os interesses dos detentores dos ativos financeiros. O controle da inflação é enfatizado porque muitos ativos financeiros têm taxas de retorno fixadas nominalmente, de modo que a inflação reduz o retorno real. A maior mobilidade do capital é promovida porque a principal fonte da capacidade de os detentores dos ativos financeiros colherem um retorno mais elevado do que os detentores de outros ativos (físicos e humanos) é a sua capacidade de deslocar mais rápido os seus ativos (*ver pp. 314-327*). A maior flexibilidade do mercado de trabalho é exigida porque, do ponto de vista dos investidores financeiros, tornar mais fácil a contratação e a demissão dos trabalhadores possibilita que as empresas sejam reestruturadas com mais rapidez, o que significa que elas podem ser vendidas e compradas mais de imediato com melhores balanços patrimoniais a curto prazo, gerando retornos financeiros mais elevados (*ver pp. 34-48*).

Mesmo que tenham aumentado a instabilidade financeira e a insegurança no emprego, as políticas que visam aumentar a estabilidade dos preços poderiam ser parcialmente justificadas, se tivessem aumentado os investimentos e, consequentemente, o crescimento, como haviam previsto os exterminadores da inflação. No entanto, a economia mundial cresceu muito mais lentamente durante a era de baixa inflação que se seguiu à década de 1980, em comparação com o período de inflação elevada das décadas de 1960 e 1970 (*ver pp. 193-205*). Mesmo nos países ricos a partir da década de 1990, onde a inflação foi completamente controlada, o crescimento da renda *per capita* caiu de 3,2% nas décadas de 1960 e 1970 para 1,4% durante o período de 1990 a 2009.

Em suma, a inflação, em níveis baixos a moderados, não é tão perigosa quanto insinuam os economistas que defendem o livre mercado. Tentativas de fazer a inflação baixar para níveis muito baixos reduziram o investimento e o crescimento. O que é ainda mais importante, a inflação mais baixa nem mesmo trouxe uma genuína estabilidade econômica para a maioria de nós. As liberalizações de capital e dos mercados de trabalho que são parte integrante do pacote de medidas do livre mercado, aumentaram a instabilidade financeira e a insegurança no emprego, tornando o mundo mais instável para quase todo mundo. E jogando mais sal na ferida, o suposto impacto positivo no crescimento que o controle da inflação acarretaria não se materializou. A nossa obsessão pela inflação deve terminar. A inflação se tornou o bicho-papão que tem sido usado para justificar políticas que favoreceram principalmente os detentores dos ativos financeiros, à custa da estabilidade a longo prazo, do crescimento econômico e da felicidade humana.

7
As políticas de livre mercado raramente fazem os países pobres ficarem ricos

O que eles dizem

Depois de se tornarem independentes do domínio colonial, os países em desenvolvimento tentaram desenvolver a sua economia por meio da intervenção estatal, às vezes até mesmo adotando explicitamente o socialismo. Eles tentaram desenvolver artificialmente indústrias como a do aço e a do automóvel, que estavam além da sua capacidade, usando medidas como o protecionismo comercial, a proibição do investimento estrangeiro direto, subsídios industriais e até mesmo a propriedade estatal de bancos e empreendimentos industriais. Em um nível emocional, isso era compreensível, tendo em vista que os seus antigos senhores coloniais eram países capitalistas que adotavam políticas de livre mercado. No entanto, essa estratégia produziu, nos casos mais favoráveis, a estagnação, e, nos menos favoráveis, o desastre. O crescimento era anêmico (ou até mesmo negativo) e as indústrias protegidas deixaram de "crescer". Felizmente, quase todos esses países recobraram o juízo a partir da década de 1980 e passaram a adotar uma política de livre mercado. Pensando bem, essa era a coisa certa a ser feita desde o início. Todos os países ricos da atualidade, com exceção do Japão (e possivelmente a Coreia, embora este seja um ponto controvertido), ficaram ricos por meio de políticas de livre mercado, especialmente do livre comércio com o resto do mundo. E os países em desenvolvimento que adotaram mais plenamente essas políticas se saíram melhor no período mais recente.

O que eles não dizem

Ao contrário do que comumente se acredita, o desempenho dos países em desenvolvimento no período em que o estado dominou o desenvolvimento foi superior ao que eles alcançaram durante o período subsequente de reforma voltada para o mercado. Houve alguns fracassos grandiosos da intervenção estatal, mas quase todos esses países cresceram muito mais rápido, com uma distribuição de renda mais equitativa e com um número bem menor de crises financeiras, durante os "maus dias do passado" do que o fizeram no período das reformas voltadas para o mercado. Além disso, também *não* é verdade que quase todos os países ricos tenham ficado ricos por meio de políticas de livre mercado. A verdade é mais ou menos o oposto. Com apenas algumas exceções, todos os países ricos de hoje, entre eles a Grã-Bretanha e os Estados Unidos — os supostos lares do livre comércio e do livre mercado — ficaram ricos por meio da combinação do protecionismo, subsídios e outras políticas que hoje eles aconselham os países em desenvolvimento a não adotar. As políticas de livre mercado tornaram poucos países ricos até agora e poucos ficarão ricos por causa dela no futuro.

Dois casos perdidos

Eis o perfil de dois países em desenvolvimento. Você é um analista econômico que está tentando avaliar as perspectivas de desenvolvimento deles. O que você diria?

País A: Até uma década atrás, o país era altamente protecionista, com uma tarifa industrial típica bem acima de 30%. Apesar da recente redução da tarifa, permanecem importantes restrições ao comércio, visíveis e invisíveis. O país tem fortes restrições aos fluxos de capital transnacionais, bem como numerosas restrições à detenção estrangeira de ativos financeiros. As empresas estrangeiras que produzem no país se queixam de que sofrem discriminação por meio de taxas e regulamentações diferenciadas da parte dos governos locais. O país não tem eleições e é permeado pela corrupção. Os seus direitos de propriedade são obscuros e complicados. Em particular, a sua proteção dos direitos da propriedade intelectual é fraca, o que o torna a capital mundial da pirataria. O país tem um grande número de empreendimentos de propriedade do governo, muitos dos quais apresentam grandes perdas mas são sustentados por subsídios e direitos de monopólio concedidos pelo governo.

País B: A política comercial do país tem sido literalmente a mais protecionista do mundo nas últimas décadas, com uma tarifa industrial média entre 40 e 55%. A maioria da população não pode votar, e a compra de votos e a fraude eleitoral são difundidas. A corrupção é desenfreada, com os partidos políticos vendendo empregos públicos para aqueles que os apoiam financeiramente. O país nunca recrutou um único funcionário público por intermédio de um processo aberto e competitivo. As suas finanças públicas são precárias, com registros de inadimplência de empréstimos do governo que preocupam os investidores estrangeiros. Apesar disso, o país discrimina intensamente os investidores estrangeiros. Especialmente no setor bancário, os estrangeiros são proibidos de se tornar diretores enquanto os acionistas estrangeiros nem mesmo podem exercer o seu direito de voto, a não ser que residam no país. Ele não tem uma lei de concorrência, permitindo que cartéis e outras formas de monopólio se espalhem incontrolados. A sua proteção da propriedade de direitos intelectuais é incoerente, particularmente desfigurada pela recusa do país em proteger os direitos autorais dos estrangeiros.

Esses dois países estão envolvidos até o pescoço com coisas que supostamente obstruem o desenvolvimento econômico, ou seja, o intenso protecionismo, a discriminação contra os investidores estrangeiros, a fraca proteção dos direitos de propriedade, monopólios, a ausência da democracia, a corrupção, a falta de meritocracia e assim por diante. A impressão que se tem é que ambos estão caminhando em direção a um desastre sob o aspecto do desenvolvimento. Mas reflita um pouco.

O *País A* é a China de hoje — alguns leitores talvez o tenham adivinhado. No entanto, poucos leitores devem ter adivinhado que o *País B* é os Estados Unidos — ou seja, por volta da década de 1880, quando era um tanto mais pobre do que a China de hoje.

Apesar de todas as políticas e instituições supostamente contrárias ao desenvolvimento, a China tem sido uma das economias mais dinâmicas e bem-sucedidas das três últimas décadas, enquanto os Estados Unidos na década de 1880 eram um dos países que mais cresciam no mundo e que estavam se tornando uma das nações mais ricas do planeta. Portanto, as grandes estrelas do final do século XIX (Estados Unidos) e dos nossos dias (China) seguiram receitas de políticas que contrariam quase que totalmente a ortodoxia do livre mercado neoliberal.

Como isso é possível? A doutrina do livre mercado não foi destilada a partir de dois séculos de experiências de desenvolvimento bem-sucedidas pelos doze países mais ricos da atualidade? A fim de responder a essas perguntas, precisamos recuar na história.

Presidentes mortos não falam

Alguns americanos chamam as suas notas de dólares de "presidentes mortos". Todos estão bem mortos, mas nem todos os políticos cujo retrato adorna as notas de dólares são ex-presidentes dos Estados Unidos.

Benjamin Franklin — que figura no papel-moeda mais famoso do mundo, a nota de 100 dólares — nunca foi presidente. No entanto, poderia ter sido. Ele era o mais velho dos Pais Fundadores e é bem possível que fosse o político mais respeitado no país recém-criado. Embora ele fosse velho demais e a envergadura política de George Washington fosse grande demais para que ele se candidatasse à presidência em 1789, Franklin era a única pessoa que talvez pudesse ter desafiado Washington.

A verdadeira surpresa no panteão de presidentes no papel-moeda americano é Alexander Hamilton, que figura na nota de 10 dólares. À semelhança de Franklin, Hamilton nunca foi presidente dos Estados Unidos. No entanto, à diferença de Franklin, cuja história tornou-se uma lenda americana, ele era, ou melhor, não era Franklin. Hamilton foi um mero Secretário do Tesouro, embora tenha sido o primeiro. O que ele está fazendo entre os presidentes?

Hamilton está lá porque, fato que muitos americanos de hoje desconhecem, ele é o mentor do moderno sistema econômico americano. Dois anos depois de se tornar Secretário do Tesouro em 1789 quando era incrivelmente jovem, com apenas 33 anos de idade, Hamilton submeteu à apreciação do congresso o *Report on the Subject of Manufacture* [*Relatório sobre as Manufaturas*], no qual expôs a estratégia de desenvolvimento econômico para o seu jovem país. No relatório, ele argumentou que "as indústrias que estavam na infância", como as americanas, precisavam ser protegidas e cultivadas pelo governo antes que pudessem se erguer sozinhas. O relatório de Hamilton não era *apenas* sobre o protecionismo comercial — ele também defendia o investimento público na infraestrutura (como os canais), o desenvolvimento do sistema bancário, a promoção de um mercado de títulos do governo — mas o protecionismo estava na essência da sua estratégia. Considerando-se as suas opiniões, se Hamilton fosse hoje ministro da fazenda de um país em desenvolvimento, ele teria sido fortemente criticado pelo Departamento do Tesouro dos Estados Unidos em virtude da sua heresia. O seu país talvez tivesse até mesmo um pedido de empréstimo recusado pelo FMI e pelo Banco Mundial.

O interessante, contudo, é que Hamilton não estava sozinho nesse caso. Todos os outros "presidentes mortos" teriam enfrentado hoje a mesma desaprovação do Tesouro Americano, do FMI, do Banco Mundial e de outros defensores do livre mercado.

George Washington, o primeiro presidente, figura na nota de 1 dólar. Na cerimônia da sua posse, ele insistiu em usar roupas americanas, especialmente tecidas em Connecticut para a ocasião, em vez de trajes ingleses de melhor qualidade. Hoje em dia, isso teria sido uma violação da regra proposta pela OMC sobre a transparência das aquisições do governo. E não devemos nos esquecer de que foi Washington que indicou Hamilton para o cargo de Secretário do Tesouro, com pleno conhecimento de quais eram as suas opiniões a respeito da política econômica — Hamilton foi ajudante-de-campo de Washington durante a Guerra da Independência americana e, depois disso, o seu mais próximo aliado político.

Na nota de 5 dólares, figura Abraham Lincoln, famoso protecionista, que durante a Guerra Civil elevou as tarifas para os níveis mais elevados até então.[1] Na nota de 50 dólares, temos Ulysses Grant, o herói da Guerra Civil que veio a ser presidente. Resistindo à pressão inglesa para que os Estados Unidos adotassem o livre comércio, ele fez certa vez o seguinte comentário: "daqui a duzentos anos, depois que a América tiver extraído da proteção tudo o que esta pode oferecer, ela também adotará o livre comércio."

Benjamin Franklin não era partidário da doutrina de Hamilton a respeito das indústrias na infância, mas insistia em uma alta proteção tarifária por outro motivo. Na época, a existência de terras praticamente gratuitas nos Estados Unidos obrigava os produtores americanos a oferecer salários mais ou menos quatro vezes superiores à média europeia, caso contrário os trabalhadores teriam optado por se dedicar à atividade agrícola (não se tratava de uma ameaça inútil, considerando-se que muitos deles tinham sido anteriormente agricultores) (*ver pp. 149-160*). Por conseguinte, argumentava Franklin, os produtores americanos só poderiam sobreviver se fossem protegidos contra a concorrência dos baixos salários — ou o que é conhecido como "*dumping* social"

— da Europa. Essa é exatamente a lógica que Ross Perot, o bilionário que virou político, usou para se opor ao NAFTA (Tratado Norte-Americano de Livre Comércio) na campanha da eleição presidencial de 1992 — uma lógica que 18,9% dos eleitores americanos se sentiram satisfeitos em endossar.

No entanto, poderá você dizer, Thomas Jefferson (que figura na nota raramente vista de 2 dólares) e Andrew Jackson (na nota de 20 dólares), os santos padroeiros do capitalismo do livre mercado, certamente passariam no "Teste do Departamento do Tesouro Americano", não é mesmo?

Thomas Jefferson talvez se opusesse ao protecionismo de Hamilton mas, ao contrário deste último, que apoiava o sistema de patentes, Jefferson se opunha fortemente a elas. Ele acreditava que as ideias são "como o ar" e, portanto, não deveriam pertencer a ninguém. Tendo em vista a ênfase que quase todos os economistas atuais que defendem o livre mercado colocam na proteção de patentes e outros direitos da propriedade intelectual, as opiniões de Jefferson seriam muito mal recebidas por eles.

Resta ainda Andrew Jackson, o protetor do "homem comum" e defensor do conservadorismo fiscal (ele pagou todas as dívidas do governo federal pela primeira vez na história dos Estados Unidos) não é mesmo? Infelizmente para os seus fãs, nem mesmo ele passaria no teste. Durante o governo de Jackson, as tarifas industriais médias se situavam em torno de 35 a 40%. Ele também era notoriamente contra o investimento estrangeiro. Quando cancelou em 1836 a licença do (segundo) banco dos Estados Unidos (o governo federal americano era dono de 20% dele), uma das principais desculpas foi que os investidores estrangeiros (principalmente os britânicos) eram proprietários de uma parte "grande demais" do banco. E quanto foi considerado grande demais?

Apenas 30%. Se o presidente de um país em desenvolvimento cancelasse hoje a licença de um banco porque os americanos eram proprietários de 30% dele, essa medida faria com que o Departamento do Tesouro dos Estados Unidos tivesse um "chilique".

Então, aí está. Diariamente, dezenas de milhões de americanos passam o dia pagando o táxi e comprando sanduíches com um Hamilton ou um Lincoln, recebendo o troco em Washingtons, sem se dar conta de que esses venerados políticos são detestáveis protecionistas que os meios de comunicação do seu país, tanto conservadores quanto liberais, adoram recriminar. Os banqueiros de Nova York e os professores universitários de Chicago emitem sons de desaprovação enquanto leem artigos que criticam a palhaçada contra os investimentos estrangeiros de Hugo Chávez, o Presidente venezuelano, em exemplares do *Wall Street Journal* comprado com um Andrew Jackson, sem se dar conta de que ele condenava ainda mais o investimento estrangeiro do que Chávez.

Presidentes mortos não falam. Mas se falassem, diriam aos americanos e ao resto do mundo que as políticas que os seus sucessores promovem hoje são totalmente opostas às que eles usaram para transformar uma economia agrária de segunda qualidade, dependente do trabalho escravo, na maior potência industrial do mundo.

Faça o que eu digo, não o que eu fiz

Quando são lembrados do passado protecionista dos Estados Unidos, os economistas que defendem o livre mercado geralmente retrucam que o país prosperou apesar do protecionismo, e não por causa dele. Eles afirmam que, de qualquer modo, o país estava destinado a crescer rápido, por ter sido excepcionalmente bem provido de recursos naturais e por ter recebido muitos imigrantes esforçados e altamente motivados. Eles também comentam que o grande mercado interno da nação de algum modo mitigou os efeitos negativos do protecionismo, permitindo um certo grau de concorrência entre empresas do país.

Mas o problema que essa resposta encerra é que, por mais dramático que isso possa ser, os Estados Unidos não são o único país que prosperou com políticas que contrariam a doutrina do livre mercado. Na realidade, como detalharei mais adiante, quase todos os países ricos de hoje prosperaram com essas políticas.[2] E, uma vez que são países com condições muito diferentes, não é possível afirmar que todos compartilhavam algumas condições especiais que neutralizaram os impactos negativos do protecionismo e outras políticas "erradas". Os Estados Unidos podem ter sido favorecidos por um grande mercado interno, mas o que dizer da minúscula Finlândia ou da Dinamarca? Se você acha que os Estados Unidos foram beneficiados com a abundância de recursos naturais, como você explica o sucesso de países como a Coreia e a Suíça que praticamente não tinham recursos naturais? Se a imigração foi um fator positivo para os Estados Unidos, o que dizer de todos esses outros países — entre eles a Alemanha e Taiwan — que perderam alguns dos seus melhores cidadãos para os Estados Unidos e outros países do Novo Mundo? O argumento das "condições especiais" simplesmente não funciona.

A Grã-Bretanha, o país que muitas pessoas acreditam ter inventado o livre comércio, construiu a sua prosperidade baseada em políticas semelhantes às promovidas por Hamilton. Isso não foi uma coincidência. Embora Hamilton tenha sido a primeira pessoa a *teorizar* o argumento da "indústria na infância", muitas das suas políticas foram copiadas de Robert Walpole, considerado o primeiro Primeiro-Ministro britânico,* que governou o país entre 1721 e 1742.

Em meados do século XVIII, a Grã-Bretanha entrou na indústria manufatureira da lã, a indústria de tecnologia avançada da época e que fora dominada pelos Países Baixos (que são hoje a Bélgica e a Holanda), com a ajuda da proteção tarifária, de subsídios e outros respaldos que Walpole e os seus sucessores proporcionaram aos fabricantes de lã do país. A indústria logo passou a fornecer a principal fonte de receita de exportação da Grã--Bretanha, o que permitiu que o país importasse os alimentos e a matéria-prima de que necessitava para iniciar a Revolução Industrial no final do século XVIII e no início do século XIX. A Grã--Bretanha só veio a adotar o livre comércio na década de 1860, quando a sua dominância industrial era absoluta. Da mesma maneira pela qual os Estados Unidos eram o país mais protecionista do mundo durante a maior parte da sua fase de ascendência (da década de 1830 até a década de 1940), a Grã-Bretanha foi um dos países mais protecionistas do mundo durante grande parte da sua ascensão econômica (da década de 1720 à década de 1850).

Praticamente todos os países ricos da atualidade usaram o protecionismo e subsídios para promover as suas indústrias na infância. Muitos deles (especialmente o Japão, a Finlândia e a Coreia) também restringiram fortemente o investimento estrangeiro. Entre as décadas de 1930 e 1980, a Finlândia costumava classificar todas as empresas com mais de 20% de propriedade estrangeira como "empreendimentos perigosos". Vários deles (especialmente

---

* Na época, ele não tinha esse título, e ele mesmo não se descreveria como tal. Somente em 1905 o título foi oficialmente reconhecido. (N. da trad.)

a França, a Áustria, a Finlândia, Cingapura e Taiwan) usavam empresas estatais para promover indústrias essenciais. Cingapura, que é famosa pelas suas políticas de livre comércio e atitudes receptivas para com os investidores estrangeiros, gera mais de 20% da sua produção por meio de empresas estatais quando a média internacional está situada em torno de 10%. Tampouco os países ricos de hoje protegeram muito bem os direitos de propriedade intelectual dos estrangeiros, às vezes até deixando de fazê-lo completamente; em muitos deles, era legal patentear a invenção de outra pessoa, desde que essa pessoa fosse um estrangeiro. É claro que houve exceções. A Holanda, a Suíça (até a Primeira Guerra Mundial) e Hong Kong usaram pouco protecionismo, mas nem mesmo esses países seguiam as doutrinas ortodoxas atuais. Argumentando que as patentes são monopólios artificiais que contrariam o princípio do livre comércio (um ponto que estranhamente perdeu terreno com a maioria dos economistas que hoje defendem o livro comércio), a Holanda e a Suíça se recusaram a proteger patentes até o início do século XX. Embora não fizesse o mesmo baseado nesses mesmos princípios, Hong Kong era até recentemente ainda mais notório pela violação de direitos de propriedade intelectual do que os países que acabo de citar. Aposto como você conhece alguém — ou pelo menos tem um amigo que conhece alguém — que comprou software pirata, a imitação de um Rolex ou uma camiseta "não oficial" de Calvin & Hobbes de Hong Kong.

A maioria dos leitores poderá considerar o meu relato histórico ilógico. Depois de ter ouvido repetidamente que as políticas de livre mercado são as melhores para o desenvolvimento econômico, eles talvez achem misterioso o fato de quase todos os países de hoje poderem ter usado todas essas políticas supostamente nocivas — como o protecionismo, os subsídios, a regulamentação e a propriedade estatal da indústria — e mesmo assim terem ficado ricos.

A resposta reside no fato de que essas más políticas eram na verdade boas políticas, considerando-se o estágio de desenvolvimento econômico no qual esses países se encontravam na época, por várias razões. Primeiro temos o argumento de Hamilton da indústria na infância, que explico mais detalhadamente no meu livro anterior *Bad Samaritans*. Pelo mesmo motivo que enviamos os nossos filhos para a escola em vez de obrigá-los a competir com os adultos no mercado de trabalho, os países em desenvolvimento precisam proteger e cultivar os seus produtores antes que eles adquiram a capacidade de competir sem ajuda no mercado mundial. Segundo, nos primeiros estágios de desenvolvimento, os mercados não funcionam muito bem por várias razões — transporte ineficiente, fluxo de informações insatisfatório, o pequeno tamanho do mercado que faz com que os grandes participantes tenham mais facilidade em manipular as coisas e assim por diante. Isso significa que o governo precisa regulamentar mais ativamente o mercado e, às vezes, deliberadamente criar alguns mercados. Terceiro, nesses estágios, o governo precisa fazer ele mesmo muitas coisas por intermédio de empresas estatais, porque simplesmente não há um número suficiente de empresas no setor privado capazes de assumir projetos de alto risco em grande escala (*ver pp. 178-192*).

Apesar da sua história, os países ricos obrigam os países em desenvolvimento a abrir as fronteiras e expor a sua economia à plena força da concorrência internacional, usando as condições agregadas à sua ajuda econômica bilateral e aos empréstimos das instituições financeiras internacionais que eles controlam (como o FMI e o Banco Mundial) bem como a influência ideológica que eles exercem por meio da dominância intelectual. Ao promover políticas que não usaram quando eram países em desenvolvimento, eles estão dizendo aos países em desenvolvimento de hoje: "Façam o que eu digo, e não o que fiz."

Uma doutrina a favor do crescimento que reduz o crescimento

Quando a hipocrisia histórica dos países ricos é enfatizada, alguns defensores do livre mercado retrucam dizendo o seguinte: "Bem, o protecionismo e outras políticas intervencionistas podem ter funcionado na América do século XIX ou no Japão de meados do século XX, mas os países em desenvolvimento não se deram mal quando tentaram essas políticas nas décadas de 1960 e 1970?" O que talvez tenha funcionado no passado, dizem eles, não dará necessariamente certo hoje.

A verdade é que os países em desenvolvimento não tiveram um mau desempenho nos "velhos dias perniciosos" do protecionismo e da intervenção estatal dos anos 1960 e 1970. Na realidade, o seu crescimento econômico nesse período foi bem superior ao que eles alcançaram a partir de 1980 na presença de uma maior abertura e desregulamentação.

Desde os anos 1980, além da crescente desigualdade (o que era de se esperar devido à natureza das reformas, que favorece os ricos — (*ver pp. 193-205*), a maioria dos países em desenvolvimento experimentou uma significativa desaceleração do crescimento econômico. O crescimento da renda *per capita* no mundo em desenvolvimento caiu de 3% ao ano nas décadas de 1960 e 1970 para 1,7% no período de 1980 a 2000, quando teve lugar o maior número de reformas de livre mercado. Durante a década de 2000, houve uma recuperação no crescimento do mundo em desenvolvimento, o que elevou a taxa de crescimento para 2,6% no período de 1980 a 2009, mas esse aumento foi causado em grande medida pelo rápido crescimento da China e da Índia — dois gigantes que, embora tenham tomado medidas liberalizantes, não adotaram políticas neoliberais.

O desempenho do crescimento em regiões que seguiram religiosamente a receita neoliberal, ou seja, a América Latina e a África subsaariana, foi muito inferior ao que fora nos "velhos dias perniciosos". Nos anos de 1960 e 1970, o crescimento *per capita* da América Latina foi de 3,1%. Entre 1980 e 2009, esse crescimento foi apenas levemente superior a um terço desse percentual: 1,1%. E mesmo assim, essa taxa deveu-se, em parte, ao rápido crescimento de países da região que haviam explicitamente rejeitado as políticas neoliberais em algum momento da década de 2000, a saber, a Argentina, o Equador, o Uruguai e a Venezuela. O crescimento *per capita* da África subsaariana foi de 1,6% durante os "velhos dias perniciosos", mas a sua taxa de crescimento entre 1980 e 2009 foi de apenas 0,2% (*ver pp. 161-177*).

Resumindo, o livre comércio, as políticas de livre mercado são políticas que raramente funcionaram, se é que um dia deram certo. A maioria dos países ricos não utilizou essas políticas quando eram países em desenvolvimento, enquanto essas políticas desaceleraram o crescimento e aumentaram a desigualdade da renda nos países em desenvolvimento nas últimas três décadas. Poucos países ficaram ricos por meio do livre comércio e de políticas de livre mercado, e poucos jamais ficarão.

8
O capital tem uma nacionalidade

O que eles dizem

O verdadeiro herói da globalização foi a corporação transnacional. As corporações transnacionais, como indica o seu nome, são corporações que transcenderam as suas fronteiras originais. Elas podem ainda ter a matriz no país onde foram fundadas, mas grande parte da sua produção e de instalações de pesquisa está fora do seu país natal, e elas empregam pessoas, entre elas muitos dos principais tomadores de decisão, no mundo inteiro. Nesta era do capital desprovido de uma nação, as políticas nacionalistas com relação ao capital estrangeiro são, na melhor das hipóteses, ineficazes, e na pior delas, contraproducentes. Se o governo de um país discriminar as corporações transnacionais, elas não investirão nesse país. A intenção pode ser ajudar a economia nacional promovendo empresas nacionais, mas essas políticas na realidade prejudicam a economia por impedir que as companhias mais eficientes se estabeleçam no país.

O que eles não dizem

Apesar da crescente "transnacionalização" do capital, quase todas as empresas transnacionais na realidade continuam a ser empresas nacionais com operações internacionais, em vez de companhias genuinamente desprovidas de nacionalidade. Elas realizam no seu país de origem a maior parte das suas atividades básicas, como pesquisas avançadas e a definição de estratégias. Quase todos os seus principais tomadores de decisões também são cidadãos do país de origem da empresa. Quando precisam fechar fábricas ou reduzir empregos, geralmente o último lugar onde fazem isso também é no país de origem, por vários motivos políticos e, acima de tudo, econômicos. Isso significa que o país de origem se apropria da maior parte dos benefícios de uma corporação transnacional. É claro que a nacionalidade não é a única coisa que determina o comportamento das corporações, mas deixamos de considerar a nacionalidade do capital ao nosso próprio risco.

Carlos Ghosn vive a globalização

Carlos Ghosn, filho de pais libaneses, nasceu em 1954 na cidade brasileira de Porto Velho, Rondônia. Aos 6 anos de idade, mudou-se com a mãe para Beirute, no Líbano. Depois de concluir lá o ensino médio, Ghosn foi para a França e obteve o diploma de engenheiro em duas das instituições de maior prestígio desse país, a École Polytechnique e a École des Mines de Paris. Durante os dezoito anos em que trabalhou na fábrica francesa de pneus Michelin, na qual ingressara em 1978, Ghosn adquiriu a reputação de ser um gestor eficaz ao recuperar as operações não lucrativas da empresa na América do Sul e ao administrar com sucesso a fusão da sua subsidiária nos Estados Unidos com a Uniroyal Goodrich, o que duplicou o tamanho das operações da empresa nos Estados Unidos.

Em 1996, Ghosn ingressou na Renault, empresa estatal francesa fabricante de automóveis, e desempenhou nela um papel fundamental ao renovar a empresa, o que confirmou a sua reputação de implacável redutor de custos e lhe conquistou o apelido de "matador de custos", embora a sua abordagem efetiva fosse mais consensual do que o nome sugere. Quando a Renault comprou a Nissan, a fabricante de automóveis japonesa deficitária, em 1999, Ghosn foi enviado ao Japão para recuperar a Nissan. No início, ele enfrentou uma intensa resistência devido à sua maneira não japonesa de administrar, como a demissão de trabalhadores, mas em poucos anos ele recuperou completamente a empresa. A partir de então, ele passou a ser de tal maneira aceito pelos japoneses que se tornou até mesmo personagem de um *mangá* (revista de história em quadrinhos), o equivalente japonês da beatificação pela Igreja Católica. Em 2005, ele voltou a surpreender o mundo ao voltar para a Renault como CEO e presidente, enquanto permanecia como um co*chairman* da Nissan — façanha que alguns comparam a ser técnico de dois times de futebol ao mesmo tempo.

A história da vida de Carlos Ghosn resume o drama que é a globalização. As pessoas emigram em busca de uma vida melhor, às vezes literalmente para o outro lado do mundo, como no caso da família de Ghosn. Alguns dos imigrantes, como a mãe de Ghosn, voltam para casa. Este é um enorme contraste com os dias em que, por exemplo, os imigrantes italianos nos Estados Unidos se recusavam a ensinar italiano aos filhos, pois estavam extremamente determinados a não voltar para a Itália e queriam que os filhos fossem totalmente assimilados. Atualmente, muitos jovens inteligentes e ambiciosos de países mais pobres vão estudar em países mais ricos, como fez Ghosn. Hoje em dia, muitos administradores trabalham para uma empresa estabelecida em um país estrangeiro, o que não raro significa viver e trabalhar em outro país estrangeiro (ou em outros dois) porque a companhia é transnacional. Ghosn, um brasileiro libanês cuja mãe imigrante voltou com ele para o país de origem, trabalhou no Brasil, nos Estados Unidos e no Japão para duas empresas francesas.

Neste mundo globalizado, diz o argumento, a nacionalidade do capital não tem sentido. As corporações podem ter começado e ainda ter a sua sede em um determinado país, mas elas escaparam das suas fronteiras nacionais. Elas hoje têm as suas atividades onde o retorno é maior. Por exemplo, a Nestlé, a gigante suíça do setor de alimentos, pode ter a sua sede na cidade suíça de Vevey, mas menos de 5% da sua produção é fabricada na Suíça. Mesmo se considerarmos o "lar" da Nestlé como sendo a Europa, e não a Suíça, a sua base domiciliar será responsável apenas por 30% da sua receita. Não são apenas as atividades de qualidade relativamente inferior como a produção que as corporações transnacionais estão realizando fora do seu país de origem. Hoje em dia, até mesmo atividades de ponta como a de P&D estão localizadas fora do país de origem — progressivamente nos países em desenvolvimento, como a China e a Índia. Até mesmo os principais executivos são buscados, como Ghosn, em uma concentração internacional de talentos, e não em uma fonte exclusivamente nacional.

A consequência é que as empresas não têm mais uma lealdade nacional. Uma empresa fará o que tiver que fazer a fim de aumentar o seu lucro, mesmo que isso signifique prejudicar o seu país natal fechando fábricas, reduzindo drasticamente os empregos ou até mesmo contratando trabalhadores estrangeiros. Tendo isso em vista, argumentam muitas pessoas, é imprudente colocar restrições à propriedade estrangeira das empresas, como alguns governos costumavam fazer. Desde que a empresa gere riqueza e empregos dentro das suas fronteiras, o país não deve se importar com o fato de ela ser de propriedade dos seus cidadãos ou de estrangeiros. Quando todas as grandes empresas estiverem prontas para se mudar para qualquer lugar em busca de oportunidades de lucro, dificultar o investimento das empresas estrangeiras significa que o seu país não irá se beneficiar das empresas estrangeiras que identificaram boas perspectivas de investimento no seu país. Tudo isso faz sentido, não faz?

Chrysler — americana, alemã, americana (novamente) e (se tornando) italiana

Em 1998, a Daimler-Benz, a empresa de automóveis alemã, e a Chrysler, a fabricante de automóveis americana, se associaram. Na realidade, a Daimler-Benz adquiriu o controle da Chrysler. Mas quando a fusão foi anunciada, ela foi retratada como uma união de duas empresas em igualdade de condições. A nova companhia, a Daimler-Chrysler, tinha até mesmo um igual número de alemães e americanos no conselho administrativo. No entanto, isso só aconteceu nos primeiros anos. Logo, os alemães excederam em muito o número de americanos no conselho — geralmente de dez a doze para apenas um ou dois americanos, dependendo do ano.

Infelizmente, a incorporação não foi um grande sucesso, e em 2007 a Daimler-Benz vendeu a Chrysler para a Cerberus, um fundo privado de ações americano. A Cerberus, por ser uma empresa americana, compôs o conselho diretor da Chrysler principalmente com americanos (com alguma representação da Daimler, que ainda tinha uma participação de 19,9%).

Ao que se revelou, a Cerberus não conseguiu recuperar a empresa e a Chrysler foi à falência em 2009. Ela foi reestruturada com a ajuda financeira do governo federal dos Estados Unidos e com um grande investimento de capital da Fiat, a fabricante de automóveis italiana. Quando a Fiat se tornou a principal acionista, ela nomeou Sergio Marchionne, o CEO da Fiat, também o novo CEO da Chrysler e nomeou outro executivo da Fiat para fazer parte do conselho diretor da Chrysler composto por nove membros. Tendo em vista que a Fiat só tem 20% de participação no momento mas tem a opção de aumentá-la para 35% e, com o tempo, para 51%, é altamente provável que a proporção de italianos no conselho aumente com o tempo, com o aumento da participação do controle acionário da Fiat.

Desse modo, a Chrysler, uma das empresas americanas por excelência, veio a ser, na última década, administrada por alemães, americanos (novamente) e (cada vez mais) por italianos. Não existe algo como "capital sem nacionalidade". Quando o controle é tomado por uma empresa estrangeira, até mesmo poderosas companhias (ex-)americanas acabam sendo geridas por estrangeiros (entretanto, se pararmos para pensar, é exatamente isso o que significa a aquisição do controle de uma empresa). Na maioria das empresas, por mais transnacionais que as suas operações possam parecer, os principais tomadores de decisão continuam a ser os cidadãos do país natal — ou seja, o país onde reside o controle acionário — apesar do fato de que a gestão a longa distância (quando a empresa compradora não envia executivos de alto nível para a empresa adquirida) pode reduzir a eficiência da gestão, ao passo que enviar altos executivos para o país estrangeiro é dispendioso, especialmente quando as distâncias física e cultural entre os dois países são grandes. Carlos Ghosn é em grande medida a exceção que comprova a regra.

Não é somente no que diz respeito à indicação dos principais tomadores de decisão que as corporações têm uma "predisposição patriótica". Essa predisposição também é muito forte na área de pesquisa e desenvolvimento, que situa-se no âmago do vigor competitivo das empresas nas indústrias mais avançadas. A maior parte das atividades de P&D das corporações permanece no país de origem. Quando são transferidas para o exterior, em geral o são para outros países desenvolvidos, e mesmo assim com uma tendenciosidade "regional" (com regiões aqui querendo se referir à América do Norte, à Europa e ao Japão), que nesse sentido é em si uma região). Recentemente, um crescente número de centros de P&D foi instalado em países em desenvolvimento, como a China e a Índia, mas a P&D que eles conduzem tendem a se situar nos níveis mais baixos de sofisticação.

Até mesmo sob o aspecto da produção, possivelmente a coisa mais fácil que as empresas fazem e, por conseguinte, o candidato mais provável a ser transferido para o exterior, a maioria das corporações transnacionais ainda está firmemente estabelecida no seu país natal. Existem exemplos ocasionais de empresas, por exemplo a Nestlé, que fabrica no exterior a maior parte da sua produção, mas elas são em grande medida a exceção. Entre as corporações transnacionais estabelecidas nos Estados Unidos, menos de um terço da produção das empresas industriais é produzido no exterior. No caso das empresas japonesas, o percentual está bem abaixo de 10%. Na Europa, o percentual subiu rápido recentemente, mas a maior parte da produção de empresas europeias situa-se dentro da União Europeia, de modo que isso deve ser interpretado mais como um processo de criação de empresas nacionais para uma nova nação chamada Europa do que um processo de empresas europeias se tornando verdadeiramente transnacionais.

Em resumo, poucas corporações são de fato transnacionais. A vasta maioria delas ainda fabrica o grosso da sua produção no país de origem. Especialmente no que diz respeito a atividades de qualidade superior como a tomada de decisões estratégicas e a P&D de produtos avançados, elas permanecem firmemente centradas no país natal. A conversa a respeito de um mundo sem fronteiras é extremamente exagerada.[1]

Por que existe uma tendenciosidade para o país de origem?

Por que existe uma tendenciosidade para o país de origem neste mundo globalizado? A visão do livre mercado é que a nacionalidade do capital não importa, e não deveria importar, porque as empresas tendem a maximizar o lucro a fim de sobreviver e, portanto, esse patriotismo é um luxo ao qual elas não podem se permitir. Curiosamente, muitos marxistas concordariam com isso. Eles também acreditam que o capital destrói de bom grado as fronteiras nacionais pra obter maiores lucros e para a reprodução expandida de si mesmo. A linguagem é radicalmente diferente, mas a mensagem é a mesma — dinheiro é dinheiro, então por que uma empresa deveria fazer coisas menos lucrativas porque são boas para o seu país natal?

Não obstante, existem bons motivos pelos quais as empresas agem com tendenciosidade para o seu país natal. Para começar, como quase todos nós, os altos executivos sentem que têm certas obrigações pessoais para com a sociedade da qual procedem. Eles podem pensar nessas obrigações de muitas maneiras diferentes —

patriotismo, espírito comunitário, *noblesse oblige* ou querer "restituir alguma coisa à sociedade que fez deles o que são hoje" — e senti-las em graus diferentes. Mas a questão é que eles sentem essas obrigações. E na medida em que a maioria dos principais tomadores de decisão na maioria das empresas é constituída por cidadãos do país de origem delas, certamente as suas decisões conterão alguma tendenciosidade para o seu país natal. Embora os economistas que defendem o livre mercado descartem qualquer outro motivo a não ser o puro egoísmo, os motivos "morais" são reais e muito mais importantes do que eles nos induzem a acreditar (*ver pp. 72-84*).

Além desses sentimentos pessoais dos executivos, as empresas geralmente têm obrigações históricas para com o país no qual "cresceram". As empresas, em especial (embora não exclusivamente) nos primeiros estágios do seu desenvolvimento), com frequência são respaldadas por dinheiro público, direta e indiretamente (*ver pp. 99-113*). Muitas delas recebem subsídios diretos para tipos específicos de atividades, como o investimento em equipamento ou o treinamento de trabalhadores. Elas às vezes até mesmo são salvas pelo dinheiro público, como a Toyota foi em 1949, a Volkswagen em 1974 e a GM em 2009. Ou então elas podem receber subsídios indiretos na forma de proteção tarifária ou direitos de monopólio regulamentares.

É claro que as empresas não raro deixam de mencionar, e até mesmo efetivamente ocultam, essa história, mas existe um entendimento tácito entre as partes relevantes de que as empresas têm algumas obrigações morais para com o seu país natal por causa dessas dívidas históricas. É por isso que as empresas nacionais são muito mais abertas a sofrer persuasão moral do governo e do público do que as empresas estrangeiras, quando é esperado que façam alguma coisa pelo país contra os seus interesses (pelo menos a curto prazo), embora não possam ser legalmente obrigadas a fazê-lo. Por exemplo, foi relatado em outubro de 2009 que o órgão financeiro fiscalizador da Coreia do Sul estava achando impossível convencer os bancos estrangeiros a emprestar mais dinheiro para empresas de pequeno e médio porte, embora esses bancos, à semelhança dos bancos nacionais, já tivessem assinado um MOU (memorando de entendimento) a respeito disso com o órgão, quando a crise financeira global irrompeu no outono de 2008.

Embora as razões morais e históricas sejam importantes, o motivo mais importante para a tendenciosidade para o país natal é, de longe, econômico — o fato de que os recursos essenciais de uma empresa não podem ser facilmente transportados através da fronteira.

Em geral, as empresas se tornam transnacionais e se instalam em países estrangeiros porque possuem algumas competências tecnológicas e/ou organizacionais que as empresas que atuam no país anfitrião não possuem. Essas competências estão geralmente personificadas em pessoas (p. ex., gerentes, engenheiros, trabalhadores especializados), organizações (p. ex., regras internas da empresa, rotinas organizacionais, "memória institucional") e redes de empresas relacionadas (p. ex., fornecedores, financeiras, associações industriais ou até mesmo redes de influências que transcendem os limites da empresa), e nada disso pode ser facilmente transportado para outro país.

Quase todas as máquinas podem ser removidas facilmente para o exterior, mas é muito mais dispendioso transferir trabalhadores especializados e gerentes. É mais difícil transplantar rotinas organizacionais ou redes empresariais para outro país. Quando as empresas de automóveis japonesas começaram a estabelecer subsidiárias no Sudeste Asiático na década de 1980, por exemplo, elas pediram aos seus subcontratantes que também estabelecessem as suas próprias subsidiárias, pois elas precisavam de subcontratantes confiáveis. Além disso, esses recursos intangíveis personificados nas pessoas, organizações e redes com frequência precisam ter o ambiente institucional adequado (o sistema jurídico, as regras informais, a cultura empresarial) para poder funcionar bem. Por mais poderosa que uma empresa possa ser, ela não pode transportar o seu ambiente institucional para outro país.

Por todas essas razões, as atividades mais sofisticadas que requerem níveis elevados de competência humana e organizacional, além de um ambiente institucional propício, tendem a permanecer em casa. As tendenciosidades patriotas não existem simplesmente por causa de apegos emocionais ou razões históricas. A sua existência tem sólidas bases econômicas.

O "príncipe das trevas" muda de opinião

Lord Peter Mandelson, o vice-primeiro ministro *de facto* do governo do Reino Unido na ocasião em que escrevo estas linhas (início de 2010), tem uma certa reputação devido à sua política maquiavélica. Neto do altamente respeitado político do Partido Trabalhista Herbert Morrison, e produtor de televisão por profissão, Mandelson foi o principal relações públicas por trás da ascensão do chamado Novo Partido Trabalhista representado por Tony Blair. A sua famosa capacidade de sentir e tirar partido de mudanças na atmosfera política e organizar da maneira apropriada uma eficaz campanha da mídia, aliada à sua brutalidade, conquistou-lhe o apelido de "príncipe das trevas".

Depois de uma carreira influente, porém turbulenta, prejudicada por duas renúncias causadas por escândalos de suspeita de corrupção, Mandelson abandonou a política britânica e se mudou para Bruxelas para se tornar Comissário Europeu do Comércio em 2004. Projetando-se a partir da imagem de um político favorável aos negócios, adquirida durante o breve período em que foi o Secretário de Estado do Comércio e Indústria do Reino Unido em 1998, Mandelson consolidou a firme reputação de um dos principais defensores mundiais do livre comércio e investimento.

Assim, quando Mandelson, que fizera uma reaparição inesperada na política britânica e se tornara Secretário de Estado para Negócios no início de 2009, declarou em uma entrevista para o *Wall Street Journal* em setembro de 2009 que, devido à atitude tolerante da Grã-Bretanha com relação à participação estrangeira, "o setor industrial da Grã-Bretanha poderia ser prejudicado", embora ele tenha acrescentado que isso ocorreria "ao longo de um extenso período, certamente não da noite para o dia".

Teria sido isso uma típica excentricidade de Mandelson, cujo instinto estava lhe dizendo que estava na hora explorar a questão nacionalista? Ou ele finalmente começou a entender algo que ele e outros estrategistas políticos britânicos deveriam ter percebido há muito tempo, ou seja, que o excesso de participação estrangeira na economia nacional pode ser nocivo?

Alguém poderá argumentar que o fato de as empresas terem uma tendenciosidade para o país natal *não* significa necessariamente que os países devam impor restrições ao investimento estrangeiro. É bem verdade que, considerando-se a tendenciosidade patriótica, o investimento da parte de uma empresa estrangeira talvez não seja a mais desejável das atividades, mas um investimento é um investimento e ainda assim aumentará a produção e gerará empregos. Se forem impostas restrições ao que os investidores estrangeiros podem fazer — por exemplo, dizendo a eles que não podem investir em determinadas indústrias "estratégicas", proibindo-os de ter uma participação majoritária ou exigindo que transfiram tecnologias — eles simplesmente irão investir em outro lugar e o país perderá os empregos e a riqueza que esses investidores teriam criado. Especialmente no caso dos países em desenvolvimento, que não têm muitas empresas nacionais capazes de fazer investimentos semelhantes, muitas pessoas acham que rejeitar o investimento estrangeiro por ser estrangeiro é francamente irracional. Mesmo que recebam apenas atividades de baixa qualidade como a operação de montagem, esses países ficarão em melhor situação com o investimento estrangeiro do que sem ele.

Esse tipo de raciocínio isolado está correto, mas existem mais questões que precisam ser consideradas antes de concluirmos que não deve haver restrições ao investimento estrangeiro (neste caso, colocamos de lado o investimento de portfólio, que é o investimento em ações da empresa para a obtenção de ganhos financeiros sem um envolvimento na gestão direta, e nos concentramos no investimento estrangeiro direto, que é geralmente definido como a aquisição de mais de 10% das ações de uma empresa com a intenção de ter um envolvimento na gestão).

Em primeiro lugar, precisamos ter em mente que grande parte do investimento estrangeiro é formado pelo que é conhecido como "investimento *brownfield*", ou seja, a aquisição de empresas existentes por uma empresa estrangeira, em vez de um "investimento *greenfield*", que envolve o estabelecimento de novas instalações de produção por uma empresa estrangeira. A partir da década de 1990, os investimentos *brownfield* têm sido responsáveis por mais da metade dos investimentos estrangeiros diretos no mundo (FDI — Foreign Direct Investment), chegando a alcançar 80% em 2001, no auge do *boom* das fusões e aquisições internacionais (M&A). Isso significa que a maioria dos FDI envolve a tomada do controle de empresas existentes em vez da criação de uma nova produção e empregos. Sem dúvida, os novos donos poderão introduzir melhores recursos administrativos e tecnológicos, e recuperar uma empresa que esteja com problemas — como vimos no caso da Nissan durante a gestão de Carlos Ghosn — mas é muito comum que essa aquisição seja feita com a ideia de utilizar os recursos já existentes na empresa adquirida e não de criar novos recursos. Além disso, o que é ainda mais importante, depois que a empresa nacional é adquirida por uma estrangeira, a tendenciosidade patriótica desta última fixará a longo prazo um teto com relação a quanto a empresa adquirida irá progredir na hierarquia interna da empresa que adquiriu o controle.

Mesmo no caso dos investimentos *greenfield*, a tendenciosidade para o país de origem é um fator a ser considerado. De fato os investimentos *greenfield* criam um potencial produtivo, de modo que, por definição, são melhores que a alternativa, ou seja, nenhum investimento. No entanto, a questão que os elaboradores de políticas precisam considerar antes de aceitar esses investimentos é como eles irão afetar a trajetória futura da sua economia nacional. Diferentes atividades têm potenciais distintos para a inovação tecnológica e o crescimento da produtividade, de modo que o que você faz hoje influenciará o que você estará fazendo no futuro e o que irá obter. Um ditado popular entre os especialistas da política industrial americana na década de 1980 era que "não podemos fingir que não importa se produzimos batata frita, lascas de madeira ou microchips".* E é mais provável que uma

---

* Trata-se de um trocadilho no texto original, porque em inglês batata frita é *potato chips* e lascas de madeira é *wood chips*. (N. da trad.)

empresa estrangeira produza batata frita ou lascas de madeira do que microchips no outro país.

Desse modo, especialmente no caso dos países em desenvolvimento, cujas empresas nacionais ainda estão pouco desenvolvidas, pode ser melhor restringir os FDI, pelo menos em algumas indústrias, e tentar fortalecer empresas nacionais para que se tornem alternativas aceitáveis para as companhias estrangeiras. Isso fará com que o país perca alguns investimentos a curto prazo, mas poderá possibilitar que ele tenha atividades mais avançadas dentro das suas fronteiras a longo prazo. Ou, o que é ainda melhor, o país em desenvolvimento pode permitir o investimento estrangeiro em condições que ajudem o país a modernizar mais rápido os recursos das empresas nacionais — exigindo, por exemplo, empreendimentos conjuntos (o que promoverá a transferência de técnicas administrativas), exigindo uma transferência de tecnologia mais ativa ou determinando o treinamento dos trabalhadores.

No entanto, dizer que é provável que o capital estrangeiro seja menos favorável ao seu país do que o capital nacional não é o mesmo que dizer que devemos sempre preferir o capital nacional ao capital estrangeiro. Isso acontece porque a nacionalidade não é a única coisa que determina o comportamento do capital. A intenção e o potencial do capital em questão também são importantes.

Suponhamos que você esteja pensando em vender uma empresa de automóveis nacional que esteja em dificuldades. De preferência, você tem interesse em que o novo dono esteja disposto e tenha a capacidade de modernizar a empresa a longo prazo. É mais provável que o comprador em perspectiva tenha os recursos tecnológicos para fazer isso se ele for um fabricante de automóveis já estabelecido, nacional ou estrangeiro, e não se tratar de capital financeiro, como um fundo privado de ações.

Em anos recentes, os fundos de ações privados têm desempenhado um papel cada vez mais importante nas aquisições corporativas. Embora não tenham nenhuma experiência interna de indústrias específicas, eles podem, teoricamente, adquirir uma empresa pensando em ficar com ela por um longo prazo e contratar especialistas da indústria como gerentes e pedir a eles que modernizem os recursos. Entretanto, na prática, esses fundos geralmente não têm nenhuma intenção de modernizar a empresa adquirida a longo prazo. Eles compram empresas com a ideia de vendê-las de três a cinco anos depois de reestruturá-las e torná-las lucrativas. Essa reestruturação, considerando-se o horizonte cronológico, em geral envolve cortar custos (especialmente demitindo trabalhadores e abstendo-se de fazer investimentos a longo prazo), em vez de aumentar os recursos. Essa reestruturação provavelmente prejudicará as perspectivas a longo prazo da empresa por enfraquecer a sua capacidade de gerar um crescimento produtivo. Nos piores casos, os fundos de ações privados podem adquirir empresas com a intenção explícita de fazer o despojamento do ativo fixo, vendendo os ativos valiosos da empresa sem pensar no seu futuro a longo prazo. O que a hoje notória Phoenix Venture Holdings fez com a fabricante de automóveis britânica Rover, que eles haviam comprado da BMW, é um exemplo clássico disso (os chamados "Phoenix Four" se tornaram particularmente notórios por pagar enormes salários a si mesmos e exorbitantes honorários de consultoria aos seus amigos).

É claro que isso tampouco quer dizer que as empresas que já estão atuando na indústria sempre terão a intenção de modernizar a companhia adquirida. Quando a GM comprou uma série de empresas de automóveis estrangeiras menores — como a Saab sueca e a Daewoo coreana — na década que antecedeu a sua falência em 2009, a intenção dela era viver à custa das tecnologias acumuladas por essas empresas, em vez de modernizá-las (*ver pp. 261-272*). Além disso, recentemente, a distinção entre capital industrial e capital financeiro se tornou indefinida, com empresas industriais como a GM e a GE tendo mais lucros na área financeira do que na industrial (*ver pp. 314-327*), de modo que o fato de a empresa que faz a aquisição operar em uma indústria particular não garante que ela vá se comprometer a longo prazo com essa indústria.

Assim, se uma empresa estrangeira que opera na mesma indústria estiver comprando a sua companhia nacional com um sério comprometimento a longo prazo, vendê-la para essa empresa poderá ser melhor do que vendê-la para o fundo privado de ações do seu país. Entretanto, com outras coisas sendo iguais, a probabilidade é que a empresa nacional vá agir de uma maneira mais favorável para a economia nacional.

Portanto, apesar da retórica da globalização, a nacionalidade da empresa continua a ser uma chave para a decisão de onde estarão localizadas as suas atividades de qualidade superior, como as de P&D e definição de estratégias. A nacionalidade não é o único determinante do comportamento da empresa, de modo que precisamos levar em conta outros fatores, como se o investidor tem um histórico na indústria em questão e se o seu comprometimento a longo prazo com a empresa adquirida é realmente forte. Embora uma rejeição cega do capital estrangeiro seja errada, seria muito ingênuo projetar políticas econômicas com base no mito que o capital não tem mais raízes nacionais. Afinal de contas, constata-se que as restrições posteriores de Lord Mandelson têm uma substancial base na realidade.

9
Não vivemos em uma era pós-industrial

O que eles dizem

A nossa economia tem sido fundamentalmente transformada ao longo das últimas décadas. Especialmente nos países ricos, o setor industrial, que um dia foi a força propulsora do capitalismo, deixou de ser importante. Com a tendência natural da demanda (relativa) de os serviços aumentarem com a prosperidade e com o aumento dos serviços de alta produtividade baseados no conhecimento (como a atividade bancária e a consultoria de gestão), as indústrias manufatureiras entraram em declínio em todos os países ricos. Esses países entraram na era "pós-industrial", na qual a maioria das pessoas trabalha no setor de serviços e quase todos os produtos são serviços. O declínio do setor industrial não apenas é uma coisa natural com a qual não devemos nos preocupar mas também algo que na realidade devemos celebrar. Com o aumento dos serviços baseados no conhecimento, pode ser melhor até mesmo para alguns países em desenvolvimento passar por cima completamente dessas atividades manufatureiras condenadas e avançar diretamente para uma economia pós-industrial baseada nos serviços.

O que eles não dizem

Podemos estar vivendo em uma sociedade pós-industrial no sentido que quase todos nós trabalhamos em lojas e escritórios e não em fábricas. Mas não ingressamos em um estágio de desenvolvimento pós-industrial no sentido que a indústria deixou de ser importante. A maior parte (embora não a totalidade) do encolhimento da parcela da manufatura na produção total não se deve à queda na quantidade absoluta de bens manufaturados produzidos e sim à queda nos seus preços com relação aos dos serviços, o que é causado pelo seu crescimento mais rápido na produtividade (produção por unidade de insumo). Hoje, embora a desindustrialização se deva principalmente a esse crescimento diferencial de produtividade através dos setores, e portanto talvez não seja uma coisa negativa em si mesma, ele tem consequências negativas para o crescimento da produtividade na economia como um todo e para o balanço de pagamentos, o que não pode ser desconsiderado. Quanto à ideia de que os países em desenvolvimento podem em grande medida passar por cima da industrialização e entrar diretamente na fase pós-industrial, trata-se de uma fantasia. O escopo limitado deles para o crescimento da produtividade torna os serviços um mecanismo de crescimento ineficaz. A baixa negociabilidade dos serviços significa que uma economia mais baseada em serviços terá uma menor capacidade de exportar. Uma receita menor com a exportação significa uma capacidade mais fraca de comprar tecnologias avançadas do exterior, o que por sua vez conduz a um crescimento mais lento.

Existe alguma coisa que não seja fabricada na China?

Certo dia, Jin-Gyu, o meu filho de 9 anos (isso mesmo, o que apareceu como o "meu filho de 6 anos" no meu livro anterior *Bad*

Samaritans — ele é um ator realmente versátil) me perguntou: "Papai, existe alguma coisa que não seja fabricada na China?" Eu respondi que, de fato, podia parecer que tudo fosse feito lá, mas que outros países ainda fabricavam coisas. Em seguida, fiz um esforço para arranjar um exemplo. Eu estava prestes a mencionar o console de *video game* Nintendo DSI "japonês" dele, mas me lembrei que tinha visto "Made in China" escrito nele. Consegui dizer ao meu filho que alguns telefones celulares e televisões de tela plana são fabricados na Coreia, mas não consegui pensar em muitas outras coisas que um menino de 9 anos reconheceria (ele ainda é jovem demais para coisas como o BMW). É compreensível que a China seja hoje chamada de "fábrica do mundo".

É difícil acreditar, mas a expressão "fábrica do mundo" foi originalmente inventada para a Grã-Bretanha, que hoje, segundo Nicolas Sarkozy, o presidente da França, não tem "nenhuma indústria". Por ter iniciado com sucesso a Revolução Industrial antes de outros países, a Grã-Bretanha se tornou um potência industrial de tal maneira dominante em meados do século XIX que se sentiu confiante o bastante para liberalizar completamente o seu comércio (*ver pp. 99-113*). Em 1860, ela produzia 20% da produção industrial do mundo. Em 1870, era responsável por 46% do comércio mundial de produtos manufaturados. A atual participação da China nas exportações mundiais é apenas de mais ou menos 17% (em 2007), embora "tudo" pareça ser fabricado na China, de modo que você pode imaginar o grau da dominância britânica naquela época.

No entanto, a *pole position* da Grã-Bretanha durou pouco. Depois de liberalizar completamente o seu comércio por volta de 1860, a sua posição relativa começou a declinar a partir da década de 1880, quando países como os Estados Unidos e a Alemanha rapidamente a alcançaram. Ela perdeu a posição de liderança na hierarquia industrial do mundo na época da Primeira Guerra Mundial, mas a dominância do setor industrial na economia britânica em si continuou durante um longo tempo depois disso. Até o início da década de 1970, junto com a Alemanha, a Grã--Bretanha tinha uma das maiores proporções do mundo de emprego industrial no emprego total, em torno de 35%. Na época, a Grã-Bretanha era a economia industrial por excelência, exportando produtos manufaturados e importando alimentos, combustível e matéria-prima. O seu superávit comercial do setor industrial (exportações industriais menos importações industriais) permaneceu sistematicamente entre 4 e 6% do PIB durante as décadas de 1960 e 1970.

A partir dos anos de 1970, contudo, a importância do setor industrial britânico encolheu rapidamente. A produção industrial como uma parcela do PIB da Grã-Bretanha era de 37% em 1950. Hoje, ela é responsável apenas por mais ou menos 13%. A proporção da indústria no emprego total caiu de cerca de 35% no início dos anos de 1979 para pouco mais de 10%.[1] Essa posição no comércio internacional mudou drasticamente. Hoje em dia, a Grã-Bretanha tem déficits comerciais no setor industrial por volta de 2 a 4% do PIB ao ano. O que aconteceu? A Grã-Bretanha deve ficar preocupada?

A opinião predominante é que não há motivo para preocupação. Para começar, a Grã-Bretanha não é o único país em que essas coisas aconteceram. A participação declinante do setor industrial na produção e no emprego total — fenômeno conhecido como desindustrialização — é uma ocorrência natural, argumentam muitos analistas, comum a todos os países ricos (acelerada no caso britânico pela descoberta de petróleo no Mar do Norte).

Acredita-se amplamente que isso seja assim porque, quando ficam mais ricas, as pessoas começam a exigir mais serviços do que produtos manufaturados. Com a queda da demanda, é natural que o setor industrial encolha e o país ingresse no estágio pós-industrial. Muitas pessoas efetivamente celebram o crescimento dos serviços. Segundo elas, a recente expansão dos serviços baseados no conhecimento com um rápido crescimento de produtividade — como os serviços financeiros, de consultoria, *design*, computação e informação, P&D — significa que os serviços substituíram a manufatura como o mecanismo de crescimento, pelo menos nos países ricos. A manufatura é hoje uma atividade de baixa qualidade executada por países em desenvolvimento como a China.

Computadores e cortes de cabelo: por que a desindustrialização acontece

Entramos realmente na era pós-industrial? A indústria é irrelevante hoje? As respostas são: "apenas de algumas maneiras" e "não".

É indiscutível que uma proporção muito menor de pessoas nos países ricos trabalha hoje em fábricas do que trabalhava antigamente. Houve uma época no final do século XIX e início do século XX na qual, em alguns países (particularmente na Grã-Bretanha e na Bélgica), cerca de 40% das pessoas empregadas trabalhavam na indústria manufatureira. Hoje, esse coeficiente é, no máximo, de 25%, e em alguns países (especialmente nos Estados Unidos, no Canadá e na Grã-Bretanha) ele mal chega a 15%.

Com um número tão menor de pessoas (proporcionalmente) trabalhando em fábricas, a natureza da sociedade mudou. Somos em parte formados pelas nossas experiências de trabalho (um ponto que a maioria dos economistas deixa de reconhecer), de modo que onde e como trabalhamos influencia quem somos. Em comparação com os operários de fábricas, os funcionários de escritório e os vendedores de loja fazem muito menos trabalho físico e, por não precisar trabalhar com as correias transportadoras, têm mais controle sobre o processo do seu trabalho. Os operários de fábrica cooperam mais estreitamente com os colegas durante o trabalho e fora dele, especialmente por meio de atividades sindicais. Em contraposição, as pessoas que trabalham em lojas e escritórios tendem a trabalhar de uma maneira mais individual e não são muito ligados a sindicatos. Os vendedores de lojas e alguns funcionários de escritório interagem diretamente com os clientes, ao passo que os operários de fábrica nunca veem os seus clientes. Não tenho um conhecimento suficiente de sociologia ou psicologia para dizer algo profundo a respeito dessa situação, mas tudo isso significa que as pessoas nos países ricos de hoje não apenas trabalham de uma maneira diferente mas também são diferentes dos seus pais e avós. Desse modo, os países ricos de hoje se tornaram sociedades pós-industriais no sentido social.

No entanto, eles *não* se tornaram pós-industriais no sentido econômico. O setor industrial ainda desempenha o principal papel nas suas economias. Para poder entender este ponto, precisamos primeiro compreender por que a desindustrialização teve lugar nos países ricos.

Uma parte pequena, porém não desprezível, da desindustrialização se deve a ilusões de ótica, no sentido que ela reflete mudanças na classificação estatística e não mudanças em atividades autênticas. Uma dessas ilusões é causada pela terceirização de algumas atividades que são na realidade serviços na sua natureza física mas costumavam ser prestados pelas próprias empresas industriais, com os seus recursos internos (p. ex., fornecimento de refeições, limpeza, suporte técnico). Quando essas atividades são terceirizadas, a produção de serviços registrada aumenta sem um aumento genuíno das atividades de serviços. Embora não haja uma estimativa confiável da sua magnitude, especialistas concordam em que a terceirização foi uma importante fonte de desindustrialização nos Estados Unidos e na Grã-Bretanha, especialmente nos anos de 1980. Além do efeito da terceirização, o grau da contração do setor industrial é exagerado pelo que é chamado de "efeito de reclassificação".[2] Um relatório do governo do Reino Unido estima que algumas empresas industriais possam ser responsáveis por até 10% da queda do emprego no setor industrial entre 1998 e 2006 no Reino Unido, que ao constatar que as suas atividades no serviço se tornaram dominantes, solicitaram ao órgão estatístico do governo que fossem reclassificadas como empresas de serviço, mesmo ainda estando envolvidas com algumas atividades industriais.

Uma das causas da desindustrialização genuína atraiu recentemente muita atenção. Trata-se do aumento das importações de produtos industrializados de países em desenvolvimento com um baixo custo de produção, especialmente a China. Por mais dramático que isso possa parecer, não é a principal explicação para a desindustrialização nos países ricos. As exportações da China só causaram um verdadeiro impacto no final dos anos de 1990, mas o processo de desindustrialização já havia começado na década de 1970 na maioria dos países ricos. Quase todas as estimativas mostram que a ascensão da China como a nova fábrica do mundo só pode explicar cerca de 20% da desindustrialização que teve lugar até agora nos países ricos.

Muitas pessoas acham que os restantes 80% podem ser em grande medida explicados pela tendência natural de a demanda (relativa) dos produtos manufaturados diminuir com o aumento da prosperidade. No entanto, um exame mais atento revela que esse efeito da demanda é na realidade muito pequeno. Tudo indica que estamos gastando uma parcela cada vez maior da nossa renda com serviços, não porque estejamos consumindo cada vez mais serviços em termos absolutos, mas principalmente porque os serviços estão se tornando cada vez mais dispendiosos em termos relativos.

Com a quantia (ajustada pela inflação) que você gastava para comprar um PC há dez anos, você consegue hoje provavelmente comprar três, e talvez até quatro, computadores com uma capacidade computacional igual ou ainda maior (e certamente com um tamanho muito menor). Por conseguinte, você provavelmente tem dois computadores em vez de apenas um. No entanto, mesmo com dois computadores, a parcela da sua renda que você gasta com computadores caiu bastante (em consideração ao argumento, estou partindo do princípio que a sua renda, depois de ajustada pela inflação, continua a mesma). Em contrapartida, o número de vezes que você vai ao barbeiro cortar o cabelo provavelmente continua o mesmo (a não ser que você tenha ficado calvo no alto da cabeça). O preço do corte de cabelo provavelmente aumentou um pouco, de modo que a proporção da sua renda que vai para cortes de cabelo é maior que era há dez anos. O resultado é que parece que você está gastando uma parcela maior (menor) da sua renda em cortes de cabelo (computadores) do que antes, mas a realidade é que você está na verdade consumindo mais computadores do que antes, ao passo que o seu consumo de cortes de cabelo permanece o mesmo.

Na realidade, se fizermos os ajustes das mudanças nos preços relativos (ou, usando o jargão técnico, se medirmos as coisas em preços *constantes*), verificaremos que o declínio do setor industrial nos países ricos foi bem menos pronunciado do que parece. No caso da Grã-Bretanha, por exemplo, a parcela da produção industrial na produção total, sem levar em conta os efeitos dos preços relativos (usando o jargão, em preços *correntes*), caiu em mais de 40% entre 1955 e 1990 (de 37 para 21%). Entretanto, quando levamos em consideração os efeitos dos preços relativos, constatamos que a queda foi apenas levemente superior a 10% (de 27 para 24%).[3] Em outras palavras, o efeito *real* da demanda — ou seja, o efeito da demanda depois de levar em conta as mudanças nos preços relativos — é pequeno.

Por que então os preços relativos dos produtos manufaturados estão caindo? Porque as indústrias manufatureiras tendem a ter um crescimento da produtividade mais rápido do que os serviços. Como a produção do setor industrial aumenta mais rápido do que a produção do setor de serviços, os preços dos produtos manufaturados relacionados caem em comparação com os dos serviços. No setor industrial, onde a mecanização e a utilização de processos químicos são muito mais fáceis, é mais fácil aumentar a produtividade do que no setor de serviços. Em contrapartida, devido à sua natureza, muitas atividades do setor de serviços são inerentemente impermeáveis ao aumento da produtividade *sem diluir a qualidade do produto.*

Em alguns casos, a própria tentativa de aumentar a produtividade destruirá o produto. Se um quarteto de cordas tocar uma composição musical de 27 minutos em apenas nove minutos, você diria que a produtividade dele triplicou?

No caso de alguns outros tipos de serviços, a aparente produtividade mais elevada se deve à degradação do produto. Uma professora pode quadruplicar a sua aparente produtividade colocando um número quatro vezes maior de alunos na sala de aula, mas a qualidade do seu "produto" foi diluída pelo fato que ela não pode prestar a mesma atenção individual aos alunos que prestava anteriormente. Grande parte do aumento da produtividade dos serviços de varejo em países como os Estados Unidos e a Grã-Bretanha foi obtido à custa da redução da qualidade do serviço em si e pela oferta simultânea ostensiva de sapatos, sofás e maçãs mais baratos: o número de vendedores nas lojas de sapatos diminuiu, de modo que temos que esperar vinte minutos para ser atendidos, em vez de cinco; temos que esperar quatro semanas, em vez de duas, pela entrega do sofá novo e provavelmente também temos que faltar um dia ao trabalho porque eles fazem a entrega "dentro do horário comercial"; gastamos muito mais tempo do que antes dirigindo até o novo supermercado e percorrendo os corredores mais longos quando chegamos lá, porque as maçãs são mais baratas do que no antigo supermercado apenas porque o novo estabelecimento fica situado no meio do nada e, portanto, tem uma área útil maior.

Algumas atividades do setor de serviços, como a atividade bancária, têm uma margem maior para o aumento da produtividade do que outros tipos de serviços. Entretanto, como foi revelado na crise financeira de 2008, grande parte do crescimento da produtividade nessas atividades se deveu não a um aumento genuíno na sua produtividade (p. ex., redução dos custos de negociação devido a melhores computadores) e sim a inovações financeiras que ocultaram (em vez de genuinamente reduzir) a condição arriscada dos ativos financeiros, possibilitando assim que o setor financeiro crescesse a uma taxa insustentavelmente rápida (*ver pp. 314-327*).

Resumindo, a queda na participação do setor industrial na produção total nos países ricos *não* se deve predominantemente à redução da demanda (relativa) dos produtos manufaturados, como muitas pessoas pensam. Tampouco ela é atribuível principalmente ao aumento das exportações de produtos manufaturados da China e de outros países em desenvolvimento, embora isso tenha causado um grande impacto em alguns setores. Em vez disso, o principal impulsionador do processo de desindustrialização é a queda dos preços relativos dos produtos manufaturados causada pelo crescimento mais rápido da produtividade no setor industrial. Portanto, embora os cidadãos dos países ricos possam estar vivendo em sociedades pós-industriais no que diz respeito à sua *ocupação*, a importância do setor industrial sob o aspecto da *produção* nessas economias não foi reduzida a ponto de podermos declarar uma era pós-industrial.

Devemos nos preocupar
com a desindustrialização?

Mas se a desindustrialização ocorre devido ao próprio dinamismo do setor industrial do país, isso não é uma coisa boa?

Não necessariamente. O fato de a desindustrialização ser causada principalmente pelo dinamismo *comparativo* do setor industrial *vis-à-vis* o setor de serviços nada nos diz a respeito do seu desempenho em comparação com os seus equivalentes em outros países. Se o setor industrial de um país tiver um crescimento de produtividade mais lento do que os seus equivalentes em outros países, ele deixará de ser competitivo internacionalmente, o que conduz a problemas no balanço de pagamentos a curto prazo e na queda do padrão de vida a longo prazo. Em outras palavras, a desindustrialização pode ser acompanhada tanto pelo sucesso quanto pelo fracasso econômico. Os países não devem se deixar iludir por uma falsa sensação de segurança pelo fato de que a desindustrialização se deve a um dinamismo *comparativo* do setor industrial, porque até mesmo um setor industrial que seja muito pouco dinâmico segundo os padrões internacionais pode ser (e geralmente é) mais dinâmico do que o setor de serviços do mesmo país.

Quer ou não o setor industrial de um país seja dinâmico segundo os padrões internacionais, o encolhimento do peso relativo do setor industrial causou um impacto negativo no crescimento da produtividade. À medida que a economia for sendo dominada pelo setor de serviços, no qual o crescimento da produtividade é mais lento, o crescimento da produtividade na economia como um todo desacelerará. A não ser que acreditemos (como alguns acreditam) que os países que estão passando pela desindustrialização são hoje ricos o bastante para não precisar mais do crescimento da produtividade, a desaceleração desta última é algo com que os países deveriam se preocupar — ou pelo menos aceitar.

A desindustrialização também exerce um efeito negativo no equilíbrio do balanço de pagamentos porque é inerentemente mais difícil exportar serviços do que produtos manufaturados. Um déficit no balanço de pagamentos significa que o país não pode "pagar as suas contas" no mundo. É claro que um país pode tampar o buraco durante algum tempo por meio de empréstimos externos, mas com o tempo terá que diminuir o valor da sua moeda, reduzindo assim a sua capacidade de importar e, portanto, o seu padrão de vida.

Na raiz da baixa "negociabilidade" dos serviços reside o fato que, ao contrário dos produtos manufaturados que podem ser expedidos para qualquer lugar do mundo, a maioria dos serviços requer que os prestadores de serviços e os consumidores estejam no mesmo local. Ninguém até hoje inventou maneiras de oferecer um corte de cabelo ou uma faxina a distância. É claro que esse problema será resolvido se o prestador do serviço (o barbeiro ou o faxineiro nos exemplos que acabo de apresentar) puderem se mudar para o país do cliente, porém na maioria dos casos isso envolve a imigração, que é fortemente restringida na maioria dos países (*ver pp. 49-58*). Considerando-se isso, o aumento da proporção dos serviços na economia significa que o país, com outras coisas permanecendo iguais, terá uma receita menor com a exportação. A não ser que as exportações dos produtos manufaturados aumentem desproporcionalmente, o país não conseguirá pagar pela mesma quantidade de importação que pagava anteriormente. Se a sua desindustrialização for de um tipo negativo acompanhada pelo enfraquecimento da competitividade internacional, o problema do balanço de pagamentos poderá ser ainda mais grave, já que o setor industrial não será capaz de aumentar as suas exportações.

Nem todos os serviços são igualmente não negociáveis. Os serviços baseados no conhecimento que mencionei anteriormente — bancários, de consultoria, de engenharia e assim por diante — são altamente negociáveis. Por exemplo, a partir dos anos de 1990, na Grã-Bretanha, as exportações de serviços baseados no conhecimento têm desempenhado um papel fundamental para tapar o buraco no balanço de pagamentos deixado para trás pela desindustrialização (e pela queda nas exportações de petróleo do Mar do Norte, que possibilitara que o país — com dificuldade — sobrevivesse às consequências do balanço de pagamentos negativo da desindustrialização durante a década de 1980).

Entretanto, até mesmo na Grã-Bretanha, que é extremamente avançada nas exportações desses serviços baseados no conhecimento, o superávit no balanço de pagamentos gerado por esses serviços está bem abaixo de 4% do PIB, sendo suficiente apenas para cobrir os déficits industriais do país. Com o provável fortalecimento da regulamentação financeira global em consequência da crise financeira de 2008, é pouco provável que a Grã-Bretanha consiga manter no futuro esse nível de superávit comercial nos serviços financeiros e outros serviços baseados no conhecimento. No caso dos Estados Unidos, supostamente outro modelo de economia pós-industrial, o superávit comercial nos serviços baseados no conhecimento é na realidade menos de 1% do PIB — que está muito longe de compensar os seus déficits comerciais do setor industrial, que se situam em torno de 4% do PIB.[4] Os Estados Unidos têm sido capazes de manter esse grande déficit comercial do setor industrial somente porque pôde pedir grandes empréstimos externos — uma capacidade que só tenderá a encolher nos próximos anos, considerando-se as mudanças na economia mundial — e não porque o setor de serviços tenha atuado para tapar o buraco, como no caso britânico. Além disso, é questionável se o poder dos Estados Unidos e da Grã-Bretanha nos serviços baseados no conhecimento poderá ser mantido ao longo do tempo. Em serviços como os de engenharia e *design*, nos quais as descobertas obtidas do processo de produção são fundamentais, um encolhimento contínuo da base industrial conduzirá a um declínio da qualidade dos seus produtos (serviços) e a uma consequente perda da receita de exportação.

Se a Grã-Bretanha e os Estados Unidos — dois países que deveriam ser os mais desenvolvidos nos serviços baseados no conhecimento — têm pouca probabilidade de atender às necessidades dos seus balanços de pagamento a longo prazo por meio das exportações desses serviços, é altamente improvável que outros países sejam capazes disso.

Fantasias pós-industriais

Por acreditar que a desindustrialização é resultado da mudança do mecanismo de crescimento do setor industrial para o de serviços, algumas pessoas argumentaram que os países em desenvolvimento podem em ampla medida passar por cima da industrialização e avançar diretamente para a economia de serviços. Especialmente com o aumento da terceirização dos serviços no exterior, esse ponto de vista tornou-se muito popular entre alguns observadores da Índia. Esqueçam as indústrias poluidoras, dizem eles; por que não saltar diretamente da agricultura para os serviços? Se a China é a fábrica do mundo, reza o argumento, a Índia deveria tentar se tornar o "escritório" do mundo.

No entanto, achar que um país pobre pode se desenvolver com base principalmente no setor de serviços é pura fantasia. Como foi ressaltado anteriormente, o crescimento da produtividade do setor industrial é inerentemente mais rápido do que o do setor de serviços. Sem dúvida, alguns setores de serviços têm um potencial de crescimento de produtividade rápido, particularmente os serviços baseados no conhecimento que mencionei há pouco. Entretanto, trata-se de atividades de serviços que atendem principalmente às empresas industriais, de modo que é muito difícil desenvolver esses segmentos sem primeiro desenvolver uma forte base industrial. Se um país basear o seu desenvolvimento desde cedo predominantemente no setor de serviços, a sua taxa de produtividade a longo prazo será muito mais lenta do que se ele apoiar no setor industrial.

Além disso, já vimos que, considerando-se que os serviços são muito menos negociáveis, os países que se especializam em serviços estão propensos a enfrentar problemas muito mais sérios no balanço de pagamentos do que aqueles que se especializam na fabricação de produtos. Essa situação já é bastante desagradável para um país desenvolvido, no qual os problemas do balanço de pagamentos reduzirão os padrões de vida a longo prazo. No entanto, ela é gravemente prejudicial para os países em desenvolvimento. A questão é que, para se desenvolver, o país em desenvolvimento precisa importar do exterior tecnologias mais avançadas (quer na forma de máquinas, quer na forma do licenciamento da tecnologia). Por conseguinte, quando ele tem um problema no balanço de pagamentos, a sua capacidade de se modernizar e, portanto, de desenvolver a sua economia implementando tecnologias mais avançadas é tolhida.

Enquanto menciono essas coisas negativas a respeito das estratégias de desenvolvimento econômico baseadas nos serviços, alguns de vocês poderão perguntar: e os países como a Suíça e Cingapura? Eles não se desenvolveram baseados no setor de serviços?

Acontece que a realidade dessas economias tampouco corresponde ao que é divulgado. Na verdade, elas são histórias de sucesso do setor industrial. Muitas pessoas, por exemplo, acreditam que a Suíça vive à custa do dinheiro roubado depositado nos seus bancos pelos ditadores do Terceiro Mundo ou vendendo sinos de vaca e cucos para turistas japoneses e americanos, mas ela é na verdade uma das economias mais industrializadas do mundo. Não encontramos muitos produtos fabricados na Suíça porque o país é pequeno (tem cerca de sete milhões de habitantes), o que faz com que o total de produtos manufaturados suíços seja pequeno, e também porque os seus fabricantes se especializam em bens de produção, como máquinas e produtos químicos industriais, e não em bens de consumo que são mais visíveis. No entanto, do ponto de vista *per capita*, a produção industrial da Suíça é a maior do mundo (ela pode estar em segundo lugar, depois do Japão, dependendo do ano e das informações examinadas). Cingapura também é uma das cinco economias mais industrializadas do mundo (uma vez mais, dados medidos sob o aspecto do valor agregado da produção *per capita*). A Finlândia e a Suécia compõem o resto dos cinco países mais industrializados. Na realidade, com exceção de alguns lugares como a República de Seicheles, que têm uma população muito pequena e recursos excepcionais para o turismo (85 mil pessoas com uma renda *per capita* em torno de 9 mil dólares), nenhum país até agora conseguiu alcançar um padrão de vida razoável (que dirá elevado) apoiando-se somente no setor de serviços, e certamente nenhum o conseguirá no futuro.

Resumindo, até mesmo os países ricos não se tornaram inequivocamente pós-industriais. Embora a maioria das pessoas nesses países não trabalhe mais em fábricas, a importância do setor industrial nos sistemas de produção deles não caiu muito, uma vez que levemos em conta os efeitos dos preços relativos. Mas mesmo que a desindustrialização não seja necessariamente um sintoma de declínio industrial (embora frequentemente o seja), ela tem efeitos negativos no crescimento da produtividade a longo prazo e no balanço de pagamentos, ambos os quais precisam ser considerados. O mito de que vivemos hoje em uma era pós-

-industrial fez com que muitos governos desconsiderassem as consequências negativas da desindustrialização.

Quanto aos países em desenvolvimento, é uma fantasia achar que eles podem passar por cima da industrialização e construir a prosperidade baseando-se nas indústrias de serviços. A maioria dos serviços apresenta um lento crescimento de produtividade e quase todos os serviços que têm um crescimento de produtividade elevado não podem ser desenvolvidos na ausência de um forte setor industrial. A baixa negociabilidade dos serviços significa que um país em desenvolvimento especializado em serviços enfrentará um problema maior de balanço de pagamentos, o que para um país em desenvolvimento significa uma redução na sua capacidade de modernizar a sua economia. As fantasias pós-industriais já são bastante desfavoráveis para os países ricos, mas são seguramente perigosas para os países em desenvolvimento.

10
Os Estados Unidos não têm o padrão de vida mais elevado do mundo

O que eles dizem

Apesar dos seus recentes problemas econômicos, os Estados Unidos ainda gozam do padrão de vida mais elevado do mundo. Considerando-se as taxas de câmbio do mercado, vários países têm uma renda *per capita* superior à dos EUA. Entretanto, se considerarmos o fato que o mesmo dólar (ou qualquer outra moeda comum que possamos escolher) pode comprar mais produtos e serviços nos EUA do que em outros países ricos, constata-se que os EUA têm o padrão de vida mais elevado do mundo, excetuando-se a minicidade-estado de Luxemburgo. É por esse motivo que outros países procuram imitar os EUA, ilustrando a superioridade do sistema de livre mercado que os EUA representam mais acuradamente (ou até mesmo com perfeição).

O que eles não dizem

O cidadão americano médio de fato tem um comando maior sobre os produtos e serviços do que o seu equivalente em qualquer outro país do mundo com exceção de Luxemburgo. No entanto, considerando-se a grande desigualdade do país, essa média é menos precisa ao representar a maneira como as pessoas vivem do que a média de outros países com uma distribuição de renda mais semelhante. A elevada desigualdade também está por trás dos indicadores de saúde mais insatisfatórios e das estatísticas de crime mais desfavoráveis dos EUA. Além disso, o mesmo dólar compra mais coisas nos EUA do que na maioria dos outros países ricos principalmente porque nos EUA os serviços são mais baratos do que em qualquer outro país semelhante, graças ao maior número de imigração e péssimas condições de trabalho. Além do mais, os americanos trabalham um número bem maior de horas do que os europeus. Considerando-se a hora trabalhada, o comando deles sobre os produtos e os serviços é menor do que o de vários países europeus. Embora possamos debater que estilo de vida é melhor — mais bens materiais com menos horas de lazer (como nos EUA) ou menos bens materiais com mais tempo de lazer (como na Europa) — isso sugere que os EUA não têm um padrão de vida inequivocamente mais elevado do que o de países semelhantes.

As estradas não são pavimentadas com ouro

Entre 1880 e 1914, quase três milhões de italianos migraram para os EUA. Quando lá chegaram, muitos ficaram amargamente desapontados. O seu novo lar não era o paraíso que imaginaram que seria. Dizem que muitos deles escreveram para casa, declarando que "além de não ser verdade que as estradas sejam pavimentadas com ouro, elas nem mesmo são pavimentadas; na realidade, somos nós que devemos pavimentá-las".

Esses imigrantes italianos não foram os únicos a achar que os EUA eram o lugar onde os sonhos se tornavam realidade. Foi somente por volta de 1900 que os EUA se tornaram o país mais rico do mundo, mas mesmo nos seus primeiros dias de existência, ele exercia uma forte influência na imaginação das pessoas pobres de outros lugares. No início do século XIX, a renda *per capita* dos EUA ainda se situava apenas em torno da média europeia e era mais ou menos 50% mais baixa do que a da Inglaterra e a da Holanda. No entanto, mesmo assim os europeus pobres queriam se mudar para lá porque o país tinha um suprimento de terra quase ilimitado (bem, se você estivesse disposto a expulsar do local alguns índios americanos) e uma intensa escassez de mão de obra, o que significava que os salários eram de três a quatro vezes mais elevados do que os da Europa (*ver pp. 99-113*). O mais importante é que a ausência do legado feudal significava que o país tinha uma mobilidade social muito mais elevada do que a dos países do Velho Mundo, como é proclamado na ideia do sonho americano.

Não são apenas os possíveis imigrantes que são atraídos pelos EUA. Especialmente nas últimas décadas, empresários e elaboradores de políticas do mundo inteiro têm desejado, e com frequência tentado, imitar o modelo econômico dos EUA. O seu sistema de livre iniciativa, segundo os admiradores do modelo americano, deixa as pessoas competirem sem limites e recompensa os vencedores sem restrições impostas pelo governo ou por uma cultura igualitária equivocada. Por conseguinte, o sistema cria incentivos excepcionalmente fortes para o empreendedorismo e a inovação. O seu mercado de mão de obra livre, no qual contratar e demitir é fácil, possibilita que os seus empreendimentos sejam ágeis e, portanto, mais competitivos, já que eles podem redistribuir os seus trabalhadores com mais rapidez do que os seus concorrentes, em resposta a condições de mercado variáveis. Com os empresários esplendidamente remunerados e os trabalhadores tendo que se adaptar rapidamente, o sistema de fato cria uma elevada desigualdade. No entanto, argumentam os seus defensores, até mesmo os "perdedores" nesse jogo aceitam de boa vontade esses resultados porque, considerando-se a elevada mobilidade social do país, os seus próprios filhos poderão ser o próximo Thomas Edison, J. P. Morgan ou Bill Gates. Com esses incentivos para trabalhar arduamente e exercitar a inventividade, é compreensível que o país tenha sido o mais rico do mundo durante o último século.

Os americanos simplesmente vivem melhor...

Na realidade, isso não é inteiramente verdadeiro. Os EUA não são mais o país mais rico do mundo. Hoje, vários países europeus têm uma renda *per capita* mais elevada. Os dados do Banco Mundial nos dizem que a renda *per capita* anual dos EUA em 2007 foi de 46.040 dólares. Sete países tiveram uma renda *per capita* superior à dos EUA tomando-se como base o dólar americano: o primeiro é a Noruega (76.450 dólares), seguido por Luxemburgo, Suíça, Dinamarca, Islândia, Irlanda e, por último, a Suécia (46.060 dólares). Se desprezarmos os dois miniestados da Islândia (311 mil habitantes) e Luxemburgo (480 mil habitantes), mesmo assim os EUA são apenas o sexto país mais rico do mundo.

No entanto, alguns de vocês poderão dizer, isso não pode estar certo. Quando vamos aos EUA, podemos ver que as pessoas lá vivem melhor do que os noruegueses e os suíços.

Uma das razões pelas quais temos essa impressão é o fato de os EUA terem uma desigualdade muito maior do que a dos países europeus, aparentando, portanto, serem mais prósperos para os visitantes estrangeiros do que realmente são, já que os visitantes estrangeiros em qualquer país raramente chegam a ver as partes carentes, as quais, nos EUA, são muito mais numerosas do que na Europa. No entanto, mesmo se desconsiderarmos esse fator de desigualdade, há um bom motivo pelo qual a maioria das pessoas acredita que os EUA têm um padrão de vida mais elevado do que o dos países europeus.

Você talvez tenha pago 35 francos suíços, ou 35 dólares, por uma corrida de táxi de oito quilômetros em Genebra, quando uma corrida semelhante teria custado em torno de 15 dólares em Boston. Em Oslo, você talvez tenha pago 550 coroas, ou 100 dólares, por um jantar que não poderia de jeito nenhum ter custado mais do que 50 dólares, ou 275 coroas, em St. Louis. O inverso também teria sido o caso se você tivesse trocados os seus dólares por bahts tailandeses ou pesos mexicanos nas suas férias. Depois de fazer a sua sexta massagem da semana ou pedir a terceira margarita antes do jantar, você teria tido a impressão de que os seus 100 dólares tinham se multiplicado e se transformado em 200 dólares, ou até mesmo 300 (ou terá sido o álcool?). Se as taxas de câmbio do mercado refletissem com precisão as diferenças nos padrões de vida entre os países, esse tipo de situação não aconteceria.

Por que existem diferenças tão grandes entre as coisas que conseguimos comprar em diferentes países com o que deveria ser a mesma quantidade de dinheiro? Essas diferenças basicamente existem porque as taxas de mercado são em grande medida determinadas pela oferta e procura de produtos e serviços negociados internacionalmente (embora a curto prazo a especulação monetária possa influenciar as taxas de câmbio do mercado), enquanto o que uma quantia pode comprar em um determinado país é determinado pelos preços de todos os produtos e serviços, e não apenas pelos que são negociados internacionalmente.

As mais importantes das coisas não negociadas são os serviços de mão de obra de pessoa para pessoa, como dirigir táxis e servir refeições em restaurantes. O comércio nesses serviços requer a migração internacional, mas ela é severamente limitada pelo controle de imigração, de modo que os preços desses serviços de mão de obra acabam sendo extremamente diferentes nos vários países (*ver pp. 49-58 e 131-148*). Em outras palavras, coisas como corridas de táxi e refeições são caras em países como a Suíça e a Noruega porque eles têm trabalhadores dispendiosos. Eles são mais baratos em países com trabalhadores baratos, como o México e a Tailândia. Quando se trata de coisas internacionalmente negociadas, os preços são basicamente os mesmos em todos os países, ricos e pobres.

A fim de levar em conta os preços diferenciais de produtos e serviços não negociados entre países, os economistas inventaram a ideia de um "dólar internacional". Baseada na noção da paridade do poder de compra (PPC) — ou seja, avaliar o poder de uma moeda de acordo com que proporção de uma cesta básica comum ela pode comprar em diferentes países — essa moeda fictícia possibilita que convertamos a renda de diferentes países em uma medida comum de padrões de vida.

O resultado de converter a renda de diferentes países no dólar internacional é que a renda dos países ricos tende a se tornar mais baixa do que a sua renda na taxa de câmbio do mercado, enquanto a dos países pobres tende a se tornar mais elevada. Isso acontece porque grande parte do que consumimos são serviços, que são muito mais caros nos países ricos. Em alguns casos, a diferença entre a renda da taxa de câmbio do mercado e a renda da PPC não é grande. De acordo com dados do Banco Mundial, a renda dos EUA segundo a taxa de câmbio do mercado dos EUA foi de 46.040 dólares em 2007, enquanto a sua renda de PPC foi mais ou menos a mesma, 45.850 dólares. No caso da Alemanha, a diferença entre as duas foi maior, de 38.860 dólares *versus* 33.820 dólares (uma diferença de 15%, por assim dizer, embora não possamos realmente comparar os dois valores tão diretamente). No caso da Dinamarca, a diferença chegou a quase 50% (54.910 dólares *versus* 36.740 dólares). Em contrapartida, a renda da China em 2007 mais do que duplica de 3.360 dólares para 5.370 dólares e a da Índia praticamente triplica, indo de 950 dólares para 2.740 dólares, quando calculada baseada na PPC.

Entretanto, o cálculo da taxa de câmbio de cada moeda com o dólar internacional (fictício) não é uma questão fácil e objetiva, em grande parte porque temos que pressupor que todos os países consomem a mesma cesta de produtos e serviços, o que evidentemente não é o caso. Isso torna as rendas da PPC extremamente sensíveis às metodologias e às informações utilizadas. Por exemplo, quando o Banco Mundial alterou o seu método de estimar as rendas de PPC em 2207, a renda *per capita* da China caiu em 44% (de 7.740 dólares para 5.370 dólares), ao passo que a de Cingapura subiu 53% (de 31.710 dólares para 48.520 dólares) da noite para o dia.

Apesar desses limites, a renda de um país em dólares internacionais provavelmente nos dá uma ideia melhor do seu padrão de vida do que a sua renda em dólares à taxa de câmbio do mercado. E se calcularmos a renda de diferentes países em dólares internacionais, os EUA (quase) voltam ao primeiro lugar no mundo. Depende da estimativa, mas Luxemburgo é o único país que tem uma renda *per capita* da PPC mais elevada do que a dos EUA em todas as avaliações. Assim sendo, desde que coloquemos de lado a minúscula cidade-estado de Luxemburgo, que tem menos de meio milhão de habitantes, o cidadão americano típico pode comprar a maior quantidade de produtos e serviços do mundo com a sua renda.

Isso permite que afirmemos que os EUA têm o mais elevado padrão de vida do mundo? Talvez. Mas temos que considerar algumas coisas antes de tirar uma conclusão precipitada.

... vivem mesmo?

Para começar, ter uma renda *média* mais elevada do que a de outros países não significa necessariamente que todos os cidadãos americanos vivam melhor do que os seus equivalentes estrangeiros. Se esse é ou não o caso depende da distribuição da renda. É claro que em nenhum país a renda média fornece uma representação correta de como as pessoas vivem, mas em um país com uma elevada desigualdade ela tem a propensão de ser particularmente enganosa. Considerando-se que os EUA têm, de longe, a distribuição de renda mais desigual entre os países ricos, podemos supor com segurança que a renda *per capita* nos EUA exagera os efetivos padrões de vida de um número maior dos seus cidadãos do que em outros países. E essa conjectura é indiretamente apoiada por outros indicadores de padrões de vida. Por exemplo, apesar de ter a renda da PPC mais elevada, os EUA estão classificados apenas por volta do trigésimo lugar no mundo em estatísticas de saúde como a expectativa de vida e a mortalidade infantil (é bem verdade que a ineficiência do sistema de saúde americano contribui para isso, mas não vamos entrar nesse assunto). O índice de criminalidade muito mais elevado do que na Europa ou no Japão — do ponto de vista *per capita*, os EUA têm oito vezes mais pessoas na prisão do que a Europa e doze vezes mais do que o Japão — demonstra que a classe baixa é bem maior nos EUA.

Segundo, o fato de a sua renda da PPC ser mais ou menos a mesma que a sua renda da taxa de câmbio do mercado é uma prova de que o elevado padrão de vida dos EUA se baseia na pobreza de muitos. O que eu quero dizer com isso? Como ressaltei anteriormente, é normal que a renda da PPC de um país rico seja mais baixa, às vezes acentuadamente, do que a sua renda da taxa de câmbio do mercado, porque os seus trabalhadores do setor de serviços são dispendiosos. No entanto, isso não acontece nos EUA, porque ao contrário de outros países ricos, o país tem trabalhadores de baixo custo no setor de serviços. Para começar, há uma grande entrada de imigrantes dos países pobres, muitos deles ilegais, que aceitam trabalhar com salários baixos, o que os torna ainda mais baratos. Além disso, até mesmo os trabalhadores nativos nos EUA têm segundas opções de emprego muito mais fracas do que os seus equivalentes em países europeus com um nível de renda semelhante. Como têm muito menos estabilidade no emprego e uma assistência social muito mais fraca, os trabalhadores americanos, especialmente os não sindicalizados do setor de serviços, trabalham por salários mais baixos e em condições inferiores do que os seus equivalentes europeus. É por esse motivo que coisas como corridas de táxi e refeições em restaurantes são tão mais baratas nos EUA do que em outros países ricos. Isso é ótimo quando você é o cliente, mas não é tão bom se você for o motorista de táxi ou o garçom ou a garçonete. Em outras palavras, o maior poder de compra da renda média dos EUA é obtido à custa de uma renda mais baixa e de condições de trabalho inferiores para muitos cidadãos americanos.

Finalmente e igualmente importante, ao comparar padrões de vida entre países, não devemos desprezar as diferenças nas horas de trabalho. Mesmo que alguém esteja ganhando 50% mais do que eu ganho, você não diria que essa pessoa tem um padrão de vida mais elevado do que o meu, se ela tiver que trabalhar o dobro do número de horas que eu trabalho. O mesmo se aplica aos EUA. Os americanos, como condiz com sua reputação de ser viciados em trabalho, trabalham mais horas do que os cidadãos de qualquer outro país que tenha uma renda *per capita* de 30 mil dólares anuais à taxa de câmbio do mercado em 2007 (com a Grécia sendo a mais pobre do grupo, com uma renda *per capita* levemente inferior a 30 mil dólares). Os americanos trabalham 10% mais do que a maioria dos europeus e cerca de 30% mais do que os holandeses e os noruegueses. Segundo um cálculo do economista islandês Thorvaldur Gylfason, sob o aspecto da renda (em termos da PPC) por hora trabalhada em 2005, os EUA estavam classificados apenas em oitavo lugar — depois de Luxemburgo, da Noruega, da França (isso mesmo, a França, a nação de indolentes), da Irlanda, da Bélgica, da Áustria e da Holanda — e era seguido bem de perto pela Alemanha.[1] Em outras palavras, por unidade de esforço, os americanos não estão obtendo um padrão de vida tão elevado quanto os seus equivalentes em nações concorrentes. Eles compensam essa produtividade mais baixa trabalhando um número muito maior de horas.

É perfeitamente razoável que uma pessoa argumente que deseja trabalhar mais horas se isso for necessário para que ela tenha uma renda mais elevada; ela prefere ter mais uma televisão do que mais uma semana de férias. E quem sou eu, ou qualquer outra pessoa, para afirmar que a prioridade dela está errada?

No entanto, ainda é válido perguntar se as pessoas que trabalham um número maior de horas mesmo em níveis de renda elevados estão fazendo a coisa certa. Muitos concordariam em que, em um nível baixo de renda, um aumento na renda tem a tendência de melhorar a qualidade de vida da pessoa, mesmo que isso signifique uma jornada de trabalho mais longa. Nesse nível, mesmo que você tenha que trabalhar mais horas na fábrica, uma renda mais elevada provavelmente lhe proporcionará uma qualidade de vida mais elevada como um todo, ao melhorar a sua saúde (por meio de uma alimentação, aquecimento, higiene e cuidados com a saúde melhores) e ao reduzir as exigências físicas das tarefas domésticas (por meio de mais eletrodomésticos, água encanada, gás e eletricidade — (*ver pp. 59-71*). Entretanto, acima de um determinado nível de renda, o valor relativo do consumo material *vis-à-vis* o tempo de lazer diminui, de modo que ter uma renda mais elevada à custa de trabalhar um número maior de horas poderá reduzir a sua qualidade de vida.

O mais importante é que o fato de os cidadãos de um país trabalharem mais tempo do que outros em países equiparáveis não significa necessariamente que eles *gostem* de trabalhar mais horas. Eles podem se ver obrigados a trabalhar muitas horas, mesmo que na realidade desejem ter férias mais longas. Como ressaltei há pouco, o tempo que uma pessoa trabalha é afetado não apenas pelas suas preferências com relação ao equilíbrio entre o trabalho e o lazer, mas também por coisas como a provisão para o bem-estar social, a proteção dos direitos do trabalhador e a força sindical. As pessoas têm que aceitar essas coisas da maneira como são concedidas, mas as nações têm uma escolha com relação a elas. Elas podem reescrever as leis trabalhistas, reforçar o estado do bem-estar social e efetuar outras mudanças na política para fazer com que as pessoas tenham menos necessidade de trabalhar muitas horas.

Grande parte do apoio ao modelo americano tem se baseado no "fato" que os EUA têm o nível de vida mais elevado do mundo. Embora não exista nenhuma dúvida de que os EUA têm um dos padrões de vida mais elevados do mundo, a sua suposta superioridade parece muito mais fraca quando temos uma concepção mais ampla dos padrões de vida do que aquilo que a renda média de um país poderá comprar. A maior desigualdade dos EUA significa que a sua renda média é menos indicativa dos padrões de vida dos seus cidadãos do que em outros países. Isso se reflete em indicadores como a saúde e a criminalidade, onde o desempenho dos EUA é bem pior do que o de países comparáveis. O maior poder de compra dos cidadãos americanos (em comparação com o de cidadãos de outros países ricos) se deve, em grande parte, à pobreza e insegurança de muitos dos seus concidadãos, especialmente no setor de serviços. Os americanos também trabalham consideravelmente mais do que os seus equivalentes em nações concorrentes. Considerando-se a hora trabalhada, a renda nos EUA é inferior àquela de vários países europeus, mesmo no que diz respeito ao poder de compra. É discutível que isso possa ser descrito como ter um padrão de vida mais elevado.

Não existe uma maneira simples de comparar padrões de vida entre países. A renda *per capita*, especialmente no que diz respeito ao poder de compra, é possivelmente o indicador mais confiável. No entanto, se nos concentramos apenas em quantos produtos e serviços a nossa renda pode comprar, omitimos muitas outras coisas que constituem elementos da "boa vida" como a quantidade de um tempo de lazer de qualidade, estabilidade no emprego, ausência da criminalidade, acesso aos cuidados com a saúde, provisões para o bem-estar social e assim por diante. Embora diferentes pessoas e países decididamente terão pontos de vista diferentes a respeito de como comparar esses indicadores uns com os outros e com valores de renda, as dimensões que não envolvem a renda não devem ser deixadas de lado, para que possamos construir sociedades nas quais as pessoas genuinamente "vivam bem".

11
A África não está destinada ao subdesenvolvimento

O que eles dizem

A África está destinada ao subdesenvolvimento. Ela tem um clima desfavorável, o que acarreta graves problemas de doenças tropicais. A sua situação geográfica é péssima; muitos dos seus países não têm acesso ao mar, e são cercados por outros cujos pequenos mercados oferecem limitadas oportunidades de exportação e cujos conflitos violentos se espalham pelas nações vizinhas. O continente tem um excesso de recursos naturais, o que fez com que o seu povo se tornasse preguiçoso, corrupto e predisposto a conflitos. As nações africanas são etnicamente divididas, o que as torna difíceis de administrar e mais propensas a experimentar conflitos violentos. As suas instituições não protegem adequadamente os investidores. A sua cultura é ruim; as pessoas não trabalham muito, não poupam e não são capazes de cooperar umas com as outras. Todas essas desvantagens estruturais explicam por que, ao contrário de outras regiões do mundo, o continente deixou de crescer mesmo depois de ter implementado uma significativa liberalização do mercado a partir da década de 1980. A África só conseguirá avançar com o apoio da ajuda externa.

O que eles não dizem

A África *nem sempre* esteve estagnada. Nas décadas de 1960 e 1970, quando todos os supostos impedimentos estruturais ao crescimento estavam presentes e eram, com frequência, mais restritivos, ela na realidade apresentou um desempenho de crescimento satisfatório. Além disso, todas as desvantagens estruturais que supostamente refreiam a África estiveram presentes na maioria dos países ricos de hoje — um clima desfavorável (ártico e tropical), a falta de acesso ao mar, recursos naturais abundantes, divisões étnicas, instituições deficientes e uma cultura ruim. Essas condições estruturais só parecem atuar como impedimentos ao desenvolvimento da África porque os países desse continente ainda não possuem as tecnologias, instituições e habilidades organizacionais necessárias para lidar com as suas consequências adversas. A verdadeira causa da estagnação africana nas últimas três décadas são as políticas de livre mercado que o continente foi obrigado a implementar durante esse período. Ao contrário da história e da geografia, as políticas podem ser modificadas. A África não está destinada ao subdesenvolvimento.

O mundo segundo Sarah Palin... ou terá sido The Rescuers? [Bernardo e Bianca?]*

Dizem que Sarah Palin, a candidata republicana à vice-presidência nas eleições americanas de 2008, achava que a África era um país e não um continente. Muitas pessoas se perguntavam de onde ela teria tirado essa ideia, mas eu acho que sei a resposta. Foi do desenho animado de 1977 da Disney *The Rescuers*.

---

* O desenho animado em longa metragem foi exibido no Brasil com o título *Bernardo e Bianca*. (N. da trad.)

The Rescuers gira em torno de um grupo de camundongos chamado Rescue Aid Society que percorre o mundo, ajudando animais em dificuldades. Em uma das cenas, tem lugar um congresso internacional da sociedade, com delegados camundongos dos mais diversos países vestindo os seus trajes tradicionais e com o sotaque apropriado (quando falavam). O camundongo francês usa uma boina, a alemã traja um melancólico vestido azul e o camundongo turco tem um fez na cabeça. Há ainda o camundongo com chapéu de pele e barba representando a Letônia e uma "camundonga" representando, bem, a África.

Talvez a Disney não acreditasse literalmente que a África fosse um país, mas atribuir um delegado para cada país com 2,2 milhões de habitantes e um único delegado para um continente com mais de 900 milhões de habitantes e quase sessenta países (o número exato depende de você reconhecer entidades como Somalilândia e Saara Ocidental como países) nos diz alguma coisa a respeito da visão da Disney sobre a África. Assim como a Disney, muitas pessoas veem a África como uma massa amorfa de países que sofrem com o mesmo clima quente, doenças tropicais, a pobreza opressiva, guerras civis e a corrupção.

Embora devamos ter o cuidado de não amontoar todos os países africanos em um único grupo, não há como negar que a maioria deles é muito pobre, especialmente se restringirmos o nosso interesse à África subsaariana (ou África "negra"), que é realmente o que quase todo mundo quer dizer quando se refere à África. De acordo com o Banco Mundial, a renda média anual *per capita* da África subsaariana foi estimada em 952 dólares em 2007. Esse valor é um pouco mais elevado do que os 880 dólares do Sul Asiático (Afeganistão, Bangladesh, Butão, Índia, Maldivas, Nepal, Paquistão e Sri Lanka), porém mais baixo do que o de qualquer outra região do mundo.

Além disso, muitas pessoas falam da "tragédia de crescimento" da África. Ao contrário do Sul Asiático, onde as taxas de crescimento se aceleraram a partir da década de 1980, a África parece estar sofrendo de uma "incapacidade crônica de crescimento econômico".[1] A renda *per capita* atual da África subsaariana é mais ou menos a mesma que era em 1980. Ainda mais preocupante é o fato que essa falta de crescimento não parece ser causada principalmente por escolhas de políticas equivocadas (afinal de contas, como muitos outros países em desenvolvimento, os países da região implementaram reformas de livre mercado a partir da década de 1980) e sim pelas desvantagens transmitidas a eles pela natureza e pela história, sendo portanto extremamente difícil, ou até mesmo impossível, modificá-las.

A lista de supostas desvantagens "estruturais" que estão refreando a África é impressionante.

Primeiro, temos todas as condições definidas pela natureza: o clima, a situação geográfica e os recursos naturais. Por estar perto demais do Equador, o continente tem uma quantidade excessiva de doenças tropicais, como a malária, o que reduz a produtividade dos trabalhadores e aumenta os custos dos cuidados com a saúde. Por não ter acesso ao mar, muitos dos países africanos têm dificuldade em se integrar na economia mundial. Eles estão em uma "área desfavorável" no sentido que estão cercados por outros países pobres que têm mercados pequenos (o que limita as suas oportunidades de comércio) e, frequentemente, conflitos violentos (que não raro se espalham para os países vizinhos). Os países africanos supostamente também são "amaldiçoados" pelos seus abundantes recursos naturais. Dizem que a abundância de recursos torna os africanos preguiçosos — porque eles "podem se deitar debaixo de um coqueiro e esperar que o coco caia", como diz uma expressão popular dessa ideia (se bem que aqueles que dizem isso obviamente nunca fizeram essa tentativa, porque correriam o risco de ter a cabeça esmagada). A riqueza oriunda de recursos não ganhos em troca de trabalho também supostamente estimula a corrupção e os conflitos violentos em torno das benesses. O sucesso econômico de países pobres em recursos do Leste Asiático, como o Japão e a Coreia, é frequentemente citado como um caso de "maldição de recursos reversa".

Além da natureza, a história da África também está supostamente refreando o continente. As nações africanas são etnicamente heterogêneas demais, o que faz com que as pessoas desconfiem umas das outras, tornando as transações de mercado dispendiosas. Argumenta-se que a diversidade étnica pode estimular conflitos violentos, especialmente se houver alguns grupos igualmente fortes (em vez de muitos grupos pequenos, que são mais difíceis de organizar). Acredita-se que a história do colonialismo tenha produzido instituições de baixa qualidade na maioria dos países africanos, já que os colonizadores não queriam se fixar em países com um excesso de doenças tropicais (de modo que existe uma interação entre o clima e as instituições) e portanto instalaram apenas as instituições mínimas necessárias para a extração de recursos, em vez daquelas fundamentais para o desenvolvimento da economia local. Algumas pessoas até mesmo especulam que a cultura africana é desfavorável para o desenvolvimento econômico — os africanos não se esforçam no trabalho, não fazem planos para o futuro e não são capazes de cooperar uns com os outros.[2]

Considerando-se tudo isso, as perspectivas futuras da África parecem sombrias. No caso de algumas dessas desvantagens estruturais, qualquer solução parece inalcançável e inaceitável. Se não ter acesso ao mar, estar perto demais do Equador e estar situada em uma região desfavorável são coisas que estão refreando Uganda, o que a nação deveria fazer? Deslocar fisicamente um país não é uma opção, de modo que a única resposta exequível é o colonialismo, ou seja, Uganda deveria invadir, digamos, a Noruega, e transferir todos os noruegueses para Uganda. Se ter um excesso de grupos étnicos é nocivo para o desenvolvimento, deveria a Tanzânia, que tem uma das maiores diversidades étnicas do mundo, favorecer a prática da purificação étnica? Se ter um excesso de recursos naturais tolhe o crescimento, deveria a República Democrática do Congo tentar vender as partes do seu território com depósitos minerais para, digamos, Taiwan para poder passar adiante a maldição para outro país? O que deveria Moçambique fazer se a sua história colonial deixou o país com más instituições? Inventar uma máquina do tempo e corrigir essa história? Se Camarões tem uma cultura desfavorável ao desenvolvimento econômico, deveria a nação iniciar um programa de lavagem cerebral em massa ou colocar as pessoas em um campo de reeducação, como o Khmer Vermelho fez no Camboja?

Todas essas conclusões de políticas ou são fisicamente impossíveis (deslocar um país, inventar uma máquina do tempo) ou são política e moralmente inaceitáveis (invasão de outro país, purificação étnica, campos de reeducação). Por conseguinte, aqueles que acreditam no poder dessas desvantagens estruturais mas consideram essas soluções extremas inaceitáveis argumentam que os países africanos deveriam ser colocados em uma espécie de "auxílio-invalidez" permanente por intermédio da ajuda externa e de um auxílio adicional com o comércio internacional (p. ex., os países ricos reduziriam a sua proteção agrícola somente para os países africanos — e outros países semelhantemente pobres e estruturalmente desfavorecidos).

Mas existe outra maneira de a África ter um desenvolvimento futuro que não seja aceitar o seu destino ou se apoiar na ajuda externa? Os países africanos não têm nenhuma esperança de ser realmente independentes?

Uma tragédia de crescimento africana?

Uma pergunta que precisamos fazer antes de tentar explicar a tragédia do crescimento da África e examinar possíveis maneiras de superá-la é se tal tragédia realmente existe. E a resposta é "não". A falta de crescimento na região *não* tem sido crônica. Durante os anos 1960 e 1970, a renda *per capita* na África subsaariana cresceu a uma taxa respeitável. Ela girou em torno de 1,6% e não se aproximou nem um pouco da taxa de crescimento "milagrosa" do Leste Asiático (5 a 6%) ou mesmo da taxa da América Latina (por volta de 3%) nesse período. No entanto, não é uma taxa de crescimento a ser desprezada. Ela se compara favoravelmente com as taxas de 1 a 1,5% alcançadas pelos países ricos de hoje durante a sua "Revolução" Industrial (aproximadamente de 1820 a 1913).

O fato de a África ter crescido a uma taxa respeitável antes da década de 1980 sugere que os fatores "estruturais" não podem ser a principal explicação da falta de crescimento da região (a qual, na realidade, é recente). Se fossem, o crescimento da África nunca deveria ter existido. Não se trata de os países africanos terem sido repentinamente deslocados para os trópicos ou alguma atividade sísmica ter retirado de repente o acesso ao mar de alguns deles. Se os fatores estruturais eram tão cruciais, o crescimento econômico africano deveria ter se acelerado com o tempo, já que pelo menos alguns desses fatores teriam sido atenuados ou eliminados. As instituições de má qualidade deixadas pelos colonizadores, por exemplo, poderiam ter sido abandonadas ou aprimoradas. Até mesmo a diversidade étnica poderia ter sido reduzida por meio da educação compulsória, do serviço militar e dos meios de comunicação de massa, do mesmo modo como a França conseguiu transformar "camponeses em franceses", como diz o título de um livro clássico de 1976 de autoria do historiador americano Eugen Weber.[3] No entanto, não foi isso que aconteceu; o crescimento africano se contraiu de repente a partir dos anos 1980.

Portanto, se os fatores estruturais sempre estiveram presentes e se a influência deles teria, no mínimo, diminuído com o tempo, esses fatores não podem explicar por que a África estava crescendo a uma taxa satisfatória nas décadas de 1960 e 1970 e, de repente, parou de crescer. O colapso repentino do crescimento precisa ser explicado por alguma coisa que aconteceu em torno de 1980. O principal suspeito é a mudança radical na orientação da formulação de políticas que teve lugar por volta dessa época.

Desde o final dos anos 1970 (começando pelo Senegal em 1979), os países da África subsaariana foram obrigados a adotar políticas de livre mercado e de livre comércio devido às condições impostas pelos chamados Programas de Ajustamento Estrutural (PAEs) do Banco Mundial e do FMI (e pelos países ricos que, em última análise, controlam essas entidades). Ao contrário do que diz a sabedoria convencional, essas políticas *não* são vantajosas para o desenvolvimento econômico (*ver pp. 99-113*). Por expor de repente produtores imaturos à concorrência internacional, essas políticas resultaram no colapso dos pequenos setores industriais que esses países haviam conseguido formar durante os anos 1960 e 1970. Portanto, tendo sido forçados a retroceder e se apoiar novamente na exportação de *commodities* primárias, como o cacau, o café e o cobre, os países africanos continuaram a sofrer com as violentas flutuações de preços e tecnologias de produção estagnadas que caracterizam a maioria dessas *commodities*. Além disso, quando os PAEs exigiram um rápido aumento das exportações, os países africanos, com recursos tecnológicos somente em uma gama limitada de atividades, acabaram tentando exportar coisas semelhantes — fossem eles produtos tradicionais como o café e o cacau ou produtos novos como flores de corte. O resultado foi com frequência um colapso de preços nessas *commodities* devido a um grande aumento da oferta, o que às vezes significou que esses países estavam exportando uma quantidade maior porém tendo uma receita menor. A pressão sobre os governos para que equilibrassem os seus orçamentos resultou em cortes nas despesas cujo impacto demora a aparecer, como no caso da infraestrutura. Com o tempo, contudo, a qualidade deteriorante da infraestrutura colocou os produtores africanos em uma situação ainda mais desvantajosa, fazendo com que as suas "desvantagens geográficas" assomassem ainda mais.

O resultado dos PAEs — e das suas diversas "encarnações" posteriores, entre elas os atuais DERPs (Documentos Estratégicos de Redução da Pobreza) — foi uma economia estagnada que deixou de crescer (do ponto de vista *per capita*) durante três décadas. Durante os anos 1980 e 1990, a renda *per capita* na África subsaariana *caiu* a uma taxa de 0,7% ao ano. A região finalmente começou a crescer na década de 2000, mas a retração das duas décadas precedentes significou que a taxa média de crescimento da renda *per capita* na África subsaariana entre 1980 e 2009 foi de 0,2%. Portanto, depois de passar quase trinta anos usando políticas "melhores" (ou seja, de livre mercado), a sua renda *per capita* encontra-se basicamente no mesmo nível que estava em 1980.

Por conseguinte, os chamados fatores estruturais são na verdade bodes expiatórios apresentados pelos economistas que defendem o livre mercado. Ao constatar que as suas políticas prediletas não estavam produzindo bons resultados, eles tinham que encontrar outras explicações para a estagnação (ou retrocesso, se não contarmos os grandes aumentos dos últimos anos causados pelo *boom* das *commodities*, o qual chegou ao fim). Era inconcebível para eles que essas políticas "corretas" pudessem fracassar. O fato de os fatores estruturais *só* ser citados como a principal explicação para o sofrível desempenho econômico da África *depois* que o crescimento se evaporou no início da década de 1980 não é nenhuma coincidência.

A África pode alterar a sua geografia e a sua história?

Ressaltar que as variáveis estruturais anteriormente mencionadas foram invocadas na tentativa de evitar um constrangimento para os economistas que defendem o livre mercado não significa que elas sejam irrelevantes. Muitas das teorias apresentadas a respeito de como uma variável estrutural específica afeta o resultado econômico fazem sentido. O clima desfavorável pode tolher o desenvolvimento. Estar cercado por países pobres infestados de conflitos limita as oportunidades de exportação e torna mais provável o extravasamento de conflitos através das fronteiras. A diversidade étnica ou a abundância de recursos podem gerar uma dinâmica política desfavorável. No entanto, essas consequências não são inevitáveis.

Para começar, esses fatores estruturais podem se desenrolar de muitas maneiras diferentes. Os recursos naturais abundantes, por exemplo, podem criar resultados desagradáveis, mas também podem promover o desenvolvimento. Para início de conversa, se esse não fosse o caso, não consideraríamos o mau desempenho de países ricos em recursos como desfavorável. Os recursos naturais possibilitam que os países pobres obtenham as moedas estrangeiras com as quais podem comprar tecnologias avançadas. Dizer que esses recursos são uma maldição é como dizer que todas as crianças nascidas em uma família rica serão um fracasso na vida porque ficarão estragadas por causa da riqueza que herdarem. Algumas fazem exatamente isso por essa razão, mas muitas outras tiram proveito da sua herança e alcançam um sucesso ainda maior do que os seus pais. O fato de um fator ser estrutural (ou seja, fornecido pela natureza ou pela história) não significa que o resultado da sua influência seja predeterminado.

Na realidade, o fato de todas essas desvantagens estruturais não serem intransponíveis é demonstrado pelo fato que quase todos os países ricos de hoje se desenvolveram apesar de sofrer de desvantagens semelhantes.[4]

Vamos examinar primeiro o caso do clima. O clima tropical supostamente tolhe o crescimento econômico por criar um ônus para a saúde devido a doenças tropicais, especialmente a malária. Esse é um problema horrível, porém contornável. Muitos dos países ricos de hoje eram atingidos pela malária e outras doenças tropicais, pelo menos durante o verão; não estou falando apenas de Cingapura, que está situada no meio dos trópicos, mas também do sul da Itália, do sul dos Estados Unidos, da Coreia do Sul e do Japão. Essas doenças não são mais muito importantes porque esses países têm melhores condições sanitárias (o que reduziu enormemente a sua incidência) e melhores instalações médicas, graças ao desenvolvimento econômico. Uma crítica mais séria do argumento do clima é que os climas frígidos e árticos, que afetam vários dos países ricos, como a Finlândia, a Suécia, a Noruega, o Canadá e parte dos Estados Unidos, impõem fardos economicamente tão onerosos quanto os climas tropicais; as máquinas enguiçam, o custo do combustível dispara e o transporte é interrompido pela neve e pelo gelo. Não existe nenhuma razão *a priori* para acreditarmos que o tempo frio seja melhor do que o quente para o desenvolvimento econômico. O clima frio não refreia esses países porque eles têm o dinheiro necessário para lidar com ele (o mesmo pode ser dito com relação ao clima tropical de Cingapura). Portanto, atribuir a culpa do subdesenvolvimento da África ao clima é confundir a causa do subdesenvolvimento com os seus sintomas — o clima desfavorável não causa o subdesenvolvimento; a incapacidade de um país de superar o seu clima desfavorável é meramente um sintoma de subdesenvolvimento.

No que diz respeito à situação geográfica, a falta de acesso ao mar de muitos países africanos têm sido bastante enfatizada. Mas e a Suíça e a Áustria? São duas das economias mais ricas do mundo, e não têm acesso ao mar. O leitor poderá responder dizendo que esses países puderam se desenvolver porque tinham um bom transporte fluvial, mas muitos países africanos sem acesso ao mar estão potencialmente na mesma posição: p. ex., Burkina Faso (a antiga República do Alto Volta), Mali e Níger (a República do Níger), Zimbábue (o Limpopo) e Zâmbia (o Zambezi). Portanto, o problema é a ausência de investimentos no sistema de transporte fluvial, e não a situação geográfica em si. Além disso, devido aos mares congelados no inverno, os países escandinavos ficavam efetivamente sem acesso ao mar durante seis meses, até que desenvolveram o navio quebra-gelo no final do século XIX. O efeito da vizinhança desfavorável pode de fato existir, mas ele não precisa ser limitante; basta contemplarmos o rápido crescimento recente da Índia, que está situada na região mais pobre do mundo (mais pobre do que a África subsaariana, mencionada anteriormente), que também tem a sua parcela de conflitos (a longa história dos conflitos militares entre a Índia e o Paquistão, as guerrilhas dos maoistas naxalitas na Índia e a guerra civil tâmil--cingalesa no Sri Lanka.)

Muitas pessoas falam da maldição dos recursos, mas o desenvolvimento de países como os Estados Unidos, o Canadá e a Austrália, que são muito mais bem providos de recursos naturais do que todos os países africanos, com as possíveis exceções da África do Sul e da RDC (República Democrática do Congo), demonstra que a abundância de recursos pode ser uma bênção. Na realidade, a maioria dos países africanos não é tão bem provida de recursos naturais; menos de doze países africanos descobriram até agora quaisquer depósitos minerais importantes.[5] Quase todos os países africanos podem ser dotados com recursos naturais em termos relativos, mas isso é apenas porque eles têm muito poucos recursos fabricados pelo homem, como máquinas, infraestrutura e mão de obra especializada. Além disso, no final do século XIX e início do século XX, as regiões que mais cresceram no mundo eram ricas em recursos como a América do Norte, a América Latina e a Escandinávia, o que leva a crer que a maldição dos recursos nem sempre existiu.

As divisões étnicas podem tolher o crescimento de várias maneiras, mas a sua influência não deve ser exagerada. A diversidade étnica também é a norma em outros lugares. Mesmo sem considerar a diversidade étnica em sociedades baseadas na imigração como os Estados Unidos, o Canadá e a Austrália, muitos dos países europeus atualmente ricos sofreram separações linguísticas, religiosas e ideológicas — especialmente de "grau médio" (alguns grupos, não numerosos), as quais, segundo se acredita, são extremamente conducentes a violentos conflitos. A Bélgica tem dois grupos étnicos (e um pouco mais, se incluirmos a minúscula minoria falante do alemão). A Suíça tem quatro idiomas e duas religiões, e já foi palco de várias guerras civis baseadas na religião. A Espanha tem graves problemas de minorias com os catalães e os bascos, que até mesmo envolveram o terrorismo. Devido ao fato de ter governado a Finlândia durante 560 anos (de 1249 a 1809, quando ela foi cedida à Rússia), a Suécia possui uma significativa minoria finlandesa (que monta a cerca de 5% da população) e a Finlândia tem uma população sueca de uma escala semelhante. E assim por diante.

Até mesmo os países do Leste Asiático que supostamente se beneficiaram particularmente da sua homogeneidade étnica têm sérios problemas com divisões internas. Você talvez pense que Taiwan é etnicamente homogênea já que os seus cidadãos são todos "chineses", mas a população consiste de dois (ou quatro, se fizermos uma divisão mais refinada) grupos linguísticos (os "habitantes do continente" *versus* os taiwaneses) que se hostilizam mutuamente. O Japão apresenta sérios problemas de minorias com os coreanos, os okinawanos, os ainus e os burakumins. A Coreia do Sul talvez seja um dos países mais homogêneos do mundo do ponto de vista etnolinguístico, mas isso não impediu os meus compatriotas de odiar uns aos outros. Por exemplo, há duas regiões na Coreia do Sul que particularmente se odeiam (a sudeste e a sudoeste), a ponto de algumas pessoas dessas regiões não permitirem que os seus filhos se casem com alguém "do outro lugar". Curiosamente, Ruanda é quase tão homogênea do ponto de vista etnolinguístico quando a Coreia, mas isso não impediu que os Hutus, que eram maioria, promovessem a purificação étnica da minoria anteriormente dominante, os Tutsis — exemplo que prova que o "caráter étnico" não é uma estrutura natural, e sim política. Em outras palavras, os países ricos não sofrem com a heterogeneidade étnica porque ela não existe, mas sim porque tiveram êxito ao construir a nação (o que, é importante observar, envolveu com frequência um processo desagradável e até mesmo violento).

As pessoas dizem que instituições de má qualidade estão refreando a África (e de fato estão), mas quando os países ricos estavam em níveis de desenvolvimento material semelhantes aos encontrados hoje na África, o estado das suas instituições era bem pior.[6] Apesar disso, eles cresceram continuamente e alcançaram níveis elevados de desenvolvimento. Eles construíram as instituições de qualidade muito tempo depois do seu desenvolvimento econômico, ou pelo menos simultaneamente a ele. Isso mostra que a qualidade institucional é tanto um resultado quanto um fator causal do desenvolvimento econômico. Tendo isso em vista, as más instituições não podem ser a explicação da falta de crescimento da África.

As pessoas mencionam a "má" cultura da África, mas foi argumentado que quase todos os países ricos de hoje tiveram culturas comparativamente ruins, como documentei no capítulo "Lazy Japanese and thieving Germans"* no meu livro anterior *Bad Samaritans*. Até o início do século XX, os australianos e americanos

---

* "Japoneses preguiçosos e alemães ladrões". (N. da trad.)

que iam ao Japão diziam que os japoneses eram preguiçosos. Até meados do século XIX, os ingleses que iam à Alemanha afirmavam que os alemães eram burros demais, individualistas demais e emocionais demais para desenvolver a sua economia (a Alemanha não estava unificada na época) — o exato oposto da imagem estereotípica que eles têm hoje dos alemães e exatamente o tipo de coisa que as pessoas dizem hoje a respeito dos africanos. A cultura japonesa e a alemã foram transformadas com o desenvolvimento econômico, à medida que as exigências de uma sociedade industrial altamente organizada fizeram com que as pessoas se comportassem de uma maneira mais disciplinada, calculista e cooperativa. Nesse sentido, a cultura é mais um resultado, do que uma causa, do desenvolvimento econômico. É errado colocar a culpa do subdesenvolvimento da África (ou de qualquer região ou país) na sua cultura.

Vemos portanto, que o que parecem ser impedimentos estruturais inalteráveis ao desenvolvimento econômico da África (aliás, também de outros lugares) são geralmente coisas que podem ser, e foram, superadas com tecnologias mais avançadas, habilidades organizacionais superiores e melhores instituições políticas. O fato de quase todos os países ricos ter sofrido (e em certa medida ainda sofrerem) dessas condições é uma prova indireta desse ponto. Além disso, apesar desses obstáculos (não raro de uma forma mais rigorosa), os países africanos não tiveram nenhum problema para crescer nas décadas de 1960 e 1970. A principal razão para a recente falta de crescimento da África reside na política — a saber, a política de livre comércio, de livre mercado que foi imposta ao continente pelo PAE. A natureza e a história não condenam um país a um futuro específico. Quando uma política

176

está causando o problema, o futuro pode ser modificado com mais facilidade ainda. A verdadeira tragédia da África é o fato de termos deixado de enxergar isso, e não a sua falta de crescimento supostamente crônica.

12
Os governos são capazes de fazer boas escolhas

O que eles dizem

Os governos não têm as informações e o *know-how* necessários para tomar decisões comerciais inteligentes e "escolher os vencedores" por meio da política industrial. Na verdade, os tomadores de decisões dos governos estão propensos a escolher alguns notáveis perdedores, considerando-se que eles são mais motivados pelo poder do que pelo lucro e não têm que arcar com as consequências financeiras das decisões que tomam. Especialmente quando o governo tenta contrariar a lógica do mercado e promover indústrias que estão além dos recursos e da capacidade do seu país, os resultados são desastrosos, como é comprovado pelos projetos de "elefantes brancos", abundantes nos países em desenvolvimento.

O que eles não dizem

Os governos são capazes de fazer boas escolhas, às vezes escolhas espetaculares. Se olharmos em volta com a mente aberta, veremos muitos exemplos no mundo inteiro de governos que fizeram escolhas bem-sucedidas. O argumento de que as decisões do governo que afetam as empresas comerciais certamente serão inferiores às decisões tomadas pelas próprias empresas é injustificável. Ter informações mais detalhadas não garante melhores decisões; na realidade, pode ser mais difícil tomar a decisão certa quando estamos envolvidos demais com a situação. Além disso, existem maneiras pelas quais o governo pode obter melhores informações e melhorar a qualidade das suas decisões. Além do mais, decisões que são boas para empresas individuais podem não ser boas para a economia nacional como um todo. Por conseguinte, o fato de o governo escolher vencedores contrariando os sinais do mercado pode melhorar o desempenho econômico nacional, especialmente se isso for feito em estreita (porém não excessiva) colaboração com o setor privado.

A pior proposta de negócio da história humana

Dizem que Eugene Black, o presidente que ocupou o cargo por mais tempo na história do Banco Mundial (1949-1963), criticou os países em desenvolvimento pelo fato de se fixarem em três totens — a rodovia, a usina siderúrgica integrada e o monumento do chefe de estado.

O comentário do Sr. Black a respeito do monumento talvez tenha sido injusto (muitos líderes políticos dos países em desenvolvimento na época não eram propensos à autoexaltação), mas ele estava certo ao se preocupar com a então difundida tendência de empreender projetos grandiosos, como rodovias e usinas siderúrgicas, independentemente da sua viabilidade econômica. Na época, inúmeros países em desenvolvimento construíram rodovias que permaneceram vazias e siderúrgicas que só sobreviveram à custa de gigantescos subsídios do governo e proteção tarifária.

Expressões como "elefante branco" ou "castelo no deserto" foram inventadas nesse período para descrever esses projetos.

No entanto, de todos os castelos no deserto em potencial, o plano da Coreia do Sul de construir uma usina siderúrgica integrada, concebido em 1965, foi um dos mais excêntricos. Na época, a Coreia era um dos países mais pobres do mundo, e sobrevivia baseada na exportação de recursos naturais (p. ex., peixe, minério de tungstênio) ou de produtos fabricados com mão de obra intensiva (p. ex., perucas feitas com cabelo humano, roupas baratas). De acordo com a teoria aceita do comércio internacional, conhecida como "teoria da vantagem comparativa", um país como a Coreia, com muita mão de obra e muito pouco capital, *não* deveria estar produzindo produtos altamente dependentes de capital, como o aço.[1]

O que era ainda pior, a Coreia nem mesmo produzia as matérias-primas necessárias. A Suécia desenvolveu naturalmente uma indústria do ferro e do aço porque ela tem uma grande quantidade de depósitos de minério de ferro. A Coreia não produzia praticamente nenhum minério de ferro ou coque, os dois principais componentes da fabricação de aço moderna. Hoje em dia, eles poderiam ter sido importados da China, mas essa era a época da Guerra Fria quando não havia comércio entre a China e a Coreia do Sul, de modo que as matérias-primas teriam que ser importadas de países como a Austrália, o Canadá e os Estados Unidos — todos situados a oito ou dez mil quilômetros de distância — o que aumentava significativamente o custo de produção.

É compreensível que o governo coreano estivesse tendo dificuldade em convencer os possíveis doadores e financiadores das vantagens do seu plano, embora propusesse subsidiar a usina siderúrgica de todas as maneiras possíveis — infraestrutura gratuita (portos, rodovias, ferrovias), descontos tributários, depreciação acelerada dos bens de capital (para que a carga tributária fosse minimizada nos primeiros anos), tarifas de serviços públicos reduzidas e milhares de outras coisas.

Embora as negociações com os doadores em potencial — como o Banco Mundial e os governos dos Estados Unidos, do Reino Unido, da Alemanha Ocidental, da França e da Itália — estivessem em andamento, o governo coreano fez coisas que tornaram o projeto ainda menos atraente. Quando a companhia que iria administrar a usina siderúrgica — a Pohang Iron and Steel Company (POSCO) — foi criada em 1968, ela era uma empresa estatal (SOE - State Owned Enterprise), apesar das difundidas preocupações com relação à incapacidade das empresas estatais nos países em desenvolvimento. E para completar, a empresa seria dirigida pelo Sr. Park Tae-Joon, ex-general do exército com uma experiência mínima de alguns anos como dirigente de uma empresa estatal de mineração de tungstênio. Até mesmo para uma ditadura militar, isso estava indo longe demais. O país estava prestes a iniciar o maior empreendimento empresarial da sua história, e o homem que ficaria no comando nem mesmo era um empresário profissional!

Desse modo, os doadores em potencial estavam provavelmente diante da pior proposta comercial da história humana — uma empresa estatal, dirigida por um militar indicado politicamente, que iria fabricar um produto que todas as teorias econômicas aceitas afirmavam não ser adequado ao país. Naturalmente, o Banco Mundial recomendou aos outros possíveis doadores que não apoiassem o projeto, e cada um deles se retirou oficialmente da negociação em abril de 1969.

Sem se deixar abater, o governo coreano conseguiu convencer o governo japonês a direcionar grande parte dos pagamentos da indenização que estava fazendo devido ao seu governo colonial (1910-1945) para o projeto da usina siderúrgica e fornecer as máquinas e a assistência técnica necessária para a usina. A empresa começou a produzir em 1973 e consolidou a sua presença com extraordinária rapidez. Já em meados da década de 1980, ela era considerada um dos fabricantes de aço de qualidade inferior mais eficazes em termos de custo do mundo. Na década de 1990, era uma das principais siderúrgicas do mundo. Foi privatizada em 2001, não pelo seu mau desempenho e sim por razões políticas, e hoje é o quarto maior produtor de aço do mundo (em quantidade de produção).

Portanto, temos um grande enigma nas mãos. Como uma das piores propostas comerciais da história produziu um dos negócios mais bem-sucedidos da história? Na realidade, o enigma é ainda maior, porque a POSCO não é a única empresa coreana que foi criada por meio da iniciativa do governo.

Ao longo dos anos 1960 e 1970, o governo coreano pressionou muitas empresas do setor privado a formar indústrias que elas não teriam formado espontaneamente. Isso foi feito frequentemente por meio de incentivos, como subsídios ou proteção tarifária das importações (embora os incentivos também fossem ameaças no sentido que seriam negados para os que tivessem um mau desempenho). No entanto, mesmo quando todos esses incentivos não eram suficientes para convencer os empresários envolvidos, grandes ameaças eram feitas, como a suspensão de empréstimos dos bancos, que na época eram completamente estatais, ou até mesmo um "bate-pato reservado" com a polícia secreta.

Curiosamente, muitos dos empreendimentos promovidos dessa maneira pelo governo se revelaram grandes exemplos de sucesso. Na década de 1960, o Grupo LG, o gigante da eletrônica, foi proibido pelo governo de ingressar na indústria têxtil que desejava e obrigado a entrar na indústria de cabos elétricos. Ironicamente, a empresa de cabos tornou-se a base do seu negócio em eletrônica, pelo qual a LG é hoje famosa (você saberia se tivesse desejado comprar o último modelo do celular Chocolate). Na década de 1970, o governo coreano exerceu uma enorme pressão sobre o Sr. Chung Ju-Yung, o lendário fundador do Grupo Hyundai, famoso pelo seu apetite por empreendimentos arriscados, para que fundasse uma empresa de construção naval. Dizem que até mesmo Chung hesitou inicialmente diante da ideia, mas cedeu quando o General Park Chung-Jee, o então ditador do país e mentor do milagre econômico da Coreia, ameaçou pessoalmente levar à falência o seu grupo empresarial. Hoje, a empresa de construção naval Hyundai é uma das maiores do mundo na sua especialidade.

Escolhendo perdedores?

Segundo a teoria econômica dominante do livre mercado, coisas como o sucesso da POSCO, da LG e da Hyundai que acabo de descrever simplesmente não deveriam acontecer. A teoria nos diz que o capitalismo funciona melhor quando as pessoas têm liberdade para cuidar dos seus negócios sem nenhuma interferência do governo. É argumentado que as decisões do governo certamente serão inferiores às decisões tomadas por aqueles que estão diretamente envolvidos com o assunto em questão. Isso acontece porque o governo não está de posse da mesma quantidade de informações a respeito do negócio em questão quanto à empresa que está diretamente ligada a ele. Assim, por exemplo, se uma empresa prefere ingressar na Indústria A e não na Indústria B, deve ser porque ela sabe que A seria mais lucrativa que B, tendo em vista a sua capacidade e as condições do mercado. Seria uma atitude extremamente arrogante da parte de uma autoridade do governo, por mais competente que essa pessoa possa ser segundo um padrão absoluto, dizer aos dirigentes da empresa que eles deveriam investir na Indústria B, já que ela simplesmente não tem o tino comercial e a experiência desses dirigentes. Em outras palavras, argumenta a teoria, o governo não é capaz de fazer boas escolhas.

A situação na realidade é ainda mais extrema, afirmam os economistas que defendem o livre mercado. Não apenas os tomadores de decisões do governo são incapazes de fazer boas escolhas; eles estão propensos a escolher perdedores. O mais importante é que os tomadores de decisões do governo — os políticos e os burocratas — são impulsionados pelo desejo de maximizar o poder, e não os lucros. Por conseguinte, eles provavelmente aprovarão projetos do tipo elefante branco que têm uma alta visibilidade e um simbolismo político, independentemente da sua viabilidade econômica. Além disso, como as autoridades do governo lidam com o "dinheiro de outras pessoas", elas não precisam realmente se preocupar com a exequibilidade econômica do projeto que estão promovendo (*ver pp. 34-48* para mais detalhes sobre "o dinheiro de outras pessoas"). Entre as metas erradas (prestígio em vez do lucro) e os incentivos errados (não arcar pessoalmente com as consequências das decisões tomadas), é quase certo que essas autoridades escolheriam perdedores, caso viessem a interferir em

184

assuntos de negócios. A teoria afirma que os negócios *não* devem ser da competência do governo.

O exemplo mais conhecido de um governo escolher um perdedor por causa de metas e incentivos errados é o projeto do Concorde, conjuntamente financiado pelos governos britânico e francês na década de 1960. O Concorde continua a ser literalmente um dos feitos mais impressionantes de engenharia da história humana. Ainda me lembro de ter visto um dos *slogans* de propaganda mais memoráveis que já encontrei, em um *outdoor* da British Airways em Nova York; ele recomendava às pessoas que "chegassem antes de você partir" voando pelo Corcorde (a travessia do Atlântico durava cerca de três horas, enquanto a diferença de horário entre Nova York e Londres é de cinco horas). No entanto, se levarmos em conta todo o dinheiro gasto no seu desenvolvimento e os subsídios que os dois governos tiveram que conceder à British Airways e à Air France até mesmo para comprar as aeronaves, o Concorde foi um inequívoco fracasso comercial.

Um exemplo ainda mais deplorável de um governo escolher um perdedor por estar separado da lógica do mercado é o caso da indústria aeronáutica da Indonésia. A indústria teve início na década de 1970, quando o país era um dos mais pobres do mundo. Essa decisão só foi tomada porque o Dr. Bacharuddin Habibie, vice-líder do Presidente Mohammed Suharto durante vinte anos (e presidente do país por apenas um ano, depois da queda deste último), por acaso era engenheiro espacial e havia feito o seu treinamento e trabalhado na Alemanha.

Mas se todas as teorias econômicas aceitas e as evidências de outros países levam a crer que os governos estão propensos a escolher perdedores e não vencedores, como o governo coreano conseguiu fazer tantas escolhas acertadas?

Uma explicação possível é que a Coreia é uma exceção. Qualquer que fosse o motivo, as autoridades do governo coreano eram tão excepcionalmente capazes, diria o argumento, que conseguiam escolher vencedores de uma maneira que ninguém mais conseguia. No entanto, isso obrigatoriamente implicaria que os coreanos são o povo mais inteligente da história. Na condição de um bom coreano, eu não me importaria com uma explicação que nos retrate em uma luz tão gloriosa, mas duvido que os não coreanos se deixariam convencer por esse argumento (e eles estão certos — *ver pp. 328-339*).

Na realidade, como analiso mais detalhadamente em outra parte do livro (particularmente nas *pp. 99-113 e 273-286*), a Coreia não é o único país no qual o governo fez escolhas acertadas.[2] Outras economias milagrosas do Leste Asiático fizeram o mesmo. A estratégia coreana de escolher vencedores, embora envolvendo métodos mais agressivos, foi copiada daquela praticada pelo governo japonês. E os governos de Taiwan e de Cingapura não tiveram um desempenho pior do que o seu correspondente coreano, embora as ferramentas políticas utilizadas tenham sido um tanto diferentes.

O mais importante é que não foram apenas os governos do Leste Asiático que fizeram boas escolhas. Na segunda metade do século XX, o governo de países como a França, a Finlândia, a Noruega e a Áustria moldaram e conduziram o desenvolvimento industrial com grande sucesso por meio da proteção, de subsídios e de investimentos de empresas estatais. Embora o governo americano finja que não é verdade, ele escolheu quase todos os vencedores industriais do país a partir da Segunda Guerra Mundial por meio de um enorme apoio à pesquisa e desenvolvimento (P&D). As indústrias de computador, de semicondutores, de aeronaves, da internet e de biotecnologia foram desenvolvidas graças à P&D subsidiada pelo governo americano. Até mesmo no século XIX e no início do século XX, quando as políticas industriais do governo eram muito menos organizadas e eficazes do que no final do século XX, praticamente todos os países ricos usavam tarifas, subsídios, licenciamentos, regulamentações e outros tipos de políticas para promover indústrias específicas em detrimento de outras, com graus consideráveis de sucesso (*ver pp. 99-113*).

Se os governos são capazes de fazer boas escolhas com tanta regularidade, às vezes com resultados espetaculares, você talvez tenha vontade de saber se existe alguma coisa errada com relação à teoria econômica dominante que afirma que isso não pode ser feito. De fato, eu gostaria de dizer que essa teoria contém um grande número de coisas erradas.

Em primeiro lugar, a teoria pressupõe implicitamente que aqueles que estão mais próximos da situação estarão de posse das melhores informações e, portanto, tomarão as melhores decisões. Isso poderá parecer plausível mas, se a proximidade com relação às situações garantisse melhores decisões, nenhuma empresa jamais tomaria uma decisão errada. Às vezes, estar perto demais da situação pode tornar mais difícil, em vez de mais fácil, examiná-la objetivamente. É por esse motivo que existem inúmeras decisões de negócios que os tomadores de decisões consideram uma obra genial e que outras pessoas encaram com ceticismo, ou até mesmo com puro e simples desprezo. Em 2000, por exemplo, a AOL, a empresa da internet, comprou o grupo Time Warner. Apesar do profundo ceticismo de muitas pessoas de fora, Steve Case, o então *chairman* da AOL, chamou a incorporação de uma "fusão histórica" que iria transformar "o cenário da mídia e da internet". Subsequentemente, a fusão se revelou um fracasso retumbante, que levou Jerry Levin, o principal dirigente da Time Warner na ocasião da fusão a admitir em janeiro de 2010 que ela tinha sido "o pior negócio do século".

É claro que, ao dizer que não podemos necessariamente pressupor que a decisão de um governo relacionada com uma empresa será pior do que uma decisão tomada pela própria empresa, não estou negando a importância de ter boas informações. No entanto, na medida em que essas informações são necessárias para a sua política industrial, o governo pode tomar medidas para garantir que terá acesso a essas informações. E de fato, os governos que têm feito as escolhas mais acertadas tendem a ter canais mais eficazes de troca de informações com o setor empresarial.

Uma maneira óbvia para um governo garantir o acesso a informações vantajosas é criar uma empresa estatal e administrá-la ele mesmo. Países como Cingapura, França, Áustria, Noruega e Finlândia recorreram intensamente a essa solução. Em segundo lugar, o governo pode exigir legalmente que empresas e indústrias que recebem apoio governamental informem regularmente alguns aspectos essenciais dos seus negócios. O governo coreano fez isso meticulosamente nos anos 1970, quando estava fornecendo um forte apoio financeiro para várias novas indústrias, como as de construção naval, de eletrônica e as siderúrgicas. Outro método envolve recorrer a redes informais entre autoridades do governo e as elites empresariais para que as autoridades possam adquirir um bom conhecimento das situações empresariais, embora contar exclusivamente com esse canal possa conduzir a uma "mentalidade de clube" excessiva ou à corrupção pura e simples. A rede de política francesa, construída em torno dos graduados da ENA (École Nationale d'Administration), é o exemplo mais famoso disso, que mostra tanto os seus aspectos positivos quanto negativos. Em um ponto intermediário entre os dois extremos da exigência legal e as redes pessoais, os japoneses desenvolveram os "conselhos deliberativos", nos quais as autoridades do governo e os líderes empresariais trocam regularmente informações por meio de canais formais, na presença de observadores pertencentes a entidades externas como as do mundo acadêmico ou da mídia. Além disso, a teoria econômica dominante deixa de reconhecer que poderia haver um conflito entre interesses comerciais e interesses nacionais. Embora os empresários possam de um modo geral (porém não necessariamente, como argumentei anteriormente) conhecer os seus assuntos melhor do que as autoridades do governo e, portanto, ser capazes de tomar decisões que atendam melhor aos interesses das suas empresas, não existe nenhuma garantia de que as suas decisões serão boas para a economia nacional. Assim, por exemplo, quando quiseram ingressar na indústria têxtil na década de 1960, os dirigentes da LG estavam fazendo a coisa certa para a sua empresa, mas ao obrigá-los a entrar na indústria de cabos elétricos, o que possibilitou que a LG se tornasse uma empresa de eletrônica, o governo coreano estava cuidando dos interesses nacionais da Coreia — e dos interesses da LG a longo prazo — de uma maneira melhor. Em outras palavras, o fato de o governo escolher vencedores pode prejudicar alguns interesses comerciais, mas pode produzir um resultado melhor a partir do ponto de vista social (*ver pp. 261-272*).

Vencedores estão sendo escolhidos o tempo todo

Até agora, relacionei muitos exemplos bem-sucedidos de governos que fizeram escolhas acertadas e expliquei por que a teoria do livre mercado que nega a possibilidade de que isso aconteça está repleta de buracos.

Ao fazer isso, não estou tentando deixá-lo cego para os casos de fracassos do governo. Já mencionei a série de castelos no deserto construídos em muitos países em desenvolvimento nas décadas de 1960 e 1970, inclusive a indústria aeronáutica da Indonésia. No entanto, há mais coisas. Algumas tentativas do governo de escolher vencedores fracassaram até mesmo em países que são famosos pela sua competência nessa área, como o Japão, a França e a Coreia. Já mencionei a malfadada incursão do governo francês no Concorde. Nos anos 1960, o governo japonês tentou em vão promover a incorporação da Honda, que ele considerava pequena e fraca demais, pela Nissan, porém mais tarde foi constatado que a Honda era uma empresa muito mais bem-sucedida do que a Nissan. O governo coreano tentou promover a indústria de fundição do alumínio no final nos anos 1970, mas a indústria foi golpeada por um enorme aumento nos preços da energia, a qual é responsável por uma proporção particularmente elevada dos custos de produção do alumínio. E esses são apenas os exemplos mais notórios.

No entanto, da mesma maneira como as histórias de sucesso não nos permitem defender que os governos devem escolher os vencedores em todas as circunstâncias, os fracassos, por mais numerosos que sejam, não invalidam todas as tentativas dos governos de escolher vencedores.

Pensando bem, é natural que os governos errem ao fazer escolhas. Faz parte da natureza das decisões empresariais que encerram riscos neste mundo inconstante que elas frequentemente sejam inadequadas. Afinal de contas, as empresas do setor privado tentam escolher vencedores o tempo todo, apostando em tecnologias incertas e ingressando em atividades que outros consideram impossíveis, e com frequência fracassam. Na realidade, exatamente da mesma maneira pela qual nem mesmo os governos que têm o melhor histórico de escolher vencedores conseguem fazer isso o tempo todo, nem mesmo as empresas mais bem-sucedidas tomam as decisões certas o tempo todo; pense no desastroso sistema Windows Vista da Microsoft (com o qual infelizmente estou escrevendo este livro) e o embaraçoso fracasso da Nokia com o aparelho de celular/console de *video game* N-Gage.

A questão não é se os governos são capazes de escolher vencedores, já que eles obviamente são, mas como melhorar a sua "média de acertos". E ao contrário do que se acredita popularmente, a média de acertos dos governos pode ser substancialmente aumentada, na presença de uma vontade política adequada. Os países que são frequentemente associados ao sucesso na escolha de vencedores demonstram esse ponto. O milagre taiwanês foi engendrado pelo Partido Nacionalista do governo, que fora sinônimo de corrupção e incompetência até ser forçado a se mudar para Taiwan depois de perder a China continental para os comunistas em 1949. Na década de 1950, o governo coreano era notoriamente incompetente em gestão econômica, a ponto de o país ser descrito como um poço sem fundo pela USAID, a agência de ajuda econômica do governo americano. No final do século XIX e início do século XX, o governo francês era famoso pela sua relutância e incapacidade em escolher vencedores, mas ele se tornou o campeão de escolhas acertadas na Europa depois da Segunda Guerra Mundial.

A realidade é que vencedores estão sendo escolhidos o tempo todo tanto pelo governo quanto pelo setor privado, mas as iniciativas conjuntas entre os dois tendem a ser as mais bem-sucedidas.

Em todos os tipos de escolhas de vencedores — privadas, públicas, conjuntas — ocorrem sucessos e fracassos, às vezes espetaculares. Se permanecermos cegos pela ideologia do livre mercado que nos diz que somente as escolhas de vencedores feitas pelo setor privado têm chance de ter êxito, acabaremos deixando de reconhecer um enorme leque de possibilidades para o desenvolvimento econômico por meio da liderança pública ou de iniciativas conjuntas entre o setor público e o privado.

13
Tornar as pessoas ricas mais ricas não faz com que todo mundo fique rico

O que eles dizem

Temos que criar a riqueza antes que possamos compartilhá-la. Quer isso nos agrade ou não, são os ricos que vão investir e criar empregos. Os ricos são imprescindíveis tanto para reconhecer as oportunidades de mercado quanto para explorá-las. Em muitos países, a política da inveja e as estratégias populistas do passado colocaram restrições na criação da riqueza aplicando elevados tributos aos ricos. Isso precisa ter um fim. Esta afirmação pode parecer cruel, mas as pessoas pobres só podem ficar mais ricas com o tempo se tornarmos os ricos ainda mais ricos. Quando damos aos ricos uma fatia maior da torta, as fatias dos outros podem se tornar menores a curto prazo, mas os pobres receberão fatias maiores em termos absolutos a longo prazo, porque a torta ficará maior.

O que eles não dizem

A ideia que acaba de ser apresentada, conhecida como "economia *trickle-down*", tropeça no seu primeiro obstáculo. Apesar da dicotomia usual de "política pró-ricos que estimula o crescimento" e "política pró-pobres que reduz o crescimento", as políticas pró-ricos têm deixado de acelerar o crescimento nas últimas três décadas. Portanto, o primeiro passo deste argumento — ou seja, a ideia de que dar um pedaço maior da torta para os ricos tornará a torta maior — não se sustenta. A segunda parte do argumento — a opinião que uma maior riqueza criada no topo com o tempo gotejará e cairá sobre os pobres — tampouco funciona. O efeito *trickle-down* acontece, mas em geral o seu impacto é muito pequeno se o deixarmos entregue ao mercado.

O fantasma de Stalin — ou será de Preobrazhensky?

Com a devastação causada pela Primeira Guerra Mundial, a economia soviética estava em grandes apuros em 1919. Percebendo que o novo regime não tinha a menor chance de sobreviver sem restabelecer a produção de alimentos, Lenin lançou a Nova Política Econômica (NEP), permitindo transações de mercado na agricultura e deixando que os camponeses ficassem com os lucros dessas transações.

O partido bolchevista estava dividido. Na esquerda do partido, argumentando que a NEP nada mais era do que uma regressão ao capitalismo, estava Leon Trotsky. Ele tinha o apoio do brilhante economista autodidata Yevgeni Preobrazhensky. Este último argumentava que para que a economia soviética se desenvolvesse, ela precisava aumentar o investimento nas indústrias. No entanto, argumentava Preobrazhensky, era muito difícil aumentar esse investimento porque praticamente todo o superávit da economia gerada (ou seja, o excedente do que era absolutamente necessário para a sobrevivência física da população) era controlado pelos agricultores, já que a economia era predominantemente agrícola. Por conseguinte, raciocinou ele, a propriedade privada e o mercado deveriam ser abolidos na zona rural, para que todo o superávit capaz de ser investido pudesse ser extraído dela pelo governo por meio da contenção do preço dos produtos agrícolas. Esse superávit seria então transferido para o setor industrial, onde a autoridade planejadora poderia tomar medidas para que todo ele fosse investido. A curto prazo, isso refrearia os padrões de vida, especialmente dos camponeses, mas a longo prazo deixaria todo mundo em melhor situação, porque maximizaria os investimentos e, portanto, o crescimento potencial da economia.

Os membros da direita do partido, como Josef Stalin e Nikolai Bukharin, anteriormente amigo de Preobrazhensky e seu rival intelectual, preconizavam o realismo. Eles argumentavam que, mesmo que não fosse muito "comunista" permitir a propriedade privada da terra e dos animais de fazenda na zona rural, eles não poderiam se dar ao luxo de indispor a classe camponesa, tendo em conta a sua predominância. De acordo com Bukharin, a única escolha que tinham era "avançar para o socialismo com um estorvo camponês". Ao longo da maior parte da década de 1920, a direita manteve uma posição vantajosa. Preobrazhensky foi cada vez mais marginalizado e finalmente enviado para o exílio em 1927.

No entanto, em 1928, tudo mudou. Ao se tornar o único ditador, Stalin roubou as ideias dos seus rivais e implementou a estratégia defendida por Preobrazhensky. Ele confiscou terras dos kulaks, os fazendeiros ricos, e colocou toda a zona rural sob o controle do Estado por meio da coletivização da agricultura. As terras confiscadas aos kulaks foram transformadas em fazendas estatais (*sovkhoz*), enquanto os pequenos fazendeiros foram obrigados a ingressar em cooperativas ou fazendas coletivas (*kolkhoz*), com uma participação acionária nominal.

Stalin não seguiu exatamente as recomendações de Preobrazhensky. Na realidade ele foi brando na zona rural e não espremeu os camponeses ao máximo. Em vez disso, impôs salários mais baixos que o de subsistência aos operários industriais, o que por sua vez obrigou as mulheres urbanas a ingressar na força de trabalho industrial para assegurar a sobrevivência da família.

A estratégia de Stalin teve custos enormes. Milhões de pessoas resistiram, ou foram acusadas de resistir, à coletivização agrícola, e acabaram em campos de trabalhos forçados. Um colapso na produção agrícola se seguiu à expressiva redução do número de animais de tração, em parte por eles terem sidos mortos pelos próprios donos que previam um confisco e em parte devido à escassez de grãos para alimentá-los graças às remessas forçadas de grãos para as cidades. Esse colapso agrícola resultou na grave crise de inanição de 1932-1933 na qual milhões de pessoas pereceram.

A ironia de tudo isso é que, se Stalin não tivesse adotado a estratégia de Preobrazhensky, a União Soviética não teria sido capaz de construir a sua base industrial a uma enorme velocidade, o que possibilitou que ela conseguisse repelir a invasão nazista na Frente Oriental na Segunda Guerra Mundial. Se os nazistas não tivessem sido derrotados na Frente Oriental, a Europa Ocidental não teria sido capaz de derrotar os nazistas. Portanto, ironicamente, os europeus ocidentais devem a liberdade de que gozam hoje a um economista soviético de extrema esquerda chamado Preobrazhensky.

Por que estou tagarelando sem parar a respeito de um esquecido economista marxista russo que viveu há quase um século? Porque existe uma extraordinária semelhança entre a estratégia de Stalin (ou melhor, de Preobrazhensky) e as políticas pró-ricos de hoje defendidas pelos economistas do livre mercado.

Capitalistas versus *trabalhadores*

A partir do século XVIII, a ordem feudal, pela qual as pessoas nasciam em certas "posições" e ali permaneciam pelo resto da vida, passou a ser atacada pelos liberais em toda a Europa. Eles argumentavam que as pessoas deveriam ser recompensadas de acordo com as suas realizações e não com a sua origem (*ver pp. 287-300*).

É claro que se tratava de liberais da safra do século XIX, de modo que tinham opiniões que os liberais de hoje considerariam censuráveis (com menos intensidade pelos liberais americanos, que na Europa seriam chamados de "a esquerda do centro", e não de liberais). Acima de tudo, eles eram contra a democracia. Acreditavam que dar votos aos homens pobres — as mulheres nem mesmo eram consideradas, já que se acreditava que a faculdade mental delas era incompleta — destruiria o capitalismo. Por que isso?

Os liberais do século XIX acreditavam que a abstinência era a chave para a acumulação da riqueza e, portanto, do desenvolvimento econômico. Depois de adquirir os frutos do seu trabalho, as pessoas precisavam se abster da gratificação instantânea e investir o dinheiro, para que pudessem acumular riqueza. Nessa visão de mundo, os pobres eram pobres porque não tinham o caráter necessário para praticar essa abstinência. Por conseguinte, se os pobres obtivessem o direito de voto, eles iriam querer maximizar o seu consumo na ocasião, em vez do investimento, impondo tributos aos ricos e gastando-os. Isso poderia deixar os pobres em melhor situação a curto prazo, mas os deixaria em pior situação a longo prazo por reduzir os investimentos e, portanto, o crescimento.

Na sua política antipobres, os liberais tinham o apoio intelectual dos economistas clássicos, sendo David Ricardo, o economista britânico do século XIX, o mais brilhante de todos eles. Ao contrário dos economistas liberais de hoje, os economistas clássicos não viam a economia capitalista como sendo formada por pessoas. Eles acreditavam que as pessoas pertenciam a diferentes classes — capitalistas, trabalhadores e proprietários de terras — e se comportavam de uma maneira diferente de acordo com a sua classe. A mais importante diferença de comportamento interclasse era considerada como sendo o fato que os capitalistas investiam (praticamente) toda a sua renda ao passo que as outras classes — a classe trabalhadora e a classe dos proprietários de terra — a consumiam. Com relação à classe dos proprietários de terra, as opiniões estavam divididas. Alguns, como Ricardo, a encaravam como uma classe consumidora que obstruía a acumulação do capital, ao passo que outros, como Thomas Malthus, achavam que esse consumo ajudava a classe capitalista ao oferecer uma demanda adicional para os seus produtos. No entanto, com relação aos trabalhadores havia um consenso. Eles gastavam toda a sua renda, de modo que se os trabalhadores obtivessem uma parcela maior da renda nacional, o investimento e, portanto, o crescimento econômico cairiam.

É aqui que os ardentes defensores do livre mercado como Ricardo juntam forças com os comunistas da extrema esquerda como Preobrazhensky. Apesar das suas aparentes diferenças, ambos acreditavam que o superávit que pode ser investido deveria se concentrar nas mãos do investidor, da classe capitalista no caso do primeiro e da autoridade planejadora no caso do segundo, a fim de maximizar o crescimento econômico a longo prazo. Isso é, em última análise, o que as pessoas têm hoje em mente quando dizem que "é preciso primeiro criar a riqueza para depois poder redistribuí-la".

A ascensão e queda das políticas pró-ricos

Entre o final do século XIX e o início do século XX, os piores receios dos liberais se concretizaram, e quase todos os países da Europa e as chamadas "ramificações ocidentais" (os Estados Unidos, o Canadá, a Austrália e a Nova Zelândia) estenderam o sufrágio aos pobres (naturalmente, apenas para os homens). No entanto, a temida tributação excessiva dos ricos e a resultante destruição do capitalismo não aconteceu. Nas décadas que se seguiram à introdução do sufrágio universal masculino, a tributação sobre os ricos e os gastos sociais não aumentaram muito. Desse modo, afinal de contas, os pobres não eram tão impacientes.

Além disso, quando a temida tributação excessiva dos ricos realmente começou, ela não destruiu o capitalismo, na realidade, ela o tornou ainda mais forte. Depois da Segunda Guerra Mundial, houve um rápido crescimento na tributação progressiva e nos gastos com o bem-estar social na maioria dos países capitalistas ricos. Apesar disso (ou, mais exatamente, em parte por causa disso — *ver pp. 301-313*), o período entre 1950 e 1973 presenciou as mais elevadas taxas de crescimento já vistas nesses países, e ficou conhecido como a "Era de Ouro do Capitalismo". Antes da Era de Ouro, a renda *per capita* das economias capitalistas ricas costumava ter um crescimento de 1 a 1,5% ao ano. Durante a Era de Ouro, ela cresceu de 2 a 3% nos Estados Unidos e na Grã-Bretanha, 4-5% na Europa Ocidental e 8% no Japão. Depois disso, esses países nunca mais conseguiram crescer mais do que isso.

Quando o crescimento se desacelerou nas economias capitalistas ricas a partir dos anos 1970, contudo, os defensores do livre mercado tiraram a poeira da sua retórica do século XIX e conseguiram convencer outras pessoas de que a redução na parcela da renda destinada à classe investidora era o motivo da desaceleração. A partir da década de 1980, em muitos desses países (embora não em todos), governos que adotam a redistribuição ascendente da renda têm estado no poder a maior parte do tempo. Até mesmo em alguns supostos partidos de esquerda, como o Novo Partido Trabalhista da Grã-Bretanha liderado por Tony Blair e o Partido Democrata Americano na presidência de Bill Clinton, defenderam abertamente essa estratégia — com o ponto alto tendo tido lugar quando Bill Clinton introduziu a sua reforma do bem-estar social em 1996, declarando que queria "acabar com o bem-estar social da maneira como o conhecemos".

Ao que se constatou, reduzir o estado do bem-estar social se revelou mais difícil do que se imaginara inicialmente (*ver pp. 301-313*). No entanto, o seu crescimento tem sido moderado, apesar da pressão estrutural para o aumento dos gastos com o bem-estar social devido ao envelhecimento da população, o que aumenta a necessidade de pensões, auxílio-invalidez, cuidados com a saúde e outros gastos voltados para os idosos.

O mais importante é que, na maioria dos países, muitas políticas acabaram redistribuindo a renda dos pobres para os ricos. Houve redução tributária para os ricos — os impostos das faixas superiores de renda foram reduzidos. A desregulamentação financeira criou enormes oportunidades para ganhos especulativos bem como para contracheques astronômicos para os alto-executivos e financistas (*ver pp. 34-48 e 314-327*). A desregulamentação em outras áreas também possibilitou que as empresas tivessem lucros maiores, em grande parte porque elas tiveram mais liberdade para explorar os seus poderes de monopólio, poluir mais livremente o meio ambiente e demitir mais rapidamente os trabalhadores. A crescente liberalização do comércio e o aumento do investimento estrangeiro — ou pelo menos a ameaça de que isso acontecesse — também pressionou os salários para baixo. Como resultado, a desigualdade da renda aumentou na maioria dos países ricos. De acordo com o *Relatório sobre o Mundo do Trabalho* da OIT (Organização Internacional do Trabalho) *de 2008*, das vinte economias avançadas para as quais havia informações disponíveis, a desigualdade da renda cresceu em dezesseis países entre 1990 e 2000, e dos quatro restantes, apenas a Suíça experimentou uma queda significativa.[1] Durante esse período, a desigualdade da renda nos Estados Unidos, que já era, de longe, a mais elevada do grupo dos países ricos, subiu para um nível comparável ao de alguns países da América Latina como o Uruguai e a Venezuela. O aumento relativo da desigualdade de renda também foi elevado em países como a Finlândia, a Suécia e a Bélgica, mas esses eram países que anteriormente tinham níveis muito baixos de desigualdade — talvez baixos demais no caso da Finlândia, que tinha uma distribuição de renda mais uniforme do que muitos dos antigos países socialistas.

De acordo com o Economic Policy Institute (EPI), o órgão de pesquisa de centro-esquerda em Washington, DC, entre 1979 e 2006 (o último ano para o qual existem dados disponíveis), as pessoas cujos rendimentos estão incluídos na faixa de 1% mais elevada dos Estados Unidos mais do que duplicaram a sua parcela da renda nacional, indo de 10% para 22,9%. Aquelas cujos rendimentos estão na faixa superior de 0,1% tiveram um desempenho ainda melhor, aumentando a sua participação em mais de três vezes, de 3,5% em 1979 para 11,6% em 2006.[2] Isso aconteceu principalmente por causa do aumento astronômico nos salários dos executivos no país, cuja falta de justificativa está se tornando cada vez mais óbvia nas consequências da crise financeira de 2008 (*ver pp. 206-217*).

A desigualdade da renda subiu nesse mesmo período em 41 do total de 65 países (países em desenvolvimento e países anteriormente socialistas) incluídos na pesquisa da OIT anteriormente mencionada. Embora a proporção de países que tenham experimentado uma crescente desigualdade entre eles tenha sido menor do que nos países ricos, muitos desses países já tinham uma desigualdade muito elevada, de modo que o impacto do aumento da desigualdade foi ainda pior do que nos países ricos.

A água que não goteja

Toda essa redistribuição ascendente da renda poderia ter sido justificada, se tivesse provocado um crescimento acelerado. No entanto, o fato é que o crescimento econômico na realidade desacelerou desde o início da reforma neoliberal pró-ricos na década de 1980. De acordo com dados do Banco Mundial, a economia mundial costumava crescer mais de 3% em termos *per capita* durante os anos 1960 e 1970, ao passo que a partir dos anos 1980 ela passou a crescer a uma taxa de 1,4% ao ano (1980-2009).

Em resumo, desde os anos 1980, demos aos ricos uma fatia maior da nossa torta por acreditar que eles criariam mais riqueza, tornando a torta maior do que seria possível de outra maneira a longo prazo. Os ricos sem dúvida receberam o pedaço maior da torta, mas eles na realidade *reduziram* o ritmo no qual a torta está crescendo.

O problema é que concentrar a renda nas mãos do suposto investidor, seja ele a classe capitalista ou a autoridade planejadora central de Stalin, não conduz a um maior crescimento se o investidor deixar de investir mais. Quando Stalin concentrou a renda na Gosplan, a autoridade planejadora, havia pelo menos a garantia de que a renda concentrada seria transformada em investimento (embora a produtividade do investimento possa ter sido desfavoravelmente afetada por fatores como a dificuldade de planejamento e problemas de incentivo ao trabalho — (*ver pp. 273-286*). As economias capitalistas não têm um mecanismo desse tipo. Na realidade, apesar da crescente desigualdade desde a década de 1980, o investimento como um coeficiente da produção nacional caiu em todas as economias do G7 (Estados Unidos, Japão, Alemanha, Reino Unido, Itália, França e Canadá) e na maioria dos países em desenvolvimento (*ver pp. 34-48 e 85-98*).

Até mesmo quando a redistribuição ascendente da renda cria mais riqueza do que seria possível de outra maneira (o que, repito, *não* aconteceu), não existe nenhuma garantia de que os pobres irão se beneficiar dessas rendas adicionais. A maior prosperidade no topo poderia com o tempo gotejar (*trickle-down*) e beneficiar os pobres, mas essa não é uma conclusão predeterminada.

É claro que o *trickle-down* não é uma ideia completamente idiota. Não podemos avaliar o impacto da redistribuição da renda apenas em função dos seus efeitos imediatos, por mais positivos ou negativos que estes possam parecer. Quando as pessoas ricas têm mais dinheiro, elas podem usá-lo para aumentar o investimento e o crescimento, em cujo caso o efeito a longo prazo da redistribuição da renda poderá ser o crescimento no tamanho absoluto, embora não necessariamente na parcela relativa, da renda que todo mundo recebe.

No entanto, o problema é que o *trickle-down* em geral não acontece com muita frequência se for deixado a cargo do mercado. Por exemplo, uma vez mais, de acordo com o EPI, os 10% superiores da população americana se apossaram de 91% do crescimento da renda entre 1989 e 2006, enquanto o 1% superior se apropriou de 59%. Em contrapartida, em países com um forte estado do bem-estar social é muito mais fácil distribuir os benefícios do crescimento adicional que acompanham a redistribuição ascendente da renda (se ela acontecer) por meio de impostos e transferências. Aliás, antes dos impostos e transferências, a distribuição da renda é na realidade mais desigual na Bélgica e na Alemanha do que nos Estados Unidos, enquanto na Suécia e na Holanda ela é mais ou menos a mesma que nos Estados Unidos.[3] Em outras palavras, precisamos da bomba elétrica do estado do bem-estar social para fazer com que a água que está em cima goteje para baixo (*trickle-down*) em uma quantidade significativa.

Finalmente e igualmente importante, existem muitas razões para acreditar que a redistribuição descendente da renda pode favorecer o crescimento, se for feita da maneira certa na hora certa. Por exemplo, em um período de retração econômica como o de hoje, a melhor maneira de impulsionar a economia é redistribuir a riqueza para baixo, já que as pessoas pobres tendem a gastar uma proporção maior da sua renda. O efeito impulsionador da economia do bilhão de dólares adicional dado aos lares de baixa renda por meio de gastos maiores com o bem-estar social será maior do que se a mesma quantia for dada aos ricos por meio da redução de impostos. Além disso, se os salários não estiverem emperrados nos níveis de subsistência ou abaixo deles, a renda adicional poderá estimular o investimento dos trabalhadores na educação e na saúde, o que poderá elevar a sua produtividade e, portanto, aumentar o crescimento econômico. Além disso, uma maior igualdade de renda poderá promover a paz social ao reduzir as greves industriais e a criminalidade, o que poderá, por sua vez, incentivar o investimento, já que reduz o perigo de distúrbios no processo de produção e, portanto, no processo de geração da riqueza. Muitos acadêmicos acreditam que esse mecanismo estava em ação durante a Era de Ouro do Capitalismo, quando a desigualdade da baixa renda coexistia com um rápido crescimento.

Vemos, portanto, que não há razão para pressupor que a redistribuição ascendente da renda irá acelerar o investimento e o crescimento. Isso não aconteceu de um modo geral. Mesmo quando há mais crescimento, o *trickle-down* que ocorre por intermédio do mecanismo de mercado é muito limitado, como vimos na comparação entre os Estados Unidos e outros países ricos que têm um bom estado do bem-estar social.

O simples fato de tornarmos os ricos mais ricos não faz com que todo mundo fique mais rico. Para que dar mais para os ricos beneficie o resto da sociedade, os ricos terão que *ser obrigados* a fazer um investimento mais elevado e assim promover um maior crescimento por meio de políticas econômicas (p. ex., incentivos fiscais para as pessoas e corporações ricas, condicionados aos investimentos), e depois compartilhar os frutos desse crescimento por meio de um mecanismo como o estado do bem-estar social.

14
Os executivos americanos
são caros demais

O que eles dizem

Algumas pessoas são muito mais bem pagas do que outras. Especialmente nos Estados Unidos, as empresas pagam aos seus alto-executivos quantias que algumas pessoas consideram obscenas. No entanto, isso é exigido pelas forças do mercado. Considerando-se que o acervo de talentos é limitado, simplesmente temos que pagar grandes quantias para atrair os melhores talentos. A partir do ponto de vista de uma corporação gigante com um volume de negócios de bilhões de dólares, decididamente vale a pena pagar milhões de dólares adicionais, ou até mesmo dezenas de milhões de dólares, para conseguir os melhores talentos, já que a capacidade dessas pessoas de tomar melhores decisões do que os seus equivalentes em empresas concorrentes poderá gerar uma receita adicional de centenas de milhões de dólares. Por mais injustos que esses níveis de remuneração possam parecer, não devemos nos envolver em atos de inveja e despeito, e tentar reprimi-los artificialmente. Essas tentativas seriam simplesmente contraproducentes.

O que eles não dizem

Os executivos americanos são excessivamente caros em mais de um sentido. Primeiro, eles são caros demais em comparação com os seus antecessores. Em termos relativos (ou seja, como uma proporção da remuneração do trabalhador médio), os CEOs americanos de hoje recebem cerca de dez vezes mais do que os seus predecessores da década de 1960, apesar do fato de estes últimos administrarem empresas que eram muito mais bem-sucedidas, em termos relativos, do que as empresas americanas de hoje. Os executivos americanos também são caros demais em comparação com os seus equivalentes em outros países ricos. Em termos absolutos, eles recebem, dependendo do critério que utilizarmos e do país com o qual fizermos a comparação, até vinte vezes mais do que os seus concorrentes que administram empresas igualmente grandes e bem-sucedidas. Os dirigentes americanos não apenas são caros demais como também são excessivamente protegidos no sentido que não são punidos pelo mau desempenho. E tudo isso não é, ao contrário do que muitas pessoas argumentam, puramente determinado pelas forças do mercado. A classe empresarial nos Estados Unidos obteve um tal poder econômico, político e ideológico, que tem sido capaz de manipular as forças que determinam a sua remuneração.

A remuneração dos executivos
e a política da inveja de classe

A remuneração do CEO típico (salários, bonificações, pensões e opções de ações) nos Estados Unidos equivale a 300 a 400 vezes a remuneração do trabalhador médio típico (salários e benefícios). Algumas pessoas ficam incrivelmente aborrecidas com isso. Por exemplo, o Sr. Barack Obama, presidente dos Estados Unidos, é frequentemente citado como criticando o que ele considera uma remuneração excessiva dos executivos.

Os economistas que defendem o livre mercado não veem nenhum problema nessa diferença na remuneração. Se os CEOs recebem 300 vezes mais do que o trabalhador típico, dizem eles, deve ser porque eles acrescentam 300 vezes mais valor à empresa. Se uma pessoa não apresentar uma produtividade que justifique a sua elevada remuneração, as forças do mercado logo entrarão em ação para garantir que ela seja demitida (*ver pp. 49-58*). As pessoas que questionam a remuneração dos executivos, como o Sr. Obama, são populistas envolvidos na política da inveja de classe. Se aqueles que são menos produtivos não aceitarem, argumentam eles, que as pessoas precisam ser pagas de acordo com a sua produtividade, o capitalismo não poderá funcionar adequadamente.

Poderíamos quase acreditar nos argumentos que acabam de ser expostos, se fizéssemos uma pequena concessão: ignorássemos os fatos.

Não estou pondo em dúvida que algumas pessoas são mais produtivas do que outras e que precisam ganhar mais, às vezes bem mais (embora não devam ficar convencidas demais por causa disso — *ver pp. 49-58*). A verdadeira questão é se o atual grau de diferença é justificado.

No entanto, é muito difícil totalizar a remuneração dos executivos. Para começar, a divulgação dessa remuneração não é muito boa em um grande número de países. Quando examinamos a remuneração como um todo, em vez de apenas os salários, precisamos incluir as opções de ações. Elas dão ao beneficiário o direito de comprar um certo número de ações da empresa no futuro, de modo que elas não têm um valor exato no presente e esse valor precisa ser estimado. Dependendo da metodologia utilizada para a estimativa, a avaliação pode variar muito.

Como foi mencionado anteriormente, tendo em mente essas limitações, a razão entre a remuneração do CEO e a do trabalhador típico nos Estados Unidos situava-se em torno de 30 a 40 para 1 nas décadas de 1960 e 1970. Essa razão aumentou rapidamente a partir da década de 1980, alcançando mais ou menos 100 para 1 no início da década de 1990 e subindo para 300 a 400 para 1 na década de 2000. Compare isso com as mudanças no que os trabalhadores americanos recebem. Segundo o Economic Policy Institute (EPI), o órgão de pesquisa de centro-esquerda estabelecido em Washington, o salário médio horário dos trabalhadores americanos em dólares de 2007 (ou seja, ajustado pela inflação) subiu de 18,90 dólares em 1973 para 21,34 dólares em 2006. É um aumento de 13% em 33 anos, o que equivale mais ou menos a um crescimento 0,4% ao ano.[1] O quadro é ainda mais sombrio quando examinamos a remuneração como um todo (salários mais benefícios) e não apenas os salários. Mesmo que consideremos apenas os períodos de recuperação (levando-se em conta que a remuneração dos trabalhadores cai durante as recessões), a remuneração do trabalhador típico subiu a uma taxa de 0,2% ao ano entre 1983 e 1989, à taxa de 0,1% ao ano entre 1992 e 2000, e simplesmente não cresceu entre 2002 e 2007.[2]

Em outras palavras, a remuneração dos trabalhadores nos Estados Unidos está praticamente estagnada desde meados dos anos 1970. É claro que isso não quer dizer que os americanos não tenham presenciado nenhum aumento nos padrões de vida desde a década de 1970. A renda familiar, em contraste com a remuneração do trabalhador individual, aumentou, mas isso só aconteceu porque cada vez mais os dois parceiros trabalham na família.

Ora, se acreditássemos na lógica do livre mercado de que as pessoas são pagas de acordo com a sua contribuição, o aumento na remuneração relativa dos CEOs de 30 a 40 vezes a do trabalhador típico (a qual não mudou muito) para 300 a 400 vezes deve significar que os CEOs americanos se tornaram 10 vezes mais produtivos (em termos relativos) do que o eram nas décadas de 1960 e 1970. Isso é verdade?

A qualidade média dos executivos americanos deve ter aumentado devido a uma melhor instrução e treinamento, mas é realmente plausível que eles sejam dez vezes melhores do que os seus equivalentes eram há uma geração? Mesmo se examinarmos apenas os últimos vinte anos, período no qual venho lecionando em Cambridge, sinceramente duvido que os estudantes americanos que recebemos (que são possíveis futuros CEOs) sejam de três a quatro vezes melhores hoje do que quando comecei a lecionar no início dos anos 1990. Mas esse deveria ser o caso, se a remuneração do CEO americano tivesse aumentado em termos relativos apenas por causa da crescente qualidade dos CEOs: durante esse período, a remuneração do CEO típico nos Estados Unidos aumentou de 100 vezes a remuneração do trabalhador típico para 300 a 400 vezes.

Uma explicação comum para esse recente aumento na remuneração relativa é que as empresas ficaram maiores e, portanto, a diferença que o CEO pode fazer tornou-se maior. Segundo um exemplo popular usado pelo Professor Robert H. Frank, da Cornell University, na sua amplamente citada coluna no *The New York Times*, se uma empresa tem uma receita de 10 bilhões de dólares, algumas decisões melhores tomadas por um CEO mais competente poderá facilmente aumentar a receita da empresa em 30 milhões de dólares.[3] Portanto, diz a mensagem implícita, o que são 5 milhões adicionais para o CEO, se ele tiver conseguido 30 milhões a mais para a empresa? Esse argumento encerra uma certa lógica, mas se o tamanho crescente da empresa é a principal explicação para a inflação do pagamento do CEO, por que isso aconteceu de repente na década de 1980, já que o tamanho das empresas americanas vem crescendo o tempo todo?

Além disso, o mesmo argumento deveria se aplicar aos trabalhadores, pelo menos até certo ponto. As modernas corporações atuam baseadas em complexas divisões de trabalho e cooperação, de modo que a perspectiva de que o que o CEO faz é a única coisa que importa para o desempenho da empresa é altamente capciosa (*ver pp. 49-58 e 218-231*). As empresas ficam maiores, o potencial de que os trabalhadores beneficiem ou prejudiquem a empresa também aumenta, de modo que torna-se cada vez mais importante contratar trabalhadores mais competentes. Se esse não fosse o caso, por que as empresas se dariam ao trabalho de ter departamentos de recursos humanos?

Além do mais, se a crescente importância das decisões da alta administração é a principal razão para a inflação do salário do CEO, por que os CEOs no Japão e na Europa que administram empresas igualmente grandes recebem apenas uma fração da remuneração dos CEOs americanos? De acordo com o EPI, em dados de 2005, os CEOs suíços e alemães estavam recebendo, respectivamente, 64% e 55% do que os seus equivalentes americanos recebiam. Os suíços e os holandeses estavam recebendo em torno de 44% e 40% da remuneração dos CEOs americanos; os CEOs japoneses apenas irrisórios 25%. A remuneração média do

CEO em treze países ricos era de apenas 44% do nível do CEO americano.[4]

Na realidade, os números que acabam de ser apresentados atenuam enormemente as diferenças internacionais na remuneração dos CEOs já que não incluem as opções de ações, que tendem a ser muito mais elevadas nos Estados Unidos do que em outros países. Outros dados do EPI indicam que, nos Estados Unidos, a remuneração dos CEOs, incluindo as opções de ações, podem facilmente ser de três a quatro vezes, e possivelmente de cinco a seis vezes, a sua remuneração sem as opções de ações, embora seja difícil determinar exatamente a magnitude envolvida. Isso significa que, se incluirmos as opções de ações, a remuneração dos CEOs japoneses (que inclui apenas um pequeno componente de opção de ações, quando inclui) poderia ser de apenas 5%, em vez de 25%, da remuneração dos CEOs americanos.

Ora, se os CEOs americanos valem algo entre duas vezes (quando comparados com os CEOs suíços, excluindo as opções de ações) e vinte vezes (quando comparados com os CEOs japoneses, incluindo as opções de ações), os seus equivalentes no exterior, como se explica que as empresas que eles administram vêm perdendo terreno para as suas rivais japonesas e europeias em muitas indústrias?

Você poderia aventar que os CEOs japoneses e europeus podem trabalhar recebendo uma remuneração absoluta muito menor do que a dos CEOs americanos porque os níveis salariais gerais dos seus países são mais baixos. No entanto, os salários no Japão e nos países europeus estão basicamente nos mesmos níveis dos salários americanos. A remuneração do trabalhador típico nos treze países pesquisados pelo EPI foi de 85% da remuneração do trabalhador americano em 2005. Os trabalhadores japoneses recebem o equivalente a 91% dos salários americanos, mas os seus CEOs recebem apenas 25% do que os CEOs americanos recebem (excluindo-se as opções de ações). Os trabalhadores suíços e os alemães recebem salários *mais elevados* do que os trabalhadores americanos (130% e 106% do salário dos Estados Unidos, respectivamente), enquanto os seus CEOs recebem apenas 55% e 64% dos salários dos Estados Unidos (uma vez mais, excluindo-se as opções de ações, que são muito mais elevadas nos Estados Unidos).[5] Vimos, portanto, que os dirigentes americanos são caros demais. Os trabalhadores americanos recebem apenas cerca de 15% mais do que os seus equivalentes em nações concorrentes, ao passo que os CEOs americanos recebem pelo menos o dobro (em comparação com os dirigentes suíços, excluindo-se as opções de ações) e possivelmente até vinte vezes (em comparação com os dirigentes japoneses, incluindo as opções de ações) do que os seus equivalentes em países comparáveis recebem. Apesar disso, os CEOs americanos estão dirigindo empresas que não são melhores, e que frequentemente são piores, do que as suas concorrentes japonesas e europeias.

Se der cara eu ganho,
se der coroa você perde

Nos Estados Unidos (e no Reino Unido, que tem o segundo maior coeficiente CEO-trabalhador depois dos Estados Unidos), os pacotes salariais dos alto-executivos são tendenciosos. Além de receber uma remuneração excessiva, esses dirigentes não são punidos quando praticam uma má gestão. O máximo que costuma acontecer a eles é serem expulsos do cargo, mas isso quase sempre é acompanhado de um gordo cheque de indenização por afastamento. Às vezes, o CEO expulso recebe ainda mais do que consta no contrato. De acordo com dois economistas, Bebchuk e Fried, "quando Jill Barad, CEO da Mattel, pediu demissão por estar sofrendo pesadas críticas [em 2000], o conselho perdoou um empréstimo que ela tinha tomado de 4,2 milhões de dólares, deu a ela mais 3,3 milhões de dólares em dinheiro para cobrir as taxas do perdão de outro empréstimo e permitiu que as suas opções não exercíveis se tornassem automaticamente exercíveis. Esses benefícios sem fundamento foram uma adição aos consideráveis benefícios que ela recebeu em cumprimento do seu contrato de trabalho, que incluía uma indenização por rescisão de 26,4 milhões de dólares e um fluxo de benefícios de aposentadoria que excedia 700 mil dólares por ano".[6]

Devemos nos importar com isso? Na verdade não, argumentariam os economistas que defendem o livre mercado. Se algumas empresas são idiotas o bastante para pagar benefícios sem fundamento para CEOs incompetentes, diriam eles, que o façam. Elas serão superadas por concorrentes mais competentes e durões que não praticam esses absurdos. Desse modo, embora haja alguns planos salariais deficientemente projetados, com o tempo eles serão eliminados por meio das pressões competitivas do mercado.

Isso parece plausível. O processo competitivo funciona para eliminar práticas ineficazes, sejam elas tecnologias têxteis obsoletas ou planos salariais tendenciosos de executivos. E o fato de as empresas americanas e britânicas estarem perdendo para empresas estrangeiras, as quais, de um modo geral, têm melhores incentivos de gestão, é uma prova disso.

No entanto, será preciso um longo tempo para que esse processo elimine práticas erradas de remuneração de executivos (afinal de contas, isso vem acontecendo há décadas). Antes da recente falência da GM, as pessoas já sabiam pelo menos havia três décadas que a empresa estava em declínio, mas ninguém fez nada para impedir que a alta direção recebesse pacotes salariais mais adequados aos seus predecessores de meados do século XX, quando a empresa dominava o mercado mundial de uma maneira absoluta (*ver pp. 261-272*).

Apesar disso, pouco é feito para refrear os pacotes salariais excessivos e tendenciosos (no sentido que as falhas dificilmente são punidas) dos executivos porque as classes empresariais nos Estados Unidos e na Grã-Bretanha se tornaram extremamente poderosas, em grande parte devido aos gordos contracheques que eles vêm recebendo nas últimas décadas. Os executivos passaram a controlar a sala da diretoria, por meio de uma gestão entrosada e da manipulação das informações que fornecem aos diretores independentes, e por causa disso poucos diretores questionam o nível e a estrutura da remuneração dos executivos determinados pelo CEO. Os pagamentos de dividendos elevados e em ascensão também mantêm os acionistas felizes (*ver pp. 34-48*). Ao flexionar o seu músculo econômico, as classes empresariais alcançaram uma enorme influência sobre a esfera política, inclusive sobre os partidos supostamente de centro-esquerda como o Novo Partido Trabalhista britânico e o Partido Democrata americano. Especialmente nos Estados Unidos, muitos CEOs do setor privado acabam administrando departamentos do governo. O mais importante é que eles têm usado a sua influência econômica e política para difundir a ideologia do livre mercado que diz que aquilo que existe precisa estar presente porque é o mais eficiente.

O poder dessa classe empresarial tem sido incisivamente demonstrado nas consequências da crise financeira de 2008.

Quando os governos dos Estados Unidos e da Grã-Bretanha injetaram quantias astronômicas do dinheiro dos contribuintes em instituições financeiras que estavam em dificuldades no outono de 2008, poucos dirigentes responsáveis pelo fracasso das suas instituições foram punidos. De fato, um pequeno número de CEOs perdeu o emprego, mas poucos dos que permaneceram no cargo tiveram uma redução substancial de salário, e tem havido uma enorme, e eficaz, resistência às tentativas do Congresso dos Estados Unidos de estabelecer um limite na remuneração dos dirigentes das instituições financeiras que estão recebendo dinheiro dos contribuintes. O governo britânico se recusou a fazer qualquer coisa a respeito do pagamento de pensões no valor de 15 a 20 milhões de libras (o que lhe dá uma renda anual em torno de 700 mil libras) ao execrado ex-chefe do RBS (Royal Bank of Scotland), Sir Fred Goodwin, embora a intensa publicidade negativa o tenha obrigado posteriormente a devolver 4 milhões de libras. O fato de os contribuintes britânicos e americanos, que se tornaram os acionistas das instituições financeiras resgatadas, não poderem nem mesmo punir aqueles que são hoje seus funcionários, por apresentarem um mau desempenho, e obrigá-los a aceitar um plano salarial mais eficiente demonstra o grau de poder que a classe empresarial possui hoje nesses países.

Os mercados eliminam as práticas ineficazes, mas somente quando ninguém tem poder suficiente para manipulá-las. Além disso, mesmo que elas sejam eliminadas com o tempo, os pacotes salariais unilaterais impõem enormes custos ao restante da economia enquanto duram. Os trabalhadores têm que ser constantemente espremidos por meio da pressão para baixo nos salários, da substituição de funcionários assalariados por uma mão de obra temporária e do permanente *downsizing*, para que os dirigentes possam gerar uma quantidade suficiente de lucros adicionais que possam ser distribuídos para os acionistas de maneira a impedir que eles criem caso com a elevada remuneração dos executivos (para mais detalhes sobre este assunto, *ver pp. 34-48*). A necessidade de maximizar os dividendos para manter os acionistas quietos faz com que os investimentos sejam minimizados, o que enfraquece a capacidade produtiva da empresa a longo prazo. Quando aliado a uma remuneração excessiva dos dirigentes, isso coloca as empresas americanas e britânicas em desvantagem na concorrência internacional, o que, com o tempo, acaba custando o emprego aos trabalhadores. Finalmente, quando as coisas dão errado em uma grande escala, como na crise financeira de 2008, os contribuintes são obrigados a resgatar as empresas que estão em dificuldades, enquanto os dirigentes responsáveis pelo insucesso conseguem escapar praticamente incólumes.

Com as classes empresariais nos Estados Unidos e, em menor grau, na Grã-Bretanha, possuindo um tal poder econômico, político e ideológico a ponto de ser capazes de manipular o mercado e repassar as consequências negativas das suas ações para outras pessoas, é uma ilusão pensar que a remuneração dos executivos é algo cujos níveis e estruturas ideais serão, e devem ser, determinados pelo mercado.

15
As pessoas nos países pobres
são mais empreendedoras
do que as pessoas nos países ricos

O que eles dizem

O empreendedorismo encontra-se na essência do dinamismo econômico. A não ser que haja pessoas empreendedoras que busquem novas oportunidades lucrativas gerando novos produtos e atendendo a uma demanda não satisfeita, a economia não poderá se desenvolver. Na realidade, uma das razões por trás da ausência de dinamismo econômico em vários países, da França a todos os estados no mundo em desenvolvimento, é a falta de empreendedorismo. A não ser que todas as pessoas que ficam sem fazer nada nos países pobres mudem de atitude e busquem ativamente oportunidades lucrativas, o país delas não vai se desenvolver.

O que eles não dizem

As pessoas que vivem nos países pobres precisam ser empreendedoras mesmo que apenas para sobreviver. Para cada pessoa ociosa em um país em desenvolvimento, você tem duas ou três crianças engraxando sapatos e quatro ou cinco pessoas vendendo mercadorias na rua. O que torna pobres os países pobres não é a ausência de uma energia empreendedora no nível pessoal, e sim a ausência de tecnologias produtivas e organizações sociais desenvolvidas, especialmente empresas modernas. Os problemas cada vez mais evidentes do microcrédito — empréstimos bem pequenos feitos às pessoas pobres nos países em desenvolvimento com o objetivo declarado de ajudá-las a montar um negócio — mostram as limitações do empreendedorismo individual. Especialmente no último século, o empreendedorismo se tornou uma atividade coletiva, de modo que a pobreza da organização coletiva se tornou um obstáculo ainda maior ao desenvolvimento econômico, e não a mentalidade empreendedora deficiente das pessoas.

O problema dos franceses...

George W. Bush, o ex-presidente dos Estados Unidos, supostamente teria se queixado de que o problema dos franceses é o fato de eles não terem uma palavra para empreendedorismo no idioma deles. O francês dele talvez não fosse satisfatório, mas o Sr. Bush estava expressando um preconceito relativamente comum dos anglo-americanos contra os franceses, que consideram a França como um país pouco dinâmico e retrógrado repleto de trabalhadores preguiçosos, pretensiosos intelectuais de esquerda, burocratas intrometidos e, finalmente e igualmente importante, garçons empolados.

Quer ou não a concepção do Sr. Bush a respeito da França esteja certa (falarei mais sobre isso mais à frente, e *ver pp. 149-160*), a perspectiva por trás dessa declaração é amplamente aceita — precisamos de pessoas empreendedoras para ter uma economia bem-sucedida. De acordo com esse ponto de vista, a pobreza dos países em desenvolvimento também é atribuída à falta de empreendedorismo existente nesses países. Olhe só para todos esses homens sentados, sem fazer nada, tomando a sua décima primeira xícara de chá de hortelã do dia, comentam as pessoas dos países ricos ao observar os países pobres; esses países realmente precisam de pessoas mais ativas e dinâmicas a fim de sair da situação de pobreza.

No entanto, qualquer pessoa que tenha vindo de um país pobre, ou tenha vivido em um deles durante algum tempo, sabe que eles fervilham de pessoas empreendedoras. Nas ruas dos países pobres, você encontra homens, mulheres e crianças de todas as idades vendendo tudo o que é possível imaginar, além de coisas que você nem mesmo sabia que poderiam ser compradas. Em muitos países pobres, você pode comprar um lugar na fila para a seção de vistos da embaixada americana (que é vendido para você por profissionais que administram o serviço das filas), o serviço para que "tomem conta do seu carro" (o que quer dizer "impedir que o seu carro seja danificado") nos locais de estacionamento, o direito de montar uma barraca de comida em uma esquina específica (talvez vendido pelo corrupto chefe de polícia da localidade) ou até mesmo um ponto onde você possa mendigar (vendido pelos gangsteres do local). Tudo isso é produto da engenhosidade e do empreendedorismo humanos.

Em contrapartida, a maioria dos cidadãos dos países ricos não chegou nem perto de se tornar empreendedores. Quase todos trabalham para uma empresa, algumas das quais com dezenas de milhares de funcionários, em funções altamente especializadas e executando tarefas extremamente específicas. Embora alguns deles sonhem em montar um negócio e se "tornar o meu próprio chefe", ou pelo menos falem distraidamente sobre isso, poucos colocam a ideia em prática por ela ser uma coisa difícil e arriscada. Em decorrência disso, quase todas as pessoas nos países ricos passam a vida profissional implementando a visão empreendedora de outra pessoa, e não a delas.

A conclusão é que as pessoas são muito mais empreendedoras nos países em desenvolvimento do que nos países desenvolvidos. De acordo com um estudo da OCDE, na maioria dos países em desenvolvimento de 30 a 50% da força de trabalho não agrícola trabalha por conta própria (o percentual tende a ser ainda maior na agricultura). Em alguns dos países mais pobres, a proporção de pessoas que trabalham como empresários individuais pode ser bem mais elevada: 66,9% em Gana, 75,4% em Bangladesh e espantosos 88,7% em Benin.[1] Em contrapartida, apenas 12,8% da força de trabalho não agrícola nos países desenvolvidos trabalha por conta própria. Em alguns países, a relação não atinge nem mesmo um em dez: 6,7% na Noruega, 7,5% nos Estados Unidos e 8,6% na França (ao que se revelou, a queixa do Sr. Bush sobre os franceses foi um caso clássico da pessoa que "tem teto de vidro e atira pedra no teto do vizinho"). Desse modo, mesmo excluindo os agricultores (o que tornaria a proporção ainda mais elevada), a chance de uma pessoa típica em um país em desenvolvimento ser um empresário é mais do que duas vezes maior do que a daquela que vive em um país desenvolvido (30% *versus* 12,8%). A diferença é de 10 vezes, se compararmos Bangladesh com os Estados Unidos (7,5% *versus* 75,4%). E no caso mais extremo, a chance de alguém em Benin ser um empresário é treze vezes maior do que a chance equivalente de um norueguês fazer o mesmo (88,7% *versus* 6,7%), o que é uma diferença colossal.

Além disso, mesmo as pessoas que têm um negócio próprio nos países ricos não precisam ser tão empreendedoras quanto os seus equivalentes nos países pobres. No caso dos empresários dos países pobres, as coisas dão errado o tempo todo. Cortes de energia atrapalham a agenda da produção. A alfândega não libera as peças sobressalentes necessárias para que uma máquina seja consertada, o que já tinha sofrido um atraso devido à autorização para comprar dólares americanos. Os insumos não são entregues na hora certa, e o caminhão de entrega enguiçou de novo — uma vez mais — por causa de buracos na estrada. E os insignificantes funcionários públicos locais modificam, e até mesmo inventam, regras o tempo todo a fim de obter propinas. Lidar com esses obstáculos exige um pensamento rápido e a capacidade de improvisar. Um empresário americano típico não sobreviveria uma semana na presença desses problemas, se tivesse que administrar uma pequena empresa em Maputo ou Phnom Penh.

Portanto, estamos diante de um aparente enigma. Em comparação com os países ricos, temos um número bem maior de pessoas nos países em desenvolvimento (do ponto de vista proporcional) envolvidas em atividades empreendedoras. Além disso, as suas habilidades empreendedoras são postas à prova com muito mais frequência e rigor do que as dos seus equivalentes nos países ricos. Como é possível então que esses países mais empreendedores sejam os mais pobres?

Grandes expectativas — as microfinanças entram em cena

É claro que a energia empreendedora aparentemente ilimitada das pessoas pobres nos países pobres não passou despercebida. Existe uma visão cada vez mais influente de que a máquina do desenvolvimento para os países pobres deveria ser o chamado "setor informal", formado por pequenos negócios que não estão registrados no governo.

222

O argumento é que as pessoas empreendedoras no setor informal têm dificuldade não porque careçam da visão e das habilidades necessárias, mas porque não conseguem obter o dinheiro para concretizar as suas visões. Os bancos regulares as discriminam, ao passo que os agiotas locais cobram taxas de juros proibitivas. Se elas receberem um pequeno crédito (conhecido como "microcrédito") a uma taxa de juros razoável para que possam montar uma barraca de comida, comprar um telefone celular para alugar para terceiros, comprar algumas galinhas para vender os ovos, elas conseguirão deixar de ser pobres. Com esses pequenos empreendimentos formando o grosso da economia do país em desenvolvimento, o sucesso deles se traduziria em um desenvolvimento econômico generalizado.

A invenção do microcrédito é comumente atribuída a Muhammad Yunus, o professor de economia que tem sido a face pública da indústria do microcrédito desde que ele fundou o pioneiro Grameen Bank em Bangladesh, o seu país natal, em 1983, embora tivessem havido anteriormente tentativas semelhantes. Apesar de conceder empréstimos a pessoas pobres, especialmente a mulheres pobres, que eram tradicionalmente consideradas casos de alto risco, o Grameen Bank ostentou um elevado coeficiente de liquidação de dívidas (95% ou mais), demonstrando que os pobres são altamente lucrativos. Já no início da década de 1990, foi constatado o sucesso do Grameen Bank, e de alguns outros bancos semelhantes em países como a Bolívia, e a ideia do microcrédito — ou, de uma maneira mais ampla, das microfinanças, o que inclui a poupança e o seguro, e não apenas o crédito — se espalhou rapidamente.

A receita parece perfeita. O microcrédito possibilita que os pobres saiam da situação de pobreza por meio do seu próprio esforço, proporcionando-lhes os meios financeiros para que realizem o seu potencial empreendedor. Durante esse processo, eles adquirem independência e autorrespeito, já que não se apoiam mais nos donativos do governo e dos organismos internacionais de ajuda externa. As mulheres pobres são particularmente fortalecidas pelo microcrédito, já que ele confere a elas a capacidade de ter uma renda própria e portanto melhorar a sua posição de barganha *vis-à-vis* com os seus parceiros do sexo masculino. Sem precisar financiar os pobres, o governo sofre menos pressão no seu orçamento. Naturalmente, a riqueza criada nesse processo torna mais rica a economia como um todo, e não apenas os empresários do setor informal. Considerando-se tudo isso, é compreensível que o Professor Yunus acredite que, com a ajuda das microfinanças, possamos criar "um mundo livre da pobreza [no qual o] único lugar em que veremos a pobreza será no museu".

Em meados da década de 2000, a popularidade das microfinanças alcançou um nível de exaltação febril. As Nações Unidas chamaram o ano de 2005 de Ano Internacional do Microcrédito, que recebeu a aprovação da realeza, como a da Rainha Rania da Jordânia, e também de celebridades, como as atrizes Natalie Portman e Aishwarya Rai. A ascendência das microfinanças atingiu o auge em 2006, quando o Prêmio Nobel da Paz foi concedido em conjunto ao Professor Yunus e ao seu Grameen Bank.

A grande ilusão

Lamentavelmente, a "badalação" em torno das microfinanças é, bem, apenas isso — badalação. As críticas às microfinanças estão aumentando, até mesmo da parte dos seus primeiros "sacerdotes". Por exemplo, em um recente trabalho em colaboração com

David Roodman, Jonathan Morduch, antigo defensor das microfinanças, confessa que "surpreendentemente, trinta anos depois da criação do movimento das microfinanças, temos poucas evidências concretas de que ela melhore a vida dos clientes de uma maneira mensurável".[2] Os problemas são numerosos demais para ser relacionados aqui; quem estiver interessado pode ler o fascinante livro de Milford Bateman publicado recentemente, *Why Doesn't Microfinance Work?*[3] No entanto, os mais relevantes para a nossa análise são os que se seguem.

A indústria das microfinanças sempre alardeou que as suas operações permanecem lucrativas sem subsídios do governo ou contribuições de doadores internacionais, exceto talvez na fase inicial de desenvolvimento. Alguns usaram isso como uma evidência de que os pobres são tão capazes quanto qualquer outra pessoa de atuar no mercado, desde que tenham essa possibilidade. No entanto, acontece que, sem subsídios dos governos ou de doadores internacionais, as instituições de microfinanças precisam cobrar, e vêm cobrando, taxas quase iguais às dos agiotas. Foi revelado que o Grameen Bank pôde cobrar inicialmente taxas de juros razoáveis apenas por causa dos subsídios que estava recebendo do governo de Bangladesh e de doadores internacionais (fato que foi abafado). Se não forem subsidiadas, as instituições de microfinanças precisam cobrar taxas de juros de, tipicamente, 40 a 50% ao ano pelos seus empréstimos, com as taxas atingindo patamares de 80 a 100% em países como o México. Quando, no final da década de 1990, o Grameen Bank sofreu uma grande pressão para abrir mão dos subsídios, ele teve que se relançar (em 2001) e começar a cobrar taxas de juros de 40 a 50%.

Com taxas de juros que chegam a 100%, poucos negócios podem lucrar o bastante para pagar os empréstimos, de modo que quase todos os empréstimos feitos pelas instituições de microfinanças (em alguns casos quase 90% deles) foram usados com a finalidade de *consumption smoothing* — pessoas tomando empréstimos para pagar o casamento da filha ou compensar uma queda temporária da renda devido à doença de um membro da família que trabalha. Em outras palavras, a maior parte do microcrédito *não* é usada para alimentar o empreendedorismo dos pobres, a suposta meta da prática, e sim para financiar o consumo.

O mais importante é que nem mesmo a pequena parte do microcrédito que é direcionada para atividades comerciais não está tirando as pessoas da pobreza. A princípio, isso parece inexplicável. Os pobres que aceitam o microcrédito sabem o que estão fazendo. Ao contrário dos seus equivalentes nos países ricos, a maioria deles já administrou algum tipo de negócio. As suas habilidades comerciais foram extremamente aprimoradas pelo desespero de sobreviver e pelo desejo de deixar de ser pobres. Eles precisam gerar lucros muito elevados porque têm que pagar a taxa de juros do mercado. O que então está saindo errado? Por que todas essas pessoas — altamente motivadas, possuidoras de relevantes habilidades e fortemente pressionadas pelo mercado — estão fazendo um esforço tão grande nos seus empreendimentos comerciais e produzindo resultados tão escassos?

Quando uma instituição de microfinanças começa a operar em uma localidade, o primeiro grupo de clientes poderá presenciar um aumento na sua renda, às vezes substancial. Por exemplo, em 1997, quando o Grameen Bank se associou à Telenor, a companhia telefônica norueguesa, e concedeu microempréstimos às mulheres para que comprassem um telefone celular e o alugassem para as pessoas da sua aldeia, essas "damas do telefone" obtiveram lucros consideráveis — de 750 a 1.200 dólares por ano em um país cuja renda *per capita* média estava em torno de 300 dólares. No entanto, com o tempo, os negócios financiados pelo microcrédito ficaram apinhados e os lucros começaram a cair. Voltando ao caso do telefone do Grameen; em 2005, as damas do telefone eram tão numerosas que estimava-se que a renda delas fosse de apenas 70 dólares por ano, embora a renda média anual tivesse subido para mais de 450 dólares. Esse problema é conhecido como a "falácia da composição" — o fato de algumas pessoas conseguirem ter sucesso com um negócio particular não quer dizer que todo mundo consiga ser bem-sucedido.

É claro que esse problema não existiria se novas linhas de negócios pudessem ser constantemente desenvolvidas — se uma linha de atividade se torna não lucrativa, por exemplo, simplesmente abrimos outra. Se, por exemplo, alugar telefones se torna menos lucrativo, você poderia manter o seu nível de renda fabricando telefones celulares ou programando o software de jogos para telefones celulares. Obviamente você deve ter percebido o absurdo dessas sugestões; as damas do telefone de Bangladesh simplesmente não têm os recursos para entrar no ramo de fabricação de telefones ou do *design* de software. O problema é que existe apenas um leque limitado de atividades (simples) às quais os pobres dos países em desenvolvimento podem se dedicar, devido às suas habilidades limitadas, à pequena variedade de tecnologias disponíveis e à reduzida quantidade de financiamento que eles podem mobilizar por meio das microfinanças. Portanto, você, um pecuarista croata, que comprou mais uma vaca leiteira por intermédio do microcrédito, continua apenas a vender leite enquanto observa o preço do leite despencar no mercado de leite local por causa dos trezentos outros pecuaristas como você que também estão vendendo uma maior quantidade de leite, porque se tornar um exportador de manteiga para a Alemanha ou de queijo para a Grã-Bretanha simplesmente não é possível com a tecnologia, a capacidade organizacional e o capital que você tem.

Não existem mais heróis

A nossa discussão até aqui mostra que o que torna pobres os países pobres não é a falta de uma energia empreendedora individual, o que eles têm na verdade em abundância. A questão é que o que realmente torna ricos os países ricos é a capacidade deles de canalizar a energia empreendedora individual para o empreendedorismo coletivo.

Extremamente influenciada pelo folclore capitalista, com personagens como Thomas Edison e Bill Gates, bem como pelo trabalho pioneiro de Joseph Schumpeter, o professor austríaco de economia de Harvard, a nossa visão do empreendedorismo é excessivamente afetada pela perspectiva individualista; o empreendedorismo é o que fazem essas pessoas heroicas com uma visão e determinação excepcionais. Por extensão, acreditamos que qualquer pessoa, desde que se esforce bastante, pode ter êxito nos negócios. No entanto, mesmo que um dia possa ter sido verdadeira, essa visão individualista do empreendedorismo está se tornando cada vez mais obsoleta. No decurso do desenvolvimento capitalista, o empreendedorismo tornou-se um empreendimento cada vez mais coletivo.

Para começar, até mesmo indivíduos excepcionais como Edison e Gates só alcançaram êxito porque estavam respaldados por várias instituições coletivas (*ver pp. 49-58*): toda a infraestrutura científica que possibilitou que eles adquirissem o seu conhecimento e que também fizessem experiências com ele; as leis empresariais e outras leis comerciais que tornaram possível que eles subsequentemente criassem empresas com grandes e complexas organizações; o sistema educacional que forneceu cientistas, engenheiros, administradores e trabalhadores altamente treinados que compunham a mão de obra dessas companhias; o sistema financeiro que possibilitou que eles levantassem um grande capital quando desejaram se expandir; as leis de patente e de direitos autorais que protegeram as suas invenções; o mercado facilmente acessível para os seus produtos e assim por diante.

Além disso, nos países ricos, os empreendimentos cooperam muito mais entre si do que o fazem os seus equivalentes nos países pobres, mesmo quando atuam em indústrias semelhantes. Por exemplo, os setores de laticínios em países como a Dinamarca, a Holanda e a Alemanha se tornaram o que são hoje apenas porque os seus pecuaristas se organizaram em cooperativas, com a ajuda do Estado, e investiram em conjunto em recursos de processamento (p. ex., máquinas de fazer creme) e no mercado internacional. Em contrapartida, os setores de laticínios dos países dos Bálcãs não conseguiram se desenvolver apesar de uma grande quantidade de microcrédito ter sido canalizada para eles, porque todos os seus pecuaristas leiteiros tentaram fazer tudo sozinhos. Em outro exemplo, muitas pequenas firmas na Itália e na Alemanha investiram conjuntamente em P&D, e também no marketing de exportação, coisas que estão além dos seus recursos individuais, por meio de associações industriais (auxiliadas por subsídios do governo), ao passo que as típicas firmas dos países em desenvolvimento não investem nessas áreas porque elas não possuem esse mecanismo coletivo.

Mesmo no nível da empresa, o empreendedorismo se tornou altamente coletivo nos países ricos. Hoje, poucas companhias são dirigidas por visionários carismáticos como Edison ou Gates, e sim por gestores profissionais. Ao escrever em meados do século XX, Schumpeter já estava consciente dessa tendência, embora não estivesse nem um pouco satisfeito com relação a ela. Ele observou que a crescente escala das modernas tecnologias estava tornando cada vez mais impossível que uma grande empresa fosse fundada e administrada por um empresário visionário individual. Schumpeter previu que a substituição dos empresários heroicos por aqueles que ele chamava de "tipos executivos" sugaria o dinamismo do capitalismo, provocando, com o tempo, o seu fim (*ver pp. 34-48*). Schumpeter se revelou errado nesse aspecto. Ao longo do último século, o empresário heroico se tornou cada vez mais uma raridade e o processo da inovação de produtos, processos e marketing — os elementos-chave do empreendedorismo de Schumpeter — assumiu uma natureza cada vez mais "coletivista". No entanto, apesar disso, a economia mundial cresceu muito mais rápido a partir da Segunda Guerra Mundial, em comparação com o período que antecedeu a ela. No caso do Japão, as empresas até mesmo desenvolveram mecanismos institucionais para tirar partido da criatividade de até mesmo dos mais humildes trabalhadores da linha de produção. Muitos atribuem o sucesso das empresas japonesas, pelo menos em parte, a essa característica (*ver pp. 72-84*).

Se o empreendedorismo eficaz um dia foi uma coisa puramente individual, ele já deixou de sê-lo pelo menos durante o último século. A capacidade coletiva de construir e administrar organizações e instituições eficazes é hoje muito mais importante do que os impulsos ou até mesmo dos talentos dos membros individuais de uma nação na determinação da sua prosperidade (*ver pp. 246-260*). A não ser que rejeitemos o mito dos empresários heroicos individuais e os ajudemos a construir instituições e organizações de empreendedorismo coletivo, nunca veremos os países pobres sair da pobreza de uma forma sustentável.

16
Não somos inteligentes
o bastante para deixar que
o mercado cuide das coisas

O que eles dizem

Devemos deixar os mercados sozinhos, porque, basicamente, os participantes do mercado sabem o que estão fazendo — ou seja, eles são racionais. Como as pessoas (e as empresas como ajuntamentos de pessoas que compartilham os mesmos interesses) estão voltadas para o que é melhor para elas, e como são elas que conhecem melhor as suas próprias circunstâncias, as tentativas de pessoas de fora, especialmente do governo, de restringir a liberdade das suas ações só pode produzir resultados inferiores. Qualquer governo que impeça os agentes do mercado de fazer as coisas que consideram lucrativas ou de forçá-los a fazer coisas que eles não querem fazer está sendo pretensioso, já que as informações que ele possui são inferiores.

O que eles não dizem

As pessoas não sabem necessariamente o que estão fazendo, porque a nossa capacidade de compreender até mesmo questões que dizem respeito diretamente a nós é limitada — ou, como diz o jargão, temos uma "racionalidade limitada".* O mundo é muito complexo e a nossa capacidade de lidar com ele é fortemente limitada. Por conseguinte, precisamos deliberadamente restringir a nossa liberdade de escolha a fim de reduzir a complexidade dos problemas que temos que enfrentar, e geralmente o fazemos. Com frequência, as regulamentações do governo funcionam, especialmente em áreas complexas como o moderno mercado financeiro, não porque o governo tenha um conhecimento superior mas porque ele restringe as escolhas e, portanto, a complexidade dos problemas em questão, reduzindo assim a possibilidade de que as coisas deem errado.

Os mercados podem errar, mas...

Como foi expresso por Adam Smith na ideia da mão invisível, os economistas que defendem o livre mercado argumentam que a beleza do livre mercado é que as decisões das pessoas (e das empresas) isoladas se harmonizam sem que ninguém conscientemente tente fazer isso. O que torna isso possível é que os atores econômicos são racionais, no sentido de que conhecem melhor a sua situação e as maneiras de melhorá-la. Admite-se que é possível que certas pessoas sejam irracionais ou até mesmo uma pessoa geralmente racional se comporte irracionalmente de vez em quando. No entanto, a longo prazo, o mercado eliminará os comportamentos irracionais por meio da punição — por exemplo, os investidores que investem "irracionalmente" em ati-

---

* Racionalidade limitada (*bounded rationality*, em inglês) é a ideia de que, na tomada de decisões, a racionalidade das pessoas está limitada pelas informações que elas têm, pelas restrições da sua mente e pela quantidade finita de tempo que elas têm para tomar decisões. (N. da trad.)

vos demasiadamente caros colherão um retorno baixo, o que os obrigará a ajustar o seu comportamento ou a ser exterminados. Considerando-se isso, argumentam os economistas defensores do livre mercado, deixar que as pessoas decidam o que fazer é a melhor maneira de administrar a economia de mercado.

É claro que poucas pessoas argumentariam que os mercados são perfeitos. Até mesmo Milton Friedman admitiu que há casos em que os mercados erram. A poluição é um exemplo clássico. As pessoas "produzem em excesso" a poluição porque não estão pagando os custos de lidar com ela. Por conseguinte, o que são níveis ótimos de poluição para as pessoas (ou empresas individuais) resultam em um nível subótimo do ponto de vista social. No entanto, os economistas que defendem o livre mercado se apressam em ressaltar que os erros do mercado, embora teoricamente possíveis, na realidade são raros. Além disso, argumentam eles, não raro a melhor solução para os erros do mercado é a introdução de mais forças de mercado. Eles argumentam, por exemplo, que a maneira de reduzir a poluição é criar um mercado para ela — criando "direitos de emissão negociáveis", que permitem que as pessoas vendam e comprem os direitos de poluir de acordo com as suas necessidades dentro de um máximo socialmente ótimo. Além disso, acrescentam os economistas que defendem o livre mercado, os governos também erram (*ver pp. 178-192*). Os governos podem carecer das informações necessárias para corrigir os erros do mercado. Ou então podem ser administrados por políticos e burocratas que promovem os seus próprios interesses em vez de os interesses nacionais (*ver pp. 72-84*). Tudo isso significa que, geralmente, os custos dos erros do governo são maiores do que os custos dos erros do mercado que ele está tentando (supostamente) corrigir. Por conseguinte, ressaltam os economistas que defendem o livre mercado, a presença dos erros do mercado não justifica a intervenção do governo.

O debate sobre a importância relativa dos erros do mercado e dos erros do governo prossegue acalorado, e eu não vou conseguir concluí-lo aqui. Entretanto, aqui, eu posso pelo menos assinalar que o problema do livre mercado não acaba com o fato de que ações individualmente racionais podem conduzir a um resultado irracional coletivo (ou seja, o erro do mercado). O problema é que, para início de conversa, nós nem mesmo somos racionais. E quando a suposição da racionalidade não se mantém, precisamos pensar no papel do mercado e do governo de uma maneira muito diferente até mesmo da estrutura do erro do mercado, a qual, afinal de contas, também pressupõe que nós *somos* racionais. Vou explicar.

Se você é tão inteligente...

Em 1997, Robert Merton e Myron Scholes receberam o Prêmio Nobel de economia pelo seu "novo método de determinar o valor de derivativos". A propósito, o prêmio não é um *verdadeiro* prêmio Nobel mas sim um prêmio concedido pelo banco central da Suécia "em memória de Alfred Nobel". Na realidade, há vários anos, a família Nobel até mesmo ameaçou proibir que o nome do seu ancestral fosse usado no prêmio, pois ele tem sido conferido principalmente a economistas que defendem o livre mercado que não teriam tido a aprovação de Alfred Nobel, mas essa é outra história.

Em 1998, um enorme fundo hedge chamado Long-Term Capital Management (LTCM) estava à beira da falência, depois da crise financeira russa. O fundo era tão grande que esperava-se que a sua falência arrastasse todo mundo com ele. O sistema financeiro americano só conseguiu evitar o colapso porque o Federal Reserve Board, o banco central americano, coagiu os aproximadamente doze bancos credores a injetar dinheiro na empresa e tornar-se acionistas relutantes, obtendo o controle sobre 90% das ações. O LTCM acabou deixando de operar em 2000.

Você acreditaria se eu lhe dissesse que Merton e Scholes faziam parte do conselho diretor do LTCM, fundado em 1994 pelo famoso (hoje infame) financista John Merriwether? Merton e Scholes não apenas estavam emprestando o seu nome para a empresa em troca de um "cheque gordo": eles eram parceiros de trabalho e a empresa estava usando ativamente o modelo de precificação de ativos deles.

Sem se deixar desanimar pela derrocada do LTCM, Scholes pôs-se em campo para criar outro fundo hedge em 1999, o Platinum Grove Asset Management (PGAM). Só podemos supor que os novos financiadores achavam que o modelo Merton-Scholes certamente falhara em 1998 devido a um acontecimento *sui generis* totalmente imprevisível — a crise russa. Afinal de contas, ele ainda não era o melhor modelo de precificação de ativos disponível na história da humanidade, aprovado pelo comitê Nobel?

Lamentavelmente, foi comprovado que aqueles que investiram no PGAM estavam errados. Em novembro de 2008, o fundo praticamente abriu falência, congelando temporariamente as retiradas dos investidores. O único consolo que eles puderam ter foi provavelmente o fato de saber que não foram os únicos a ser traídos pelo ganhador de um prêmio Nobel. O Grupo Trinsum, do qual Merton, o ex-sócio de Schole, era o diretor científico, também foi à falência em janeiro de 2009.

236

Há um ditado na Coreia que diz que até mesmo um macaco pode cair da árvore. De fato, todos nós podemos cometer enganos, e um erro — mesmo sendo gigantesco como a do LTCM — pode ser aceito como um engano. Mas o mesmo engano duas vezes? Nesse caso, ficamos cientes de que o primeiro engano não foi realmente engano. Merton e Scholes não sabiam o que estavam fazendo.

Quando ganhadores do Prêmio Nobel de economia, especialmente aqueles que receberam o prêmio pelo seu trabalho em precificação de ativos, não conseguem interpretar o mercado financeiro, como podemos administrar o mundo de acordo com um princípio econômico que pressupõe que as pessoas sempre sabem o que estão fazendo e que, portanto, devem ser deixadas em paz? Alan Greenspan, ex-*chairman* do Federal Reserve Board, teve que admitir em uma audiência do Congresso que fora um "erro pressupor que o autointeresse das organizações, especificamente dos bancos, as tornavam as entidades mais capazes de proteger os acionistas e o patrimônio nas empresas". O autointeresse só protegerá as pessoas se elas souberem o que está acontecendo e como lidar com a situação.

Muitas histórias que estão surgindo da crise financeira de 2008 mostram como as pessoas supostamente mais talentosas não entendiam realmente o que estavam fazendo. Não estamos falando a respeito dos figurões de Hollywood, como Steven Spielberg e John Malkovich, e nem no famoso arremessador de beisebol Sandy Koufax, que colocaram o seu dinheiro nas mãos do fraudador Bernie Madoff. Embora essas pessoas estejam entre as melhores do mundo no que fazem, elas não entendem necessariamente de finanças. Estamos falando de especialistas em administração de fundos, banqueiros de alto nível (entre eles de alguns dos maiores bancos do mundo, como o britânico HSBC e o espanhol Santander), e faculdades de classe internacional (a New York University e o Bard College, que tinham acesso a alguns dos acadêmicos da área de economia mais famosos do mundo) que também caíram no ardil de Madoff. O pior é que não se trata apenas de uma questão de ser enganado por fraudadores como Madoff ou Alan Stanford. A incapacidade dos banqueiros e de outros supostos especialistas da área de entender o que estava acontecendo tem sido generalizada, mesmo quando se trata de assuntos financeiros legítimos. Um deles aparentemente chocou Alistair Darling, então Ministro das Finanças britânico, quando lhe disse o seguinte no verão de 2008: "A partir de agora só vamos conceder empréstimos quando compreendermos os riscos envolvidos."[1] Outro exemplo, ainda mais impressionante, é que apenas seis meses antes do colapso, o principal executivo financeiro da AIG, a companhia de seguros americana resgatada pelo governo americano no outono de 2008, Joe Cassano, supostamente teria dito que "é difícil para nós, sem parecer petulantes, até mesmo descortinar um cenário dentro de qualquer esfera da razão que nos mostre perdendo um único dólar em qualquer uma das transações [swap de risco de incumprimento, ou CDS]. A maioria de vocês — especialmente se forem contribuintes americanos que estão limpando a bagunça do Sr. Cassano — poderá não achar essa suposta falta de petulância muito divertida, considerando-se que a AIG faliu por causa do seu fracasso no seu portfólio de 441 bilhões de dólares de CDS, e não por causa da sua principal atividade de seguros.

Uma vez que os ganhadores do Prêmio Nobel de economia financeira, os grandes banqueiros, os ambiciosos administradores de fundos, as prestigiosas faculdades e as mais talentosas celebridades demonstraram que não entendem o que estão fazendo, como podemos aceitar teorias econômicas que só funcionam por pressupor que as pessoas são completamente racionais? O resultado é que simplesmente não somos talentosos o bastante para deixar o mercado em paz. Mas para onde vamos a partir daqui? É possível pensar em regulamentar o mercado quando nem mesmo temos competência para deixá-lo em paz? A resposta é sim. Na realidade, é mais do que isso. Com muita frequência, precisamos de uma regulamentação exatamente porque não somos suficientemente talentosos. Vou mostrar por quê.

O último Homem da Renascença

Herbert Simon, ganhador do Prêmio Nobel de economia em 1978, foi possivelmente o último Homem da Renascença na terra. Ele começou como cientista político e depois passou a estudar administração pública, escrevendo o clássico livro na área, *Administrative Behaviour.* Apresentando ao longo do caminho alguns trabalhos na área da física, ele passou então a estudar comportamento organizacional, administração de empresas, economia, psicologia cognitiva e inteligência artificial (IA). Se alguém já entendeu como as pessoas pensam e se organizam, essa pessoa foi Simon.

Ele argumentava que a nossa racionalidade é "delimitada". Ele não acreditava que fôssemos inteiramente irracionais, embora ele próprio e muitos outros economistas da escola behaviorista (bem como muitos psicólogos cognitivos) tenham documentado de um modo convincente o quanto o nosso comportamento é irracional.[2] De acordo com Simon, nós tentamos ser racionais, mas a nossa capacidade de sê-lo está gravemente limitada. O mundo é complexo demais, argumentava Simon, para que a nossa inteligência limitada possa compreendê-lo plenamente. Isso significa que, com muita frequência, o principal problema que enfrentamos para tomar uma boa decisão não é a falta de informações, mas sim a nossa capacidade limitada de processar essas informações — um ponto que é belamente ilustrado pelo fato que o celebrado advento da era da internet não parece ter melhorado a qualidade das nossas decisões, a julgar pela confusão na qual nos encontramos hoje.

Em outras palavras, o mundo está repleto de incertezas. A incerteza a que me refiro aqui não é apenas não saber exatamente o que vai acontecer no futuro. Para certas coisas, podemos calcular razoavelmente a probabilidade de cada contingência possível, embora não possamos prever o resultado exato; os economistas chamam isso de "risco". Na realidade, a nossa capacidade de calcular o risco envolvido em muitos aspectos da vida humana — como a probabilidade da morte, da doença, de incêndios, de danos, da quebra de safra e assim por diante — é a própria base da indústria do seguro. No entanto, no que diz respeito a muitos outros aspectos da vida, nem mesmo conhecemos todas as possíveis contingências, sem falar nas suas respectivas probabilidades, como foi enfatizado, entre outros, pelo perspicaz economista americano Frank Knight e o grande economista britânico John Maynard Keynes no início do século XX. Knight e Keynes argumentavam que o tipo de comportamento racional que forma a base de grande parte da economia moderna é impossível na presença desse tipo de incerteza.

A melhor explicação do conceito da incerteza — ou, em outras palavras, da complexidade do mundo — foi apresentada, talvez surpreendentemente, por Donald Rumsfeld, o Secretário da Defesa do primeiro mandato de George W. Bush. Em um comunicado à imprensa relacionado com a situação no Afeganistão em 2002, Rumsfeld opinou o seguinte: "Existem dados conhecidos. Existem coisas que sabemos que sabemos. Existem incógnitas conhecidas. Ou seja, existem coisas que agora sabemos que não sabemos. Mas existem também incógnitas desconhecidas. Existem coisas que não sabemos que não sabemos." Não creio que aqueles na Plain English Campaign* que concederam o prêmio Foot in Mouth** de 2003 a essa declaração entendessem exatamente a importância dela para o nosso entendimento da racionalidade humana.

Então o que fazer, uma vez que o mundo é tão complexo e a nossa capacidade de entendê-lo tão limitada? A resposta de Simon foi que nós deliberadamente restringimos a nossa liberdade de escolha a fim de reduzir a amplitude e a complexidade dos problemas com os quais temos que lidar.

Isso soa esotérico, mas se pensarmos bem, é exatamente o que fazemos o tempo todo. Quase todos nós criamos rotinas na nossa vida para não ter que tomar muitas decisões com excessiva frequência. A quantidade ideal de sono e o cardápio ideal para o café da manhã diferem todos os dias, dependendo da nossa condição física e das tarefas que temos diante de nós. No entanto, quase todo mundo vai para cama sempre na mesma hora, acorda na mesma hora e come coisas semelhantes no café da manhã, pelo menos nos dias de semana.

---

* Literalmente, Campanha em favor do Inglês Direto (ou Claro). (N. da trad.)
** Literalmente, Pé na Boca. (N. da trad.)

O exemplo predileto de Simon de como precisamos de algumas regras a fim de lidar com a nossa racionalidade delimitada era o xadrez. Com apenas 32 peças e 64 casas (ou quadrados), o xadrez pode parecer uma coisa relativamente simples, mas na realidade ele envolve uma enorme quantidade de cálculos. Se você fosse um daqueles seres "hiper-racionais" (como Simon os chama) que povoam os compêndios de economia convencionais, é claro que você determinaria todas as possíveis jogadas e calcularia a probabilidade de cada uma delas antes de fazer uma jogada. No entanto, ressalta Simon, como existem cerca de 10^{120} (isso mesmo, são 120 zeros) possibilidades em um jogo típico de xadrez, essa abordagem "racional" requer uma capacidade mental que nenhum ser humano possui. Na realidade, ao estudar mestres de xadrez, Simon percebeu que eles usam regras práticas (heurística) para se concentrar em um pequeno número de jogadas possíveis, a fim de reduzir o número de situações que precisam ser analisadas, embora as jogadas pudessem ter produzido melhores resultados.

Se o xadrez é tão complicado, você pode imaginar o quanto as coisas são complicadas na nossa economia, a qual envolve bilhões de pessoas e milhões de produtos. Por conseguinte, da mesma maneira pela qual as pessoas criam rotinas na vida do dia a dia ou nas partidas de xadrez, as empresas operam com "rotinas produtivas", que simplificam as suas opções e trajetórias de busca. Elas criam certas estruturas de tomada de decisões, regras formais e convenções que automaticamente restringem a amplitude de possibilidades concebíveis que eles exploram, mesmo que as possibilidades assim excluídas de imediato pudessem ter sido mais lucrativas. Mas mesmo assim, elas o fazem, caso contrário poderiam submergir em um mar de informações e nunca tomar uma decisão. Analogamente, as sociedades criam regras informais que deliberadamente restringem a liberdade de escolha das pessoas para que elas não precisem fazer constantemente novas escolhas. Por conseguinte, elas desenvolvem uma convenção para a ordem nas filas para que as pessoas não tenham, por exemplo, que calcular e recalcular constantemente a sua posição em um ponto de ônibus cheio a fim de garantir que entrarão no ônibus seguinte.

O governo não *precisa saber mais*

Até aqui tudo bem, você poderá pensar, mas o que a teoria de Simon da racionalidade delimitada realmente tem a dizer a respeito das regulamentações?

Os economistas que defendem o livre mercado se opõem à regulamentação do governo alegando que este último não sabe mais do que aqueles cujas ações são reguladas por ele. Por definição, o governo não pode conhecer a situação da pessoa ou empresa envolvida tão bem quanto ela própria. Considerando-se isso, argumentam eles, é impossível que os representantes do governo possam melhorar as decisões tomadas pelos agentes econômicos.

No entanto, a teoria de Simon demonstra que muitas regulamentações funcionam *não* porque o governo necessariamente saiba mais do que quem é regulamentado (embora às vezes isso possa acontecer — *ver pp. 178-192*), mas porque ele limita a complexidade das atividades, o que possibilita que o regulamentado tome decisões melhores. A crise financeira mundial de 2008 ilustra belamente este ponto.

Nos dias que antecederam a crise, a nossa capacidade de tomar boas decisões foi simplesmente esmagada porque foi permitido que as coisas evoluíssem de uma maneira complexa demais por meio da inovação financeira. Por conseguinte, foi criado um número tão grande de complexos instrumentos financeiros, que nem mesmo os próprios especialistas da área conseguiam compreendê-los inteiramente, a não ser que se especializassem neles — e às vezes nem mesmo assim (*ver pp. 314-327*). Os principais tomadores de decisão das empresas de financiamento certamente não entendiam muito a respeito dos negócios que estavam realizando. Tampouco as autoridades reguladoras sabiam exatamente o que estava acontecendo. Como foi discutido anteriormente, estamos presenciando agora uma enxurrada de confissões — algumas voluntárias, outras forçadas — dos principais tomadores de decisões.

Para que possamos evitar crises financeiras semelhantes no futuro, precisamos restringir severamente a liberdade de ação no mercado financeiro. Os instrumentos financeiros precisam ser proibidos se não compreendermos completamente o seu funcionamento bem como os seus efeitos tanto no resto do setor financeiro quanto no restante de economia. Isso significará banir muitos dos complexos derivativos financeiros cujo funcionamento e impacto se revelaram além da compreensão até mesmo dos supostos especialistas.

Você poderá achar que estou sendo exagerado. Entretanto, é isso que fazemos o tempo todo com relação a outros produtos, como as drogas farmacêuticas, os carros, os produtos elétricos e muitos outros. Quando uma companhia inventa uma nova droga, por exemplo, ela não pode ser vendida imediatamente. Os efeitos de uma droga medicamentosa, e a reação do corpo humano a ela, são complexos. Portanto, a droga precisa ser rigorosamente testada para que possamos ter certeza de que os seus efeitos benéficos claramente superam os efeitos colaterais e então permitir que ela seja vendida. Não há nada excepcional com relação a propor que os produtos financeiros sejam verificados antes que possam ser vendidos.

A não ser que deliberadamente restrinjamos as nossas escolhas criando regras restritivas, simplificando desse modo o ambiente com o qual temos que lidar, a nossa racionalidade delimitada não conseguirá lidar com a complexidade do mundo. Não precisamos de regulamentações porque o governo necessariamente sabe mais. Precisamos delas por reconhecer humildemente a nossa limitada capacidade mental.

17
Mais instrução por si só não tornará um país mais rico

O que eles dizem

Uma força de trabalho instruída é absolutamente necessária para o desenvolvimento econômico. A melhor prova disso é o contraste entre o sucesso econômico dos países do Leste Asiático, com o seu famoso desempenho na área da instrução superior, e a estagnação econômica dos países da África subsaariana, que têm um dos registros educacionais mais baixos do mundo. Além disso, com o aumento da chamada "economia do conhecimento", na qual o conhecimento se tornou a principal fonte de riqueza, a instrução, especialmente a instrução superior, tornou-se a chave para a prosperidade.

O que eles não dizem

Existem pouquíssimas evidências que demonstrem que um povo mais instruído acarrete uma maior prosperidade nacional. Grande parte do conhecimento adquirido na escola na realidade não é relevante para o aumento da produtividade, embora isso possibilite que as pessoas tenham uma vida mais gratificante e independente. Além disso, a concepção de que o surgimento da economia do conhecimento tenha aumentado decisivamente a importância da instrução é enganosa. Para começar, a ideia da economia do conhecimento em si é problemática, já que o conhecimento sempre foi a principal fonte de riqueza. Além disso, com a crescente desindustrialização e mecanização, as exigências de conhecimento talvez tenham até mesmo diminuído na maioria das ocupações nos países ricos. Mesmo quando se trata da instrução superior, que se presume seja mais importante na economia do conhecimento, não existe um relacionamento simples entre ela e o crescimento econômico. O que realmente importa na determinação da prosperidade nacional não é o nível de instrução das pessoas e sim a capacidade da nação de organizar pessoas em empreendimentos com uma elevada produtividade.

Educação, educação, educação

"Educação, educação, educação" — foi como o ex-Primeiro- -Ministro britânico Tony Blair resumiu quais seriam as suas três principais políticas de governo durante a campanha das eleições de 1997, a qual levou o seu "Novo" Partido Trabalhista ao poder depois de quase duas décadas afastado.

O subsequente sucesso ou não da política educacional do Novo Partido Trabalhista pode ser questionado, mas o que é indiscutível é que o comentário captou com perfeição a excepcional capacidade do Sr. Blair de dizer a coisa certa no momento certo (ou seja, antes de ele perder a cabeça por causa do Iraque). Muitos políticos antes do Sr. Blair tinham falado a respeito da escolaridade e a defendido com insistência, mas ele estava falando em uma ocasião na qual, depois de presenciar o surgimento da economia do conhecimento a partir da década de 1980, o mundo inteiro estava ficando convencido de que a instrução era a chave para a prosperidade econômica. Se a instrução fora importante para o sucesso econômico nos dias das indústrias das chaminés, um número cada vez maior de pessoas estava ficando convencido de que ela seria tudo na era da informação, quando a principal fonte de riqueza são os cérebros, não os músculos.

O argumento parece óbvio. A maioria das pessoas instruídas parecem mais produtivas, como é evidenciado pelos salários mais elevados que recebem. Portanto, é uma questão de lógica matemática que uma economia com um maior número de pessoas instruídas será mais produtiva. O fato de os países mais pobres terem um menor suprimento de pessoas instruídas — ou "capital humano" no jargão de alguns economistas — também prova o argumento. A duração típica da vida escolar gira em torno de nove anos nos países da OCDE, ao passo que não chega a três nos países da África subsaariana. Também bastante conhecido é o desempenho escolar excepcionalmente elevado das economias "milagrosas" do Leste Asiático, como o Japão, a Coreia do Sul, Taiwan, Hong Kong e Cingapura. O desempenho escolar desses países se manifesta não de um modo quantitativo, mas também nas elevadas taxas de alfabetização ou de matrícula em vários níveis de instrução. A qualidade da instrução também é muito alta. Esses países estão classificados nos primeiros lugares nos testes estandardizados como o Trends in International Mathematics and Science Study (TIMSS) ou Tendências no Estudo Internacional de Matemática e Ciências, para alunos da quarta e da oitava séries, e o Program for International Student Assessment (PISA) ou Programa Internacional de Avaliação de Estudantes, que avalia a capacidade de jovens com 15 anos de idade de aplicar o conhecimento de matemática a problemas do mundo real. É preciso dizer mais?

Não precisamos de instrução

Por mais que a importância da instrução no aumento da produtividade de uma economia possa parecer dispensar explicações, existem na verdade muitos indícios que questionam essa sabedoria convencional.

Vamos examinar primeiro o caso das economias milagrosas do Leste Asiático, em cujo desenvolvimento a instrução supostamente desempenhou um papel fundamental. Na década de 1960, Taiwan tinha uma taxa de alfabetização de apenas 54%, enquanto a das Filipinas era de 72%. Apesar do seu nível educacional inferior, Taiwan a partir de então alcançou um dos melhores desempenhos econômicos da história humana, enquanto o desempenho das Filipinas tem sido bastante precário. Em 1960, a renda *per capita* anual das Filipinas era quase o dobro da de Taiwan (200 dólares *versus* 122 dólares), mas hoje a renda *per capita* de Taiwan está em torno de dez vezes a das Filipinas (18 mil dólares *versus* 1.800 dólares). Nesse mesmo ano, a Coreia tinha uma taxa de alfabetização de 71% — comparável com a das Filipinas mas ainda assim abaixo dos 91% da Argentina. Apesar da taxa de alfabetização significativamente inferior, a Coreia cresceu a partir de então muito mais rápido do que a Argentina. A renda *per capita* anual da Coreia era pouco mais de um quinto da da Argentina em 1960 (82 dólares *versus* 378 dólares). Hoje, ela é três vezes mais elevada (cerca de 21 mil dólares *versus* aproximadamente 7 mil dólares).

Obviamente, existem muito mais coisas além da instrução que determinam o desempenho de crescimento econômico de um país. No entanto, esses exemplos debilitam o mito habitual de que a instrução foi a chave para o milagre do Leste Asiático. As economias do Leste Asiático *não* tinham um desempenho escolar excepcionalmente elevado no início dos seus milagres econômicos, ao passo que países como as Filipinas e a Argentina se saíram mediocremente apesar de ter uma população significativamente mais instruída.

Na outra extremidade do espectro, a experiência da África subsaariana também mostra que investir mais em instrução não garante um melhor desempenho econômico. Entre 1980 e 2004, as taxas de alfabetização dos países africanos subsaarianos aumentaram substancialmente, de 40 para 61%.[1] Apesar desses aumentos, a renda *per capita* da região na realidade *apresentou uma redução* de 0,3% ao ano nesse período. Se a instrução é tão importante para o desenvolvimento econômico, como acredita a maioria, uma coisa assim não deveria acontecer.

A aparente ausência de efeitos positivos da instrução sobre o crescimento não é encontrada apenas nos casos extremos que escolhi, com o Leste Asiático de um lado e a África subsaariana do outro. Trata-se de um fenômeno mais geral. Em um artigo de 2004 amplamente citado: "Where has all the education gone?",* Lant Pritchett, um economista de Harvard que trabalhou para o Banco Mundial durante um longo tempo, analisou as informações de dezenas de países ricos e em desenvolvimento ao longo do período entre 1960 e 1987 e realizou uma extensa análise de estudos semelhantes, a fim de definir se a instrução influencia positivamente o crescimento.[2] A sua conclusão é que existem muito poucas evidências de que mais instrução conduza a um maior crescimento econômico.

Não sei muito a respeito de história,
não conheço muito biologia

Por que existem tão poucas evidências que respaldem o que parece ser uma proposição tão óbvia, ou seja, que um povo mais

---

* Tradução literal: "Para onde foi toda a instrução?" (N. da trad.)

instruído deve tornar o país mais rico? Simplificando, é porque a instrução não é um elemento tão importante no aumento da produtividade de uma economia.

Para começar, nem toda instrução ao menos se propõe aumentar a produtividade. Muitas disciplinas não causam nenhum impacto, nem mesmo indiretamente, na produtividade da maioria dos trabalhadores: literatura, história, filosofia e música, por exemplo (*ver pp. 49-58*). A partir de um ponto de vista rigorosamente econômico, o ensino dessas matérias é uma perda de tempo. Nós as ensinamos aos nossos filhos por acreditar que com o tempo elas enriquecerão a vida deles e também os tornarão bons cidadãos. Embora essa justificativa para o dispêndio educacional esteja cada vez mais sendo atacada em uma época na qual se espera que tudo justifique a sua existência a partir da perspectiva da sua contribuição para o crescimento da produtividade, ela continua a ser uma razão muito importante — na minha opinião, a mais importante — para investir na instrução.

Além disso, nem mesmo disciplinas como a matemática ou ciências, que são supostamente importantes para o aumento da produtividade, são relevantes para a maioria dos trabalhadores — os banqueiros de investimento não precisam de biologia e nem os figurinistas de matemática para ser competentes no que fazem. Até mesmo para as ocupações nas quais essas matérias são relevantes, grande parte do que aprendemos na escola ou até mesmo na universidade com frequência não é diretamente relevante para o trabalho prático. Por exemplo, o elo entre a física que um operário da linha de produção de uma fábrica de automóveis aprendeu na escola e a sua produtividade é bastante tênue. A importância do aprendizado e do treinamento no trabalho em muitas profissões é uma prova da relevância limitada da educação escolar para a produtividade dos trabalhadores. Desse modo, até mesmo as partes da instrução supostamente voltadas para a produtividade não são tão relevantes para o aumento da produtividade quanto imaginamos.

Análises estatísticas realizadas em vários países não conseguiram encontrar nenhuma relação entre a pontuação em matemática dos alunos do país com o desempenho econômico dele.[3] Mas vou apresentar exemplos mais concretos. No segmento de matemática do TIMSS de 2007, estudantes americanos da quarta série ficaram atrás não apenas das crianças dos países do Leste Asiático, famosas pelo seu talento matemático, mas também dos seus equivalentes em países como o Cazaquistão, a Letônia, a Rússia e a Lituânia.[4] As crianças em todas as outras economias europeias ricas incluídas no teste, com exceção da Inglaterra e da Holanda, obtiveram uma pontuação mais baixa do que a das crianças americanas.[5] Os alunos da oitava série da Noruega, o país mais rico do mundo (do ponto de vista da renda *per capita* calculada à taxa de câmbio do mercado) — (*ver pp. 149-160*), ficaram atrás dos seus equivalentes não apenas em todos os outros países ricos mas também em países muito mais pobres, entre eles a Lituânia, a República Tcheca, a Eslovênia, a Armênia e a Sérvia (é interessante observar que todos são países anteriormente socialistas).[6] Os alunos da oitava série de Israel, país famoso pelo seu zelo educacional e excepcional desempenho na área de pesquisas avançadas, ficou atrás da Noruega e também da Bulgária. Histórias semelhantes foram observadas nos testes de ciências.

E a economia do conhecimento?

Mesmo que o impacto da instrução no crescimento tenha sido pequeno até agora, você talvez esteja se perguntando se o recente surgimento da economia do conhecimento talvez não tenha mudado tudo isso. Pode ser argumentado que, com as ideias se tornando a principal fonte de riqueza, a instrução a partir de agora se tornará muito mais importante na determinação da prosperidade de um país.

Contrariando essa hipótese, devo, em primeiro lugar, salientar que a economia do conhecimento não é nenhuma novidade. Sempre vivemos em uma economia assim, no sentido de que sempre foi o domínio do país sobre o conhecimento (ou a falta dele) que o tornou rico (ou pobre). A China foi o país mais rico do mundo durante o primeiro milênio porque ela possuía um conhecimento técnico que os outros não tinham, com o papel, os tipos móveis, a pólvora e a bússola sendo os exemplos mais famosos, mas de modo algum os únicos. A Grã-Bretanha tornou-se o poder hegemônico do mundo no século XIX somente porque passou a liderar o mundo na área das inovações tecnológicas. Quando a Alemanha ficou tão pobre quanto o Peru e o México logo depois da Segunda Guerra Mundial, não passou pela cabeça de ninguém sugerir que ela fosse reclassificada como um país em desenvolvimento, porque as pessoas sabiam que ela ainda tinha o domínio do conhecimento tecnológico, organizacional e institucional que a tornara uma das maiores potências industriais antes da guerra. Nesse sentido, a importância (ou não) da instrução não mudou no período mais recente.

É claro que o acervo de conhecimento que a humanidade controla hoje coletivamente é muito maior do que no passado, mas isso não quer dizer que todo mundo, ou mesmo a maioria das pessoas, tenha que ser mais instruída do que no passado. Na verdade, a quantidade de conhecimento relacionado com a produção que um trabalhador típico precisa ter diminuiu no caso de muitas ocupações, especialmente nos países ricos. Isso pode soar absurdo, mas vou explicar.

Para começar, tendo em vista o contínuo aumento da produtividade da fabricação, uma maioria da força de trabalho nos países ricos agora trabalha em ocupações do setor de serviços com baixas qualificações, repondo mercadorias nas prateleiras dos supermercados, fritando hambúrgueres em restaurantes *fast-food* e fazendo faxina em escritórios (*ver pp. 49-58 e 131-148*). À medida que a proporção de pessoas nessas profissões for aumentando, poderemos lidar com uma força de trabalho cada vez menos instruída, se só estivermos interessados nos efeitos da instrução sobre a produtividade.

Além disso, com o desenvolvimento econômico, uma proporção maior do conhecimento é incorporada às máquinas. Isso significa que a produtividade na economia como um todo aumenta apesar de os trabalhadores entenderem individualmente menos o que estão fazendo do que os seus equivalentes no passado. O exemplo mais impressionante é o fato de que a maioria dos balconistas nos países ricos nem mesmo precisa saber somar — habilidade de que outrora os seus equivalentes decididamente precisavam — já que as máquinas de leitura do código de barras fazem isso para eles hoje em dia. Outro exemplo é que os ferreiros nos países pobres provavelmente sabem mais a respeito da natureza dos metais no que diz respeito à fabricação de ferramentas do que a maioria dos funcionários da Bosch ou da Black & Decker. Um terceiro exemplo é o fato de que as pessoas que trabalham nas pequenas lojas de eletrônica espalhadas pelas ruas dos países pobres conseguem consertar muito mais coisas do que os funcionários individuais da Samsung ou da Sony.

254

Grande parte disso se deve ao simples fato que a mecanização é a maneira mais importante de aumentar a produtividade. No entanto, uma influente escola de pensamento marxista argumenta que os capitalistas deliberadamente "reduzem a qualificação" dos seus funcionários usando as tecnologias de produção mais mecanizadas possíveis, mesmo que não sejam as mais econômicas, a fim de tornar os trabalhadores mais facilmente substituíveis e, portanto, mais fáceis de controlar.[7] Independentemente da causa exata do processo de mecanização, a consequência é que as economias mais desenvolvidas tecnologicamente podem na realidade precisar de um número menor de pessoas instruídas.

O paradoxo suíço

No entanto, é possível argumentar que, embora o desenvolvimento econômico possa não exigir que o trabalhador típico seja mais instruído, ele precisa de pessoas com um grau de instrução mais elevado nos cargos mais elevados. Afinal de contas, como ressaltei anteriormente, a capacidade de gerar um conhecimento mais produtivo do que outros é o que torna um país mais rico do que os outros. Portanto, alguém pode argumentar, é a qualidade das universidades, e não a das escolas primárias, que determina a prosperidade de uma nação.

No entanto, mesmo nesta era supostamente voltada para o conhecimento, o relacionamento entre a instrução superior e a prosperidade não é direto. Tomemos o exemplo impressionante da Suíça. Ela está entre os poucos países mais ricos e mais industrializados do mundo (*ver pp. 131-148 e 149-160*), mas tem, surpreendentemente, a menor taxa — na realidade, a menor taxa por uma grande diferença — de matrículas universitárias dos países ricos; ainda no final de 1996, a taxa de matrícula universitária na Suíça continuava a ser menos da metade da média da OCDE (16% *versus* 34%).[8] A partir de então, a Suíça aumentou consideravelmente essa taxa, elevando-a para 47% em 2007, segundo dados da UNESCO. Entretanto, a taxa suíça ainda permanece a mais baixa entre os países ricos do mundo e está muito abaixo da que encontramos na maioria dos países intensamente voltados para o ensino universitário, como a Finlândia (94%), os Estados Unidos (82%) e a Dinamarca (80%). Curiosamente, a taxa suíça também é muito inferior à de muitas economias consideravelmente mais pobres, como a Coreia (96%), a Grécia (91%), a Lituânia (76%) e a Argentina (68%).

Como é possível que a Suíça tenha permanecido no topo da produtividade internacional apesar de proporcionar aos seus cidadãos uma instrução de nível superior muito menor não apenas do que a dos seus principais concorrentes como também do que a de muitas economias consideravelmente mais pobres?

Uma possível explicação é que a qualidade do ensino universitário é diferente em cada país. Portanto, se as universidades coreanas ou lituanas não são tão boas quanto as universidades suíças, pode ser possível que a Suíça seja mais rica que a Coreia ou a Lituânia, mesmo que uma proporção muito menor de suíços do que coreanos ou lituanos tenha instrução universitária. No entanto, esse argumento perde grande parte da sua força quando comparamos a Suíça com a Finlândia ou os Estados Unidos. Não podemos, em sã consciência, sugerir que as universidades suíças sejam tão melhores do que as finlandesas ou as americanas a ponto de a Suíça poder se sair bem com uma taxa de matrícula universitária 50% menor.

A principal explicação para o "paradoxo suíço" deve ser encontrada, uma vez mais, no baixo componente da produtividade na instrução. Entretanto, no caso da instrução superior, o componente da não produtividade não consiste tanto em ensinar às pessoas disciplinas que irão ajudá-las com coisas como a realização pessoal, a boa cidadania e a identidade nacional, como no caso da instrução primária e secundária. Ele consiste no que os economistas chamam de função de "classificação".

É claro que a instrução superior transmite um certo conhecimento relacionado com a produtividade aos alunos, mas outra função importante dela é definir a posição de cada pessoa na hierarquia da empregabilidade.[9] Em muitas atividades profissionais, o que conta é a inteligência genérica, a autodisciplina e a capacidade de a pessoa se organizar, e não o conhecimento especializado, grande parte do qual ela pode, e na realidade precisa, assimilar no emprego. Desse modo, mesmo que o que você aprende na universidade ao se especializar em história ou química possa não ser relevante para o seu trabalho como um possível gerente de uma companhia de seguros ou como um funcionário público do Departamento de Transportes, o fato de você ter um diploma universitário informa aos seus possíveis empregadores que você provavelmente é mais inteligente, tem mais autodisciplina e é mais organizado do que aqueles que não têm esse diploma. Ao contratar você como uma pessoa com grau universitário, o seu empregador o estará contratando por causa dessas qualidades genéricas, e não pelo seu conhecimento especializado, o qual não raro é irrelevante para o trabalho que você irá executar.

No entanto, com a crescente ênfase na instrução superior que vem tendo lugar ultimamente, uma dinâmica nada saudável se estabeleceu com relação a ela em muitos países de renda elevada e média-alta que podem se dar ao luxo de expandir as universidades (a Suíça não ficou imune a isso, como o demonstraram os percentuais que apresentei anteriormente). Uma vez que a proporção de pessoas que frequentam a universidade ultrapassa um limite crítico, elas passam a *ter que* frequentar a universidade para conseguir um emprego digno. Quando, digamos, 50% da população tem nível universitário, se você não for para a universidade estará implicitamente declarando que se encontra na metade inferior da distribuição de habilidades, o que não é a melhor maneira de começar a procurar um emprego. Portanto, as pessoas vão para a universidade sabendo perfeitamente que vão "perder tempo" estudando coisas que nunca precisarão no trabalho. Com todo mundo querendo ir para a universidade, aumenta a demanda pela instrução superior, o que conduz então à oferta de mais vagas universitárias, o que aumenta ainda mais a incidência de matrículas universitárias, o que por sua vez eleva ainda mais a pressão para o ingresso nas universidades. Com o tempo, isso conduz a um processo de inflação de graus. Agora que "todo mundo" tem grau universitário, você precisa fazer um mestrado, ou até mesmo um doutorado, para poder se destacar, mesmo que o conteúdo de produtividade desses cursos mais avançados possa ser mínimo para o seu futuro emprego.

Considerando-se que a Suíça foi capaz de manter, até meados da década de 1990, uma das taxas de produtividade nacional mais elevadas do mundo com uma taxa de matrícula universitária entre 10 e 15%, poderíamos afirmar que percentuais de matrícula muito mais altos do que isso são na realidade desnecessários. Mesmo que aceitemos que as exigências de qualificação aumentaram de tal maneira com o surgimento da economia do conhecimento que o percentual de matrícula de pelo menos 40% que a Suíça tem hoje seja o mínimo necessário (o que eu seriamente duvido), isso ainda significa que pelo menos metade da instrução universitária em países como os Estados Unidos, a Coreia e a Finlândia é "desperdiçada" no jogo da classificação essencialmente de soma zero. O sistema da instrução superior nesses países tornou-se semelhante a um teatro no qual algumas pessoas decidiram ficar em pé para ver melhor, levando as outras que estavam atrás a fazer o mesmo. Quando um número suficiente de pessoas fica em pé, todo mundo precisa ficar em pé, o que significa que ninguém está enxergando melhor, ao passo que todo mundo ficou submetido a um desconforto maior.

Instrução versus empreendimento

Se não apenas a instrução básica como também a superior não é muito importante na determinação da prosperidade de uma nação, precisamos seriamente repensar o papel da escola na nossa economia.

No caso dos países ricos, a sua obsessão pela instrução superior precisa ser restringida. Essa obsessão conduziu a uma perniciosa inflação de grau e ao consequente investimento excessivo em grande escala na área da instrução superior em muitos países. Não sou contra o fato de que os países tenham uma incidência de matrícula universitária muito elevada — ou até mesmo de 100% — por outras razões, mas eles não devem se iludir achando que isso terá um efeito significativo na produtividade.

No caso dos países em desenvolvimento, uma mudança de perspectiva ainda mais radical se faz necessária. Embora eles devam expandir a escolaridade para preparar os seus jovens para uma vida mais significativa, quando se trata da questão do aumento da produtividade, esses países precisam olhar além da instrução das pessoas e se dedicar mais a construir as instituições e organizações certas para o aumento da produtividade.

O que realmente distingue os países ricos dos mais pobres é bem menos o quanto os seus cidadãos são individualmente instruídos e bem mais a maneira como os seus cidadãos estão bem organizados em entidades coletivas com uma elevada produtividade — sejam as empresas gigantes como a Boeing ou a Volkswagen, ou as empresas menores de nível internacional da Suíça e da Itália (*ver pp. 218-231*). O desenvolvimento dessas empresas precisa ser amparado por uma gama de instituições que estimulem o investimento e os riscos — um regime de comércio que proteja as empresas nas "indústrias que estão na infância" (*ver pp. 99-113 e 178-192*), um sistema financeiro que forneça um "capital paciente" necessário para investimentos a longo prazo que aumentem a produtividade (*ver pp. 34-48*), instituições que deem uma segunda chance tanto para os capitalistas (uma boa lei de falência) e para os trabalhadores (um bom estado do bem-estar social) (*ver pp. 301-313*), subsídios públicos e uma regulamentação relacionada com a P&D e o treinamento (*ver pp. 261-272 e 273-286*), e assim por diante.

A instrução é valiosa, mas o seu principal valor não reside em aumentar a produtividade e sim na sua capacidade de nos ajudar a desenvolver o nosso potencial e viver uma vida mais gratificante e independente. Se expandirmos a instrução por acreditar que isso tornará a nossa economia mais rica, ficaremos seriamente desapontados, porque o vínculo entre a instrução e a produtividade nacional é bastante tênue e complicado. O nosso excessivo entusiasmo pela instrução deve ser restringido e, especialmente nos países em desenvolvimento, uma atenção muito maior precisa ser prestada à questão de estabelecer e aprimorar os empreendimentos produtivos e as instituições que os amparam.

18
O que é bom para a General Motors não é necessariamente bom para os Estados Unidos

O que eles dizem

O setor corporativo está na essência do sistema capitalista. É nele que as coisas são produzidas, empregos criados e novas tecnologias inventadas. Sem um vigoroso setor corporativo, não existe dinamismo econômico. Portanto, o que é bom para os negócios, é bom para a economia nacional. Considerando-se especialmente a crescente concorrência internacional em um mundo globalizado, os países que dificultam a abertura e a administração de empresas ou as obrigam a fazer coisas indesejadas perderão investimentos e empregos, acabando, com o tempo, ficando para trás. O governo precisa conceder um grau máximo de liberdade aos negócios.

O que eles não dizem

Apesar da importância do setor corporativo, conceder às empresas um grau máximo de liberdade pode nem mesmo ser bom para as próprias empresas, que dirá para a economia nacional. Na realidade, nem todas as regulamentações são prejudiciais para os negócios. Às vezes, é do interesse a longo prazo do setor comercial restringir a liberdade de empresas individuais para que elas não destruam os recursos compartilhados de que todas precisam, como os recursos naturais ou a força de trabalho. As regulamentações também podem ajudar as empresas obrigando-as a fazer coisas que podem ser individualmente dispendiosas para elas a curto prazo mas que aumentam a produtividade coletiva delas a longo prazo, como oferecer treinamento aos funcionários. No final, o que importa não é a quantidade e sim a qualidade da regulamentação empresarial.

Como Detroit ganhou a guerra

Dizem que foi Detroit que ganhou a Segunda Guerra Mundial. De fato, a União Soviética sacrificou o maior número de pessoas — o número estimado de baixas na Grande Guerra Patriótica (como é conhecida na Rússia) ultrapassou 25 milhões, o que equivale a quase metade de todas as mortes do mundo inteiro. Mas ela — e, é claro o Reino Unido — não teria sobrevivido à ofensiva nazista sem as armas que lhe foram enviadas pelo que Franklin Roosevelt chamava de "arsenal da democracia", ou seja, os Estados Unidos. E a maioria dessas armas foi produzida nas fábricas dos fabricantes de automóveis de Detroit que haviam sido transformadas para fabricar armamentos — a General Motors (GM), a Ford e a Chrysler. Desse modo, sem o poder industrial americano, representado por Detroit, os nazistas teriam dominado a Europa e pelo menos a parte ocidental da União Soviética.

É claro que a história nunca é descomplicada e objetiva. O que tornou possível o sucesso inicial da Alemanha nazista na guerra foi a capacidade do seu exército de avançar rápido — a sua famosa *Blitzkrieg* ou Guerra Relâmpago. E o que possibilitou essa elevada mobilidade do exército alemão foi o seu alto grau de motorização, cuja tecnologia foi em grande parte fornecida nada menos do que pela GM (por intermédio da sua subsidiária Opel, adquirida em 1929). Além disso, estão surgindo evidências de que, desobedecendo à lei, a GM manteve ao longo da guerra o seu vínculo com a Opel, que além de veículos militares construía aeronaves, minas terrestres e torpedos. Por conseguinte, parece que a GM estava fornecendo armas para os dois lados e lucrando com isso.

Até mesmo entre os fabricantes de automóveis de Detroit, coletivamente conhecidos como os Três Grandes, a GM se encontrava em uma posição proeminente. Sob a liderança de Alfred Sloan Jr, que a administrou durante 35 anos (1923-1958), a GM ultrapassara a Ford como a maior fabricante de automóveis dos Estados Unidos no final da década de 1920, vindo a se tornar a empresa de automóveis totalmente americana, produzindo, nas palavras de Sloan, "um carro para cada bolso e propósito", organizados ao longo de uma "escada de sucesso", começando pelo Chevrolet, passando pelo Pontiac, Oldsmobile e pelo Buick e finalmente culminando no Cadillac.

No final da Segunda Guerra Mundial, a GM não era apenas a maior fabricante de automóveis nos Estados Unidos; ela se tornara a maior empresa do país (do ponto de vista da receita). Ela era tão importante que, quando perguntaram ao Sr. Charlie Wilson, ex-CEO da General Motors, na audiência do Congresso que teve lugar quando ele foi nomeado Secretário da Defesa dos Estados Unidos em 1953, se ele via algum conflito potencial entre os seus antecedentes corporativos e a sua função pública, ele notoriamente respondeu que o que é bom para os Estados Unidos é bom para a General Motors e vice-versa.

Parece difícil questionar a lógica que respalda esse argumento. Em uma economia capitalista, as empresas do setor privado desempenham o papel principal na criação da riqueza, de empregos e da arrecadação fiscal. Se elas se dão bem, a economia como um todo consequentemente prospera. Especialmente quando a empresa em questão é uma das companhias maiores e tecnologicamente mais dinâmicas, como a GM nos anos 1950, o seu sucesso ou fracasso causa efeitos significativos no restante da economia, ou seja, nas empresas fornecedoras, nos funcionários dessas empresas, nos fabricantes dos produtos que os funcionários das empresas gigantes, cujo número pode chegar a centenas de milhares, podem comprar, e assim por diante. Por essa razão, o desempenho dessas empresas gigantes é particularmente importante para a prosperidade da economia nacional.

Lamentavelmente, dizem aqueles que defendem essa lógica, esse óbvio argumento não foi amplamente aceito durante grande parte do século XX. Podemos entender por que os regimes comunistas eram contra o setor privado; afinal de contas, eles acreditavam que a propriedade privada era a fonte de todos os males do capitalismo. No entanto, no período entre a Grande Depressão e os anos 1970, a empresa privada era encarada com desconfiança, até mesmo nas economias mais capitalistas.

Segundo dizem, as empresas eram vistas como agentes antissociais, cuja ambição de lucro precisava ser refreada em prol de metas supostamente mais elevadas, como a justiça, a harmonia social, a proteção dos fracos e até mesmo a glória nacional. Por conseguinte, foram introduzidos sistemas complicados e incômodos de regulamentação baseados na convicção de que os governos precisavam controlar o que cada empresa fazia no interesse da sociedade como um todo. Em alguns países, os governos até mesmo obrigaram empresas a participar de negócios indesejados em nome do desenvolvimento nacional (*ver pp. 99-113 e 178-192*). Grandes empresas foram proibidas de ingressar em segmentos do mercado dominados por pequenas propriedades agrícolas, fábricas e estabelecimentos comerciais, a fim de preservar o estilo de vida tradicional e proteger os "pequenos homens" das grandes empresas. Duras regulamentações trabalhistas foram introduzidas visando proteger os direitos dos trabalhadores. Em muitos países, os direitos do consumidor foram ampliados de tal maneira que chegaram a prejudicar os negócios.

Essas regulamentações, argumentam os analistas defensores da liberdade dos negócios, não apenas prejudicavam as grandes empresas como também pioravam a situação de todas as outras pessoas, já que reduziam o tamanho global da torta a ser compartilhada. Ao limitar o poder das empresas de experimentar novas maneiras de fazer negócio e ingressar em novas áreas, essas regulamentações desaceleraram o crescimento da produtividade de um modo geral. No final, contudo, a insensatez dessa lógica contrária à liberdade dos negócios tornou-se excessivamente óbvia, afirma o argumento. Por conseguinte, a partir dos anos 1970, países do mundo inteiro passaram a aceitar a ideia de que o que é bom para os negócios é bom para economia nacional, e adotaram uma política favorável à liberdade dos negócios. Até mesmo os países comunistas desistiram de tentar reprimir o setor privado a partir dos anos 1990. Precisamos refletir mais a respeito dessa questão?

A queda dos poderosos

Cinco décadas depois do comentário do Sr. Wilson, no verão de 2009, a GM foi à falência. Apesar da sua notória aversão à propriedade estatal, o governo dos Estados Unidos assumiu o controle da empresa e, depois de uma ampla reestruturação, lançou-a como uma nova entidade. Nesse processo, ele gastou a desconcertante quantia de 57,6 bilhões de dólares do dinheiro dos contribuintes.

É possível argumentar que o resgate era do interesse nacional dos Estados Unidos. Deixar que uma empresa do tamanho da GM e outras interligadas sofressem um colapso repentino causaria um enorme efeito propagador negativo nos empregos e na demanda (p. ex., a queda da demanda de consumo dos funcionários desempregados da GM, a evaporação da demanda da GM pelos produtos dos seus fornecedores), o que agravaria a crise financeira que estava se expandindo no país na ocasião. O governo americano escolheu o menor dos dois males, em benefício dos contribuintes. O que era bom para a GM ainda era bom para os Estados Unidos, poderia ser argumentado, embora não fosse uma coisa muito boa de uma maneira absoluta.

No entanto, isso não significa que não devamos questionar, antes de mais nada, como a GM ficou nessa situação. Quando se viu diante da dura concorrência das importações da Alemanha, do Japão e mais tarde da Coreia a partir dos anos 1960, a GM não reagiu da maneira que seria a mais natural, embora difícil, ou seja, produzindo carros melhores do que os dos concorrentes. Em vez disso, ela tentou a saída mais fácil.

A princípio, ela acusou os seus concorrentes de *dumping* e de outras práticas comerciais desleais, e conseguiu que o governo americano impusesse quotas de importação sobre os carros importados, especialmente os japoneses, e obrigasse o mercado interno dos concorrentes a abrir as portas. Nos anos 1990, quando essas medidas se revelaram insuficientes para interromper o declínio, a empresa tentara compensar as suas perdas no setor de fabricação de automóveis desenvolvendo a sua sucursal financeira, a GMAC (General Motors Acceptance Corporation). A GMAC foi além da sua função tradicional de financiar compras de carro e começou a realizar transações financeiras independentes. A GMAC teve bastante êxito; em 2004, por exemplo, 80% do lucro da GM foi proveniente da GMAC (*ver pp. 314-327*).[1] No entanto, isso não conseguiu realmente ocultar o problema fundamental, ou seja, o fato que a empresa não era capaz de fabricar carros de qualidade a um preço competitivo. Mais ou menos na mesma época, a empresa tentou contornar a necessidade de investir no desenvolvimento de melhores tecnologias por meio da compra de concorrentes estrangeiros menores (como a Saab sueca e Daewoo coreana), mas essa medida não chegou nem perto de reviver a antiga superioridade tecnológica da empresa. Em outras palavras, nas quatro últimas décadas, a GM tentou de todas as maneiras evitar o seu declínio exceto fabricar carros melhores porque tentar fabricar carros de melhor qualidade seria, bem, excessivamente problemático.

Obviamente, todas essas decisões podem ter sido as melhores do ponto de vista da GM na ocasião em que foram tomadas — afinal de contas, elas possibilitaram que a empresa sobrevivesse por mais algumas décadas com um mínimo esforço — mas elas *não* foram boas para o resto dos Estados Unidos. A enorme conta que os contribuintes americanos receberam com o pacote de resgate é a prova suprema de que, ao longo do caminho, o resto dos Estados Unidos teria se saído melhor se a GM tivesse sido obrigada a investir nas tecnologias e máquinas necessárias para construir carros melhores, em vez de fazer *lobby* para conseguir proteção, comprar empresas concorrentes menores e se transformar em uma financeira.

O mais importante é que todas as medidas que possibilitaram que a GM se livrasse das dificuldades com um mínimo de esforço não foram, em última análise, boas nem mesmo para a própria GM — a não ser que a equiparemos aos seus executivos e a um grupo de acionistas em constante modificação. Esses executivos recebiam salários absurdamente elevados por apresentar lucros mais altos. Eles conseguiam esses lucros deixando de investir no crescimento da produtividade enquanto arrochavam outros *stakeholders* mais fracos — os seus próprios funcionários, os seus fornecedores e os funcionários destes últimos. Eles compravam o consentimento dos acionistas oferecendo-lhes dividendos e a recompra de ações em um grau tão elevado que o futuro da empresa foi colocado em risco. Os acionistas não se importavam; na realidade, muitos deles incentivavam essas práticas, porque a maioria era formada por acionistas transitórios que não estavam de fato preocupados com o futuro a longo prazo da companhia porque poderiam se retirar a qualquer momento (*ver pp. 34-48*).

A história da GM nos transmite algumas lições saudáveis a respeito dos possíveis conflitos entre os interesses corporativos e os nacionais — o que é bom para uma empresa, por mais importante que seja, pode não ser bom para o país. Além disso, enfatiza os conflitos entre diferentes *stakeholders* que compõem uma empresa — o que é bom para alguns *stakeholders* da empresa, como os executivos e os acionistas de curto prazo, pode não ser bom para outros, como os funcionários e os fornecedores. Em última análise, também nos diz que o que é bom para uma empresa a curto prazo pode nem mesmo ser bom para ela a longo prazo, ou seja, o que é bom hoje para a GM pode não ser bom para a GM amanhã.

Alguns leitores, até mesmo aqueles que já estavam convencidos por este argumento, podem ainda assim se perguntar se os Estados Unidos não seriam apenas a exceção que prova a regra. A falta de regulamentação pode ser um problema para os Estados Unidos, mas na maioria dos outros países, o problema não é o excesso de regulamentação?

299 licenças

No início da década de 1990, a revista de negócios estabelecida em Hong Kong, publicada em inglês, *Far Eastern Economic Review*, publicou um número especial sobre a Coreia do Sul. Em um dos artigos, a revista expressou perplexidade diante do fato que, embora fossem necessárias 299 licenças de até 199 agências reguladoras para abrir uma fábrica no país, a Coreia do Sul crescera mais de 6% do ponto de vista *per capita* nas três décadas anteriores. Como isso era possível? Como pode um país com um regime regulatório tão opressivo crescer tão rápido?

Antes de tentar resolver esse enigma, é preciso ressaltar que, antes da década de 1990, não foi apenas na Coreia que regulamentações aparentemente opressivas coexistiam com uma vigorosa economia. A situação era semelhante no Japão e em Taiwan nos seus anos "milagrosos" entre os anos 1950 e 1980. A economia chinesa tem sido fortemente regulamentada de uma maneira semelhante durante as três últimas décadas de rápido crescimento. Em contrapartida, ao longo das três últimas décadas, muitos países em desenvolvimento na América Latina e na África subsaariana desregulamentaram a sua economia na esperança de que essa medida fosse estimular as atividades comerciais e acelerar o seu crescimento. No entanto, enigmaticamente, a partir da década de 1980, eles cresceram muito mais lentamente do que nas décadas de 1960 e 1970, quando supostamente teriam sido refreados pela regulamentação excessiva (*ver pp. 99-113 e 161-177*).

A primeira explicação para o enigma é que, por mais estranho que possa parecer para a maioria das pessoas sem experiência em negócios, os empresários obterão 299 licenças (contornando algumas com suborno ao longo do caminho se conseguirem escapar impunes), se houver a perspectiva de ganhar uma quantidade suficiente de dinheiro no final do processo. Portanto, em um país que está crescendo rápido e no qual boas oportunidades de negócios estão surgindo o tempo todo, até mesmo o incômodo de obter 299 licenças não dissuadiria os empresários de abrir uma nova linha de negócios. Em contrapartida, se no final do processo houver pouco dinheiro a ser ganho, até mesmo apenas 29 licenças poderão parecer opressivas.

O mais importante é que a razão de alguns países que regulamentaram fortemente os negócios terem se saído economicamente bem é o fato de que algumas regulamentações são na realidade boas para os negócios.

Às vezes, as regulamentações ajudam os negócios limitando a capacidade das empresas de se envolver em atividades que lhes renderia maiores lucros a curto prazo mas que, em última análise, destruiria a riqueza comum que todas as empresas comerciais necessitam. Por exemplo, regulamentar a intensidade da atividade das fazendas de peixes pode reduzir os lucros destas últimas mas ajudar a indústria das fazendas de peixes como um todo ao preservar a qualidade da água que elas precisam usar. Outro exemplo é que poderia ser do interesse de empresas individuais

270

empregar crianças para reduzir a sua folha de pagamentos. No entanto, o uso difundido da mão de obra infantil diminuiria a qualidade da força de trabalho a longo prazo por tolher o desenvolvimento físico e mental das crianças. Nesse caso, a regulamentação do trabalho infantil pode na realidade beneficiar todo o setor empresarial a longo prazo. Em um terceiro exemplo, os bancos isolados podem se beneficiar ao emprestar dinheiro de uma maneira mais agressiva. No entanto, se todos fizerem o mesmo, poderão sofrer no final, pois esse comportamento de empréstimo pode aumentar a chance da ocorrência de um colapso sistêmico, como vimos na crise financeira global de 2008. Portanto, restringir o que os bancos podem fazer pode na realidade ajudá-los a longo prazo, mesmo que essa medida não os favoreça de imediato (*ver pp. 314-327*).

Não se trata apenas de a regulamentação poder ajudar as empresas por impedi-las de enfraquecer a base da sua sustentabilidade a longo prazo. Às vezes, as regulamentações podem ajudar os negócios obrigando as empresas a fazer coisas que podem não ser do interesse particular delas mas que aumentam a sua produtividade coletiva a longo prazo. Por exemplo, as empresas frequentemente não investem o bastante no treinamento dos seus funcionários, simplesmente porque têm medo de que outras empresas os roubem e obtenham benefícios à custa do seu esforço inicial. Nessa situação, o fato de o governo impor a todas as empresas um requisito para o treinamento profissional poderia na realidade aumentar a qualidade da força de trabalho, favorecendo com isso, no final, todas as empresas. Outro exemplo é que, em um país em desenvolvimento que precise importar tecnologias do exterior, o governo pode ajudar as empresas a alcançar uma maior produtividade a longo prazo proibindo a importação de tecnologias estrangeiras excessivamente obsoletas que possam possibilitar que os importadores enfraqueçam os concorrentes a curto prazo mas que os manterá presos a tecnologias que não oferecem nenhuma perspectiva de progresso.

Karl Marx descreveu a restrição do governo à liberdade empresarial em benefício do interesse coletivo da classe capitalista como "o comitê executivo da burguesia". Mas você não precisa ser marxista para perceber que as regulamentações que restringem a liberdade das empresas individuais podem promover o interesse coletivo do setor empresarial como um todo, sem mencionar da nação como um todo. Em outras palavras, muitas regulamentações são a favor e não contra os negócios. Muitas ajudam a preservar os recursos que todas as empresas compartilham, ao passo que outras ajudam os negócios obrigando as empresas a fazer coisas que aumentam a sua produtividade coletiva a longo prazo. Somente quando reconhecermos essa verdade seremos capazes de entender que o que importa não é o número absoluto de regulamentações, mas sim a intenção e o conteúdo delas.

19
Apesar da queda do comunismo, ainda estamos vivendo em economias planejadas

O que eles dizem

Os limites do planejamento econômico foram ressonantemente demonstrados pela queda do comunismo. Nas complexas economias modernas, o planejamento não é nem possível nem desejável. Somente decisões descentralizadas tomadas por intermédio do mecanismo do mercado, baseadas no fato de as pessoas e as empresas estarem sempre atentas a oportunidades lucrativas, são capazes de sustentar uma complexa economia moderna. Devemos acabar com a ilusão de que podemos planejar qualquer coisa neste mundo complexo e em eterna transformação. Quanto menos planejamento houver, melhor.

O que eles não dizem

As economias capitalistas são em grande parte planejadas. Os governos nas economias capitalistas também praticam o planejamento, embora de uma maneira mais limitada do que no planejamento central comunista. Todos financiam uma parcela significativa do investimento em P&D e infraestrutura. A maioria deles planeja uma parte significativa da economia por meio do planejamento das atividades das empresas estatais. Muitos governos capitalistas planejam a configuração futura dos setores industriais por intermédio da política industrial setorial ou até mesmo a da economia nacional por intermédio do planejamento indicativo. O mais importante é que as modernas economias capitalistas são formadas por grandes corporações hierárquicas que planejam detalhadamente as suas atividades, até mesmo além das fronteiras nacionais. Por conseguinte, a questão não é planejar ou deixar de planejar, e sim planejar as coisas certas nos níveis adequados.

República do Alto Volta com mísseis

Na década de 1970, muitos diplomatas ocidentais chamavam a União Soviética de "República do Alto Volta com mísseis". Que insulto — ou seja, para a República do Alto Volta (renomeado Burkina Faso em 1984), que estava sendo rotulado de país pobre por excelência, quando ele não estava nem mesmo perto da extremidade inferior da liga mundial da pobreza. O apelido, contudo, resumia o que estava errado com a economia soviética.

Era um país capaz de enviar pessoas ao espaço mas cuja população fazia fila para conseguir gêneros alimentícios básicos como pão e açúcar. O país não tinha nenhuma dificuldade em produzir continuamente mísseis balísticos intercontinentais e submarinos nucleares, mas não conseguia fabricar uma televisão decente. Dizem que nos anos 1980, a segunda maior causa de incêndios em Moscou era — acredite ou não — televisões que explodiam. Os grandes cientistas russos eram tão inventivos quanto os seus equivalentes nos países capitalistas, mas o restante do país não parecia ser capaz de viver à altura do mesmo padrão. O que estava acontecendo?

Ao perseguir a visão comunista de uma sociedade sem classes baseada na propriedade coletiva dos "meios de produção" (p. ex., máquinas, fábricas, estradas), a União Soviética e os seus aliados comunistas tinham como desígnio o pleno emprego e um grau elevado de qualidade. Como ninguém tinha permissão para possuir qualquer meio de produção, praticamente todos os empreendimentos eram administrados por administradores profissionais (com exceções secundárias como os pequenos restaurantes e cabeleireiros), o que impedia o surgimento de empreendedores visionários como Henry Ford ou Bill Gates. Tendo em vista o compromisso político com uma elevada igualdade, a remuneração máxima de um administrador estava claramente limitada. Isso significava que o incentivo para que os administradores transformassem as tecnologias avançadas que o sistema era claramente capaz de produzir em produtos que os consumidores efetivamente desejavam era limitado. A política do pleno emprego a todo custo significava que os administradores não poderiam usar a suprema ameaça — a demissão — para disciplinar os trabalhadores. Este fato contribuiu para o trabalho relaxado e o absenteísmo; ao tentar reformar a economia soviética, Gorbachev frequentemente mencionava o problema da disciplina no trabalho.

É claro que isso não significava que ninguém nos países comunistas estava motivado a trabalhar arduamente ou a administrar um bom negócio. Até mesmo nas economias capitalistas, não fazemos as coisas apenas por dinheiro (*ver pp. 72-84*), mas os países comunistas se apoiavam, com algum sucesso, no aspecto menos egoísta da natureza humana. Principalmente nos primeiros dias do comunismo, havia um grande idealismo com relação à construção de uma nova sociedade. Ocorreu também na União Soviética uma enorme onda de patriotismo durante a Segunda Guerra

Mundial e por um breve período depois que ela terminou. Em todos os países comunistas, havia muitos administradores e trabalhadores dedicados que eram competentes por profissionalismo e dignidade. Além disso, nos anos 1960, o igualitarismo ideal dos primórdios do comunismo tinha dado lugar ao realismo, e a remuneração relacionada com o desempenho se tornara a norma, mitigando (se bem que de modo algum eliminando) o problema do incentivo.

Apesar disso, o sistema mesmo assim deixou de funcionar bem devido à ineficácia do sistema de planejamento central comunista, que deveria ser uma alternativa mais eficiente para o sistema de mercado.

A justificativa comunista para o planejamento central se baseava em uma lógica relativamente judiciosa. Karl Marx e os seus seguidores argumentavam que o problema fundamental do capitalismo era a contradição entre a natureza social do processo de produção e a natureza privada da propriedade dos meios de produção. Com o desenvolvimento econômico — ou o desenvolvimento das forças produtivas, no jargão marxista — a divisão do trabalho entre as empresas se desenvolve ainda mais e, consequentemente, elas se tornam cada vez mais dependentes umas das outras — ou a natureza social do processo de produção se intensifica. No entanto, apesar da crescente interdependência entre as empresas, argumentavam os marxistas, a propriedade delas permanece firmemente em mãos privadas separadas, o que torna impossível coordenar as ações dessas empresas interdependentes. É claro que as variações de preços garantem que exista alguma coordenação *ex post* das decisões das empresas, mas a sua amplitude é limitada e o desequilíbrio entre a oferta e a procura, criado por essa (em termos não marxistas) "incapacidade de coordenação", se acumula em crises econômicas periódicas. Durante uma crise econômica, rezava o argumento, um grande número de recursos valiosos é desperdiçado. Muitos produtos não vendidos são jogados fora, máquinas que produziam coisas agora indesejadas são inutilizadas, e trabalhadores capazes e dispostos a trabalhar são demitidos devido à falta de demanda. Com o desenvolvimento do capitalismo, prognosticaram os marxistas, essa contradição sistêmica se tornaria maior e, por conseguinte, as crises econômicas se tornariam cada vez maiores e mais violentas, finalmente derrubando todo o sistema.

Em contrapartida, com o planejamento central, argumentavam os marxistas, todos os meios de produção são de propriedade da sociedade como um todo e, consequentemente, as atividades das unidades de produção interdependentes podem ser coordenadas *ex ante* por meio de um plano unificado. Uma vez que qualquer falha potencial de coordenação é resolvida antes que aconteça, a economia não precisa passar por essas crises periódicas a fim de equilibrar a oferta e a procura. Com o planejamento central, a economia produzirá apenas exatamente o que é necessário. Em nenhum momento algum recurso permanecerá inativo, já que não haverá crises econômicas. Por conseguinte, o sistema de planejamento central, argumentavam os marxistas, administrará a economia com muito mais eficiência do que o sistema de mercado.

Essa, pelo menos, era a teoria. Lamentavelmente, o planejamento central não funcionou muito bem na prática. O principal problema era a complexidade. Os marxistas podem ter estado certos ao pensar que o desenvolvimento das forças produtivas, por aumentar a interdependência entre diferentes segmentos de capital, aumenta a *necessidade* do planejamento central. No entanto,

277

eles deixaram de reconhecer que isso também torna a economia mais complexa, tornando mais *difícil* planejar centralmente.

O planejamento central funcionava bem quando os objetivos eram relativamente simples e claros, como foi presenciado no sucesso da industrialização nos primórdios da União Soviética, quando a principal tarefa era produzir um número relativamente pequeno de produtos fundamentais em grandes quantidades (aço, tratores, trigo, batata etc.). No entanto, à medida que a economia se desenvolvia, o planejamento central foi se tornando cada vez mais difícil, com um crescente número de produtos diversificados (efetivos e potenciais). É claro que, com o desenvolvimento econômico, a capacidade de planejar também aumentou graças ao aprimoramento da qualificação administrativa, das técnicas matemáticas do planejamento e dos computadores. Entretanto, o aumento da capacidade de planejar não foi suficiente para lidar com o aumento da complexidade da economia.

Uma solução óbvia foi limitar a variedade de produtos, mas isso deixou os consumidores extremamente insatisfeitos. Além disso, mesmo com a redução do sortimento, a economia continuava a ser complexa demais para ser planejada. Muitos produtos não desejados eram produzidos e não eram vendidos, ao passo que havia escassez de outros, resultando nas filas generalizadas. Quando o comunismo começou a se desintegrar nos anos 1980, o ceticismo com relação ao sistema que se mostrava cada vez mais incapaz de cumprir as suas promessas era tão grande que a piada corrente nos países comunistas era a seguinte: "Nós fingimos trabalhar e eles fingem que nos pagam."

Não é de causar surpresa que o planejamento central tenha sido abandonado de cabo a rabo quando os partidos comunistas governantes foram desapossados em todo o bloco soviético, depois da queda do Muro de Berlim. Até mesmo países como a China e o Vietnã, que ostensivamente mantiveram o regime comunista, abandonaram gradualmente o planejamento central, embora o estado ainda exerça um elevado grau de controle sobre a economia. Portanto, todos vivemos hoje em economias de mercado (bem, a não ser que você more na Coreia do Norte ou em Cuba). O planejamento desapareceu. Mesmo?

Existe planejamento e planejamento

O fato de o comunismo ter desaparecido para todos os efeitos práticos não significa que o planejamento tenha deixado de existir. Os governos nas economias capitalistas também planejam, embora não da maneira abrangente como faziam as autoridades planejadoras centrais nos países comunistas.

Até mesmo em uma economia capitalista, existem situações — a guerra, por exemplo — nas quais o planejamento central é mais eficaz. Durante a Segunda Guerra Mundial, por exemplo, as economias dos principais beligerantes capitalistas, os Estados Unidos, o Reino Unido e a Alemanha, foram todas centralmente planejadas em tudo exceto no nome.

No entanto, o que é mais importante, muitos países capitalistas usaram com êxito o que é conhecido como "planejamento indicativo". Trata-se de um tipo de planejamento no qual o governo de um país capitalista define alguns objetivos amplos relacionados com importantes variáveis econômicas (p. ex., investimentos nas indústrias estratégicas, desenvolvimento da infraestrutura, exportações) e trabalha junto com o setor privado, e não contra ele, para alcançá-los. Ao contrário do que ocorre no planejamento central, esses objetivos não são obrigatórios do ponto de vista jurídico, daí o adjetivo "indicativo". Entretanto, o governo se esforçará ao máximo para atingi-los mobilizando vários incentivos (p. ex., subsídios, a concessão de direitos de monopólio) e punições (p. ex., regulamentações, a influência por meio de bancos estatais) que têm à sua disposição.

A França obteve um grande sucesso nas décadas de 1950 e 1960 ao promover o investimento e a inovação tecnológica por meio do planejamento indicativo, ultrapassando assim a economia britânica como a segunda potência industrial da Europa. Outros países europeus, como a Finlândia, a Noruega e a Áustria, também utilizaram com sucesso o planejamento indicativo para modernizar as suas economias entre as décadas de 1950 e 1970. As economias do milagre asiático, o Japão, a Coreia e Taiwan, também usaram o planejamento indicativo entre os anos 1950 e 1980. Isso não quer dizer que o planejamento indicativo tenha sido bem-sucedido em todos os casos; na Índia, por exemplo, ele não foi. Não obstante, os exemplos da Europa e do Leste Asiático mostram que certas formas de planejamento não são incompatíveis com o capitalismo, podendo até mesmo promover muito bem o desenvolvimento capitalista.

Além disso, mesmo quando não planejam explicitamente toda a economia, nem mesmo de uma maneira indicativa, os governos da maioria das economias capitalistas fazem e implementam planos para certas atividades essenciais que podem ter implicações para a economia como um todo (*ver pp. 178-192*).

A maioria dos governos capitalistas planeja e configura o futuro de algumas indústrias essenciais por intermédio do que é chamado de "política industrial setorial". Os países da Europa e do Leste Asiático que praticaram o planejamento indicativo também praticaram a política industrial setorial. Até mesmo países

280

que não praticaram o planejamento indicativo, como a Suécia e a Alemanha, praticaram a política industrial setorial.

Na maioria dos países capitalistas, o governo é dono, e com frequência também opera, uma parcela considerável da economia nacional por intermédio das empresas estatais (SOEs). Estas últimas são frequentemente encontradas nos setores de infraestrutura fundamentais (p. ex., estradas de ferro, rodovias, portos, aeroportos) ou nos serviços essenciais (p. ex., água, eletricidade, correios), mas também existem nos setores industrial e financeiro (mais histórias sobre as empresas estatais podem ser encontradas no capítulo "Man Exploits Man" do meu livro *Bad Samaritans*). A parcela de empresas estatais na produção nacional pode chegar a mais de 20%, como no caso de Cingapura, ou ser apenas de 1%, como no caso dos Estados Unidos, mas a média internacional gira em torno de 10%. Como o governo planeja as atividades das empresas estatais, isso significa que uma parte significativa da economia capitalista típica é diretamente planejada. Quando consideramos o fato que as empresas estatais geralmente atuam em setores que exercem um impacto desproporcional no restante da economia, o efeito indireto do planejamento por intermédio das empresas estatais é ainda maior do que é indicado pelo percentual de participação das empresas estatais na produção nacional.

Além disso, em todas as economias capitalistas, o governo planeja o futuro tecnológico nacional financiando uma elevada proporção da pesquisa e desenvolvimento (de 20 a 50%). Curiosamente, os Estados Unidos são uma das economias mais planejadas nesse aspecto. Entre os anos 1950 e 1980, a participação do financiamento do governo na P&D total no suposto livre mercado americano representou entre 47 e 65%, dependendo do ano, enquanto esse percentual ficou em torno de 20% no Japão e na

Coreia e em menos de 40% em vários países europeus (p. ex., Bélgica, Finlândia, Alemanha e Suécia).[1] A proporção caiu a partir da década de 1990, já que o financiamento na P&D militar foi reduzido com o fim da Guerra Fria. No entanto, mesmo assim, a participação do governo em P&D nos Estados Unidos continua a ser maior do que em muitas outras economias capitalistas. É digno de nota o fato que quase todas as indústrias nas quais os Estados Unidos possui a liderança tecnológica internacional são as que vêm recebendo um importante financiamento do governo em P&D por intermédio de programas militares (p. ex., computadores, semicondutores, aeronaves) e projetos de saúde (p. ex., produtos farmacêuticos, biotecnologia).

É claro que a extensão do planejamento governamental a partir da década de 1980 declinou, em grande parte devido à ascensão da ideologia pró-mercado durante esse período. O planejamento indicativo foi desativado na maioria dos países, entre eles aqueles nos quais ele fora bem-sucedido. Em muitos países, embora não em todos, a privatização resultou na redução da participação das empresas estatais na produção e no investimento nacionais. A participação do financiamento do governo no total de P&D também caiu praticamente em todos os países capitalistas, embora não muito na maioria dos casos. Entretanto, eu argumentaria que, apesar do relativo declínio do planejamento do governo no período mais recente, continua a haver um planejamento amplo, e crescente, nas economias capitalistas. Por que estou afirmando isso?

Planejar ou não planejar — essa não é a questão

Suponhamos que um novo CEO tenha assumido o cargo em uma empresa e dito: "Acredito profundamente nas forças do mercado.

Neste mundo em rápida transformação, não devemos ter uma estratégia fixa e devemos manter o máximo possível de flexibilidade. Assim, de hoje em diante, todo mundo nesta empresa vai se deixar guiar pelos preços de mercado que estão em constante mudança, e não por um plano rígido." O que você acha que aconteceria? Os seus funcionários aplaudiriam um líder com uma visão adequada ao século XXI? Os acionistas aplaudiriam a abordagem amigável ao mercado do novo CEO e lhe concederiam um aumento de salário?

Ele não duraria uma semana na empresa. As pessoas iriam dizer que ele não possui qualidades de liderança. Ele seria acusado de carecer da "coisa da visão" (como disse certa vez George Bush). Seria ressaltado que o principal tomador de decisões deveria estar disposto a moldar o futuro da empresa, em vez de simplesmente deixar que as coisas acontecessem. Seguir às cegas os sinais do mercado, diriam elas, não é a maneira correta de gerir uma empresa.

As pessoas esperariam que o CEO dissesse algo assim: "É aqui que a nossa empresa se encontra hoje. Ali está o lugar aonde pretendo levá-la nos próximos dez anos. A fim de chegar lá, vamos desenvolver novas indústrias, A, B e C, ao mesmo tempo que acabaremos com D e E. A nossa subsidiária na indústria D será liquidada. Vamos fechar a nossa subsidiária da indústria E no país, mas parte da produção será deslocada para a China. A fim de desenvolver a nossa subsidiária da indústria A, teremos que fazer uma subvenção cruzada com os lucros de empresas existentes. A fim de estabelecer uma presença na indústria B, teremos que formar uma aliança estratégica com a Kaisha Corporation do Japão, o que poderá envolver fornecer a ela alguns insumos que nós produzimos a preços abaixo do mercado. Com o objetivo de expandir os nossos negócios na indústria C, precisaremos aumentar o nosso investimento em P&D nos próximos cinco anos. Tudo isso poderá significar que a empresa como um todo venha a ter algum prejuízo no futuro próximo. Se esse for o caso, que assim seja, porque esse é o preço que teremos que pagar para ter um futuro mais brilhante." Em outras palavras, espera-se que o CEO seja "um homem (ou uma mulher) que tenha um *plano*".

As empresas planejam as suas atividades, às vezes nos mínimos detalhes. Na realidade, foi aí que Marx teve a ideia de planejar centralmente toda a economia. Quando ele falava em planejamento, na realidade não havia nenhum governo na vida real que estivesse praticando o planejamento. Na época, somente as empresas planejavam. O que Marx prognosticou foi que a abordagem do planejamento "racional" das empresas capitalistas acabaria se revelando superior à destrutiva anarquia do mercado e, portanto, com o tempo, seria estendida para a economia como um todo. Sem dúvida ele criticava o planejamento dentro das empresas, acusando-o de representar o despotismo dos capitalistas, mas ele acreditava que, uma vez que a propriedade privada fosse extinta e os capitalistas eliminados, os elementos racionais desse despotismo poderiam ser isolados e canalizados para o bem social.

Com o desenvolvimento do capitalismo, uma quantidade cada vez maior de áreas da economia passou a ser dominada por grandes corporações. Isso significa que a área da economia capitalista que é coberta pelo planejamento na realidade cresceu. Para dar um exemplo concreto, hoje em dia, dependendo da estimativa, de um terço à metade do comércio internacional consiste de transferências entre diferentes unidades dentro de corporações transnacionais.

Herbert Simon, ganhador do Prêmio Nobel de economia de 1978, que foi um dos pioneiros do estudo das organizações empresariais (*ver pp. 232-245*), defendeu sucintamente esse argumento em 1991 em um dos artigos que escreveu, "Organisations and Markets". Se um marciano, sem nenhuma ideia preconcebida, visitasse a Terra e observasse a nossa economia, refletiu Simon, ele chegaria à conclusão de que os terráqueos vivem em uma *economia de mercado*? Não, afirmou Simon; é quase certo que o marciano teria concluído que os terráqueos vivem em uma *economia organizacional* no sentido que a maior parte das atividades econômicas da terra é coordenada dentro dos limites de empresas (organizações), em vez de por meio de transações de mercado entre essas empresas. Se estas últimas fossem representadas pela cor verde e os mercados, por vermelho, argumentou Simon, o marciano veria "grandes áreas verdes interligadas por linhas vermelhas", em vez de "uma rede de linhas vermelhas ligando pontos verdes".[2] E nós achamos que o planejamento está morto.

Simon não falou muito a respeito do planejamento do governo, mas se o adicionarmos, as modernas economias capitalistas são ainda mais planejadas do que indica o seu exemplo marciano. Entre o planejamento que está tendo lugar dentro das corporações e vários tipos de planejamento do governo, as modernas economias capitalistas são planejadas em um grau bastante elevado.

Um ponto interessante que resulta dessas observações é que os países ricos são mais planejados do que os países pobres, devido à existência mais difundida de grandes corporações e à presença não raro mais predominante (embora menos visível, devido à sua abordagem mais sutil) do governo.

A questão, portanto, não é planejar ou deixar de planejar, e sim quais são os níveis e formas de planejamento apropriados para diferentes atividades. O preconceito contra o planejamento, embora compreensível considerando-se o fracasso do planejamento central comunista, nos leva a interpretar erroneamente a verdadeira natureza da economia moderna na qual a política do governo, o planejamento corporativo e os relacionamentos de mercado são fundamentais e interagem de uma maneira bastante complexa. Sem os mercados, acabaremos tendo as mesmas ineficiências que o sistema soviético. Entretanto, achar que podemos viver apenas em função do mercado é como acreditar que podemos viver comendo apenas sal, porque o sal é essencial para a nossa sobrevivência.

20
A igualdade de oportunidades pode não ser justa

O que eles dizem

Muitas pessoas ficam irritadas com a desigualdade. No entanto, existe igualdade e igualdade. Quando recompensamos as pessoas da mesma maneira independentemente dos seus esforços e realizações, os mais talentosos e os mais esforçados perdem o incentivo para ter um bom desempenho. Isso equivale à igualdade do resultado. É uma má ideia, como foi comprovado pela queda do comunismo. Devemos buscar a igualdade de oportunidades. Por exemplo, não apenas era injusto como também ineficaz que um estudante negro no *apartheid* da África do Sul não pudesse frequentar melhores universidades dos "brancos", mesmo se ele fosse um aluno com um desempenho mais satisfatório. As pessoas devem ter oportunidades iguais. Entretanto, é igualmente injusto e ineficaz introduzir uma ação afirmativa e começar a aceitar alunos de qualidade inferior simplesmente porque eles são negros ou têm uma origem desprivilegiada. Ao tentar igualar os resultados, não apenas distribuímos erroneamente os talentos mas também penalizamos os mais talentosos e esforçados.

O que eles não dizem

A igualdade de oportunidades é o ponto de partida para uma sociedade justa, mas não é suficiente. É claro que as pessoas devem ser recompensadas por um desempenho melhor, mas a questão é se elas estão efetivamente competindo sob as mesmas condições que os seus concorrentes. Se uma criança não tem um bom desempenho na escola porque está com fome e não consegue se concentrar na aula, não podemos dizer que ela não está se saindo bem por ser inerentemente menos capaz. A concorrência justa só pode ser alcançada quando a criança está bem alimentada — em casa por meio do apoio da renda familiar e na escola por intermédio de um programa de refeições gratuitas. A não ser que exista alguma igualdade no resultado (p. ex., a renda de todos os pais está acima de um certo limite mínimo, o qual possibilita que as crianças não passem fome), as oportunidades iguais (p. ex., a instrução gratuita) não são realmente significativas.

Mais católicos do que o Papa?

Na América Latina, as pessoas frequentemente usam a expressão que alguém é "mais católico do que o Papa" *(mas Papista que el Papa)*. A expressão se refere à tendência das sociedades na periferia intelectual de aplicar doutrinas — religiosas, econômicas e sociais — com mais rigidez do que os seus países de origem.

Os coreanos, o meu povo, são provavelmente os campeões do mundo no que diz respeito a ser mais católicos do que o Papa (não no sentido literal, já que apenas cerca de 10% deles são católicos). A Coreia não é exatamente um país pequeno. A população combinada da Coreia do Norte e da Coreia do Sul, que durante quase um milênio, até 1945, era um único país, é hoje de mais ou menos 70 milhões de habitantes. No entanto, ela está exatamente no meio de uma zona na qual os interesses dos gigantes — a China, o Japão, a Rússia e os Estados Unidos — se chocam. Desse modo, nós nos tornamos extremamente versados em adotar a ideologia de um dos grandes e em ser mais ortodoxos a respeito dela do que ele. Quando praticamos o comunismo (na Coreia do Norte), somos mais comunistas do que os russos. Quando praticamos o capitalismo de estado no estilo japonês (no Sul) entre as décadas de 1970 e 1980, aplicamos mais rigorosamente esse sistema do que os japoneses. Agora que passamos a adotar o capitalismo no estilo americano, fazemos preleções aos americanos sobre as virtudes do livre mercado e os humilhamos desregulamentando os mercados financeiros e de trabalho à esquerda, à direita e no centro.

Por conseguinte, era natural que até o século XIX, quando estávamos sob a esfera de influência chinesa, fôssemos mais confucionistas do que os chineses. O confucionismo, para aqueles que não estão familiarizados com ele, é um sistema cultural baseado nos ensinamentos de Confúcio — o nome latinizado do filósofo político chinês, Kong Tze, que viveu no século V a.C. Hoje, tendo presenciado o sucesso econômico de alguns países confucionistas, muitas pessoas acham que se trata de uma cultura particularmente adequada ao desenvolvimento econômico, mas ela foi uma ideologia tipicamente feudal até ser adaptada às exigências do capitalismo moderno na segunda metade do século XX.[1]

À semelhança de quase todas as outras ideologias feudais, o confucionismo adotava uma rígida hierarquia social que restringia a escolha das ocupações de acordo com a origem da pessoa. Isso impedia que homens talentosos das castas inferiores fossem além da sua classe social. No confucionismo, havia uma divisão crucial entre os agricultores (que eram considerados a base da sociedade) e as outras classes trabalhadoras. Os filhos dos agricultores podiam prestar o exame (extraordinariamente difícil) para o serviço público estatal e ser incorporados à classe dominante, embora isso raramente acontecesse na prática, ao passo que os filhos dos artesãos e comerciantes nem mesmo tinham permissão para prestar o exame, por mais inteligentes que fossem.

A China, por ser o lugar de origem do confucionismo, se sentia confiante e à vontade para adotar uma abordagem mais pragmática na interpretação das doutrinas clássicas e permitia que pessoas das classes dos comerciantes e dos artesãos prestassem o exame para o serviço público. A Coreia — por ser mais confucionista do que Confúcio — ateve-se obstinadamente a essa doutrina e recusou-se a contratar pessoas talentosas simplesmente porque elas tinham nascido de pais "errados". Foi somente depois que nos libertamos do jugo colonial japonês (1910-1945) que o sistema tradicional de castas foi completamente extinto e a Coreia se tornou um país onde a origem da pessoa não coloca um teto na realização individual (embora o preconceito contra os artesãos — engenheiros na terminologia atual — e os comerciantes — administradores de empresas na terminologia atual — tenha perdurado por mais algumas décadas até que o desenvolvimento econômico tornou atrativas essas profissões).

Obviamente a Coreia feudal não estava sozinha ao se recusar a conceder às pessoas a igualdade de oportunidades. As sociedades feudais europeias operavam com sistemas semelhantes, e na Índia o sistema de castas ainda está em vigor, se bem que informalmente. Tampouco era apenas em função da casta que era recusada às pessoas a igualdade de oportunidades. Até a Segunda Guerra Mundial, a maioria das sociedades se recusava a permitir que as mulheres fossem eleitas para cargos públicos; na realidade, era-lhes completamente recusada a cidadania política e elas nem mesmo tinham permissão para votar. Até recentemente, muitos países costumavam restringir o acesso das pessoas à instrução e a empregos em função da raça. No final do século XIX e no início do século XX, os Estados Unidos proibiam a imigração de raças "indesejáveis", especialmente os orientais. A África do Sul, durante o regime do *apartheid*, tinha universidades separadas para os brancos e para o resto (os mestiços [*coloured*] e os negros), sendo que estas últimas eram precariamente financiadas.

Portanto, não faz muito tempo que a maior parte do mundo emergiu de uma situação na qual as pessoas eram impedidas de progredir individualmente em função da sua raça, sexo ou casta. A igualdade de oportunidades é algo que deve ser altamente promovido.

Os mercados liberam?

Muitas das regras formais que restringiam a igualdade de oportunidades foram revogadas nas últimas gerações. Isso se deve em grande parte às lutas políticas dos discriminados — como a exigência cartista do sufrágio universal (masculino) na Grã-Bretanha em meados do século XIX, o movimento dos Direitos Civis dos negros americanos da década de 1960, a luta *antiapartheid* na África do Sul na segunda metade do século XX e a luta das pessoas das castas inferiores na Índia atual. Sem essas e um sem número de outras campanhas realizadas pelas mulheres, pelas raças oprimidas e pelos membros das castas inferiores, ainda estaríamos vivendo em um mundo no qual restringir os direitos das pessoas de acordo com uma "loteria da condição de nascimento" seria considerado natural.

Nessa luta contra a desigualdade de oportunidades, o mercado representou uma grande ajuda. Quando somente a eficiência garante a sobrevivência, ressaltam os economistas que defendem o livre mercado, não há espaço para que preconceitos raciais ou políticos se insinuem nas transações comerciais. Milton Friedman declarou isso de uma maneira sucinta no livro *Capitalism and Freedom*: "Ninguém que compra pão sabe se o trigo com o qual ele foi feito foi cultivado por um comunista ou um republicano (...) por um negro ou por um branco." Por conseguinte, argumentou Friedman, o mercado com o tempo expulsará o racismo, ou pelo menos o reduzirá significativamente, porque os empregadores racistas que insistem em só contratar pessoas brancas serão expulsos por outros de espírito mais aberto que contratam os melhores talentos disponíveis, independentemente da sua raça.

Esse ponto é poderosamente ilustrado pelo fato que até mesmo o regime notoriamente racista do *apartheid* da África do Sul teve que chamar os japoneses de "brancos honorários". De modo algum os executivos japoneses que geriam as fábricas locais da Toyota e da Nissan poderiam morar em cidadezinhas como Soweto, onde os não brancos eram obrigados a viver debaixo da lei do *apartheid*. Por conseguinte, os supremacistas sul-africanos brancos tiveram que engolir o seu orgulho e fingir que os japoneses eram brancos, já que queriam desfilar em carros japoneses. Esse é o poder do mercado.

O poder do mercado como "nivelador" é mais difundido do que imaginamos. Como mostra de um modo tão pungente a peça de Alan Bennett transformada em filme, *History Boys*,* os alunos dos grupos desprivilegiados tendem a carecer da segu-

---

* Exibido no Brasil com o título *Fazendo História*. (N. da trad.)

rança intelectual e social, ficando portanto em desvantagem na hora de ingressar nas universidades de elite e, por extensão, na hora de conseguir empregos bem-remunerados. Obviamente, as universidades não precisam reagir às pressões do mercado com a mesma rapidez das empresas. No entanto, se uma universidade sistematicamente discriminasse minorias étnicas ou jovens da classe trabalhadora e só aceitasse pessoas com antecedentes "certos" apesar do seu desempenho inferior, os possíveis empregadores viriam a preferir pessoas formadas nas universidades não racistas. A universidade preconceituosa, para recrutar os melhores alunos possíveis, mais cedo ou mais tarde teria que abandonar os seus preconceitos.

Considerando-se tudo isso, é tentador argumentar que, uma vez que garantirmos a igualdade de oportunidades, livre de qualquer discriminação formal a não ser aquela conferida pelo mérito, o mercado eliminará quaisquer preconceitos residuais por intermédio do mecanismo competitivo. Entretanto, esse é apenas o início. Muito mais precisa ser feito para a criação de uma sociedade genuinamente justa.

O fim do apartheid *e da sociedade* cappuccino

Embora muitas pessoas ainda tenham preconceito contra certas raças, as pessoas pobres, as castas inferiores e as mulheres, hoje poucas contestariam abertamente o princípio da igualdade de oportunidades. Mas neste ponto, as opiniões se dividem acentuadamente. Alguns argumentam que a igualdade deveria acabar junto com a da oportunidade. Outros, entre os quais me incluo, acreditam que não basta ter uma igualdade de oportunidades formal.

Os economistas que defendem o livre mercado advertem que, se tentarmos igualar os resultados das ações das pessoas e não apenas as suas oportunidades de praticar determinadas ações, isso criará enormes desincentivos contra o trabalho árduo e a inovação. Você trabalharia arduamente se soubesse que, não importa o que fizesse, receberia a mesma coisa que a pessoa do seu lado que fica o dia inteiro sem fazer nada? Não foi esse o motivo pelo qual as comunas agrícolas chinesas de Mao Zedong foram um enorme fracasso? Se tributarmos desproporcionalmente os ricos e usarmos essa receita para financiar o estado do bem-estar social, os ricos não perderão o incentivo de criar a riqueza, enquanto os pobres perderão o incentivo de trabalhar, já que têm garantido um padrão de vida mínimo quer trabalhem arduamente ou não — ou até mesmo se não trabalharem? (*Ver pp. 301-313.*) Dessa maneira, argumentam os economistas que defendem o livre mercado, todo mundo fica em uma situação pior devido à tentativa de reduzir a desigualdade do resultado (*ver pp. 193-205*).

Sem dúvida é verdade que as tentativas exageradas de igualar os resultados — digamos, a comuna maoísta, onde praticamente não havia nenhum vínculo entre o esforço da pessoa e a recompensa que ela recebia — terão um impacto adverso no esforço de trabalho das pessoas. E isso também é injusto. Mas acredito que um certo grau de equalização de resultados se faz necessário para que possamos construir uma sociedade genuinamente justa.

A questão é que, para poder se beneficiar das oportunidades iguais que lhes são oferecidas, as pessoas precisam da capacidade de utilizá-las. De nada adianta que os sul-africanos negros tenham hoje as mesmas oportunidades que os brancos de obter um emprego altamente remunerado, se eles não têm o grau de instrução necessário para se qualificar para esse tipo de emprego.

De nada adianta que os negros hoje possam ingressar nas melhores universidades (anteriormente exclusivas para brancos), se eles ainda têm que frequentar escolas deficientemente financiadas com professores subqualificados, alguns dos quais mal sabem ler e escrever. Para a maioria dos jovens negros na África do Sul, a recém--adquirida igualdade de oportunidade de ingressar em boas universidades não significa que eles possam frequentar essas universidades. As suas escolas continuam a ser pobres e deficientemente administradas. Os professores subqualificados não ficaram talentosos de repente com o fim do *apartheid*. Os seus pais ainda estão desempregados (até mesmo a taxa de desemprego, que subestima imensamente o verdadeiro desemprego em um país em desenvolvimento, está entre 26 e 28%, uma das mais elevadas do mundo). Para eles, o direito de ingressar em melhores universidades é simplesmente irrealista. Por esse motivo, a África do Sul pós--*apartheid* se transformou no que alguns sul-africanos chamam de "sociedade *cappuccino*": uma massa marrom no fundo, uma fina camada de espuma branca sobre ela, e um borrifo de cacau por cima.

Os economistas que defendem o livre mercado lhe dirão que aqueles que não têm a instrução, a determinação e a energia empreendedora necessária para tirar proveito das oportunidades de mercado têm que culpar a si mesmos. Por que as pessoas que trabalharam arduamente e conquistaram um diploma universitário enfrentando grandes dificuldades deveriam ser recompensadas da mesma maneira que outra, que tem os mesmos antecedentes de pobreza, e que optou por viver praticando pequenos delitos?

Esse argumento está correto. Não podemos, e não devemos, explicar o desempenho de uma pessoa em função apenas do ambiente no qual ela foi criada. As pessoas têm responsabilidades pelo que fizeram com a sua vida. Entretanto, embora correto, esse argumento é apenas parte da história. As pessoas não nascem em um vácuo. O ambiente socioeconômico no qual elas atuam impõe sérias restrições ao que elas podem fazer. Ou até mesmo ao que elas *querem* fazer. O seu ambiente pode fazer com que você desista de certas coisas sem ao menos tentar. Por exemplo, muitas crianças britânicas da classe trabalhadora com talento acadêmico nem mesmo tentam ir para a universidade porque as universidades "não são para elas". Essa atitude está mudando aos poucos, mas ainda me lembro de um documentário a que assisti na BBC no final da década de 1980 no qual um velho mineiro e a sua esposa estavam criticando um dos filhos, que tinha ido para a universidade e se tornado professor, como um "traidor da classe".

Embora seja tolo colocar a culpa de tudo no ambiente socioeconômico, é igualmente inaceitável acreditar que para que as pessoas possam alcançar qualquer coisa, basta que "acreditem em si mesmas" e tentem arduamente, como nos dizem os filmes românticos de Hollywood. A igualdade de oportunidades não faz sentido para aqueles que não têm os recursos e as habilidades necessários para aproveitá-la.

O curioso caso de Alejandro Toledo

Nos dias de hoje, nenhum país impede deliberadamente que as crianças pobres frequentem a escola, mas muitas crianças nos países pobres não podem ir à escola porque não têm dinheiro para pagar a taxa de anuidade. Além disso, mesmo nos países onde a instrução pública é gratuita, as crianças pobres estão destinadas a ter um mau desempenho na escola, seja qual for a sua capacidade inata. Algumas delas passam fome em casa e também não almoçam na escola, o que impossibilita a sua concentração, com consequências previsíveis para o seu desempenho acadêmico. Em casos extremos, o desenvolvimento intelectual dessas crianças pode já ter sido interrompido devido à alimentação deficiente nos primeiros anos de vida. Elas também podem ficar doentes com mais frequência, o que faz com que faltem mais às aulas. Se os seus pais forem analfabetos e/ou tiverem que trabalhar longas horas, as crianças não terão quem as ajude com o dever de casa, ao passo que as crianças da classe média serão ajudadas pelos pais e as ricas podem até ter professores particulares. Tendo ou não ajuda, elas podem nem mesmo ter tempo para fazer o dever de casa, caso tenham que tomar conta de irmãos mais novos ou cuidar das cabras da família.

Considerando-se tudo isso, desde que aceitemos que não devemos punir as crianças por ter pais pobres, devemos tomar medidas para garantir que todas as crianças recebam uma quantidade mínima de alimento, cuidados de saúde e ajuda com o dever de casa. Grande parte disso pode ser propiciado por meio de políticas do governo, como acontece em alguns países — almoço gratuito na escola, vacinação, exames médicos básicos periódicos e alguma ajuda com o dever de casa depois do horário das aulas proporcionada por professores ou auxiliares de ensino contratados pela escola. No entanto, uma parte disso tudo precisa ser suprida em casa. As escolas têm uma certa limitação.

Isso significa que precisa haver uma igualdade mínima de resultados no que diz respeito à renda dos pais, para que as crianças possam ter alguma coisa que se aproxime de uma oportunidade justa. Sem isso, nem mesmo a instrução gratuita, refeições grátis nas escolas, a vacinação gratuita e assim por diante poderão oferecer uma verdadeira igualdade de oportunidades às crianças. Mesmo na vida adulta, é preciso que haja uma certa igualdade de renda. Todo mundo sabe que, uma vez alguém fique desempregado por um longo tempo, torna-se extremamente difícil para essa pessoa retornar ao mercado de trabalho. Entretanto, o fato de alguém perder o emprego não é inteiramente determinado pelo "valor" da pessoa. Algumas pessoas, por exemplo, perdem o emprego porque escolheram ingressar em um setor que parecia ter boas perspectivas quando elas começaram mas que depois foi duramente atingido pelo aumento da concorrência estrangeira. Poucos operários siderúrgicos americanos ou trabalhadores britânicos no setor da construção naval que ingressaram nessas indústrias no início da década de 1960, ou, na realidade, nenhuma outra pessoa, poderiam ter previsto que no início da década de 1990 as suas indústrias teriam sido praticamente eliminadas pela concorrência japonesa e coreana. É realmente justo que essas pessoas tenham que sofrer desproporcionalmente e ser despachadas para o monte de sucata da história?

É claro que, em um livre mercado idealizado, isso não seria um problema porque os operários siderúrgicos americanos e os trabalhadores britânicos do setor de construção naval poderiam conseguir empregos em indústrias em expansão. Mas quantos antigos operários siderúrgicos americanos você conhece que se tornaram engenheiros de computador ou antigos trabalhadores ingleses do setor da construção naval vieram a ser depois banqueiros de investimento? Essa conversão raramente ocorre, se é que alguma vez acontece.

Uma abordagem mais equitativa teria sido ajudar os trabalhadores que perderam o emprego a encontrar uma nova carreira por meio do auxílio-desemprego, do seguro-saúde mesmo sem que eles estivessem trabalhando, de programas de treinamento e ajuda na procura de emprego, como fazem com especial competência os países escandinavos. Como examino em outra parte do livro (*ver pp.* *301-313*), essa também pode ser uma abordagem mais produtiva para a economia como um todo.

Sem dúvida, na teoria, um engraxate de uma pequena cidade provinciana do Peru pode ir para Stanford e ingressar em um programa de doutorado, como fez o ex-presidente peruano Alejandro Toledo, mas para cada Toledo temos milhões de crianças peruanas que nem mesmo chegam ao ensino médio. É claro que poderíamos argumentar que esses milhões de crianças peruanas pobres são vagabundas e preguiçosas, já que o Sr. Toledo demonstrou que elas também poderiam ter ido para Stanford se tivessem se esforçado bastante. No entanto, acho que é mais plausível que o Sr. Toledo seja a exceção. Sem uma certa igualdade de resultados (da renda dos pais), os pobres não conseguem extrair o máximo proveito da igualdade de oportunidades.

De fato, a comparação internacional da mobilidade social corrobora esse raciocínio. De acordo com um estudo cuidadoso realizado por um grupo de pesquisadores na Escandinávia e no Reino Unido, os países escandinavos têm uma mobilidade social mais elevada do que o Reino Unido, o qual, por sua vez, tem mais mobilidade do que os Estados Unidos.[2] Não é coincidência que quanto mais forte o estado do bem-estar social, maior a mobilidade. Particularmente no caso dos Estados Unidos, o fato de a baixa mobilidade geral ser em grande medida explicada pela baixa mobilidade na camada inferior indica que é a falta da garantia de uma renda básica que está impedindo que as crianças pobres aproveitem a igualdade de oportunidades.

A excessiva equalização dos resultados é nociva, embora exatamente o que é excessivo seja discutível. Não obstante, a igualdade de oportunidades não é suficiente. A não ser que criemos um ambiente no qual sejam asseguradas a todos algumas aptidões mínimas por meio da garantia de um salário mínimo, instrução e cuidados de saúde, não poderemos dizer que temos uma competição justa. Quando algumas pessoas precisam participar de uma corrida de cem metros rasos com sacos de areia amarrados às pernas, o fato de não ser permitido que ninguém tenha uma vantagem inicial não torna a corrida justa. A igualdade de oportunidades é absolutamente necessária porém não suficiente para a construção de uma sociedade genuinamente justa e eficiente.

21
O governo poderoso torna as pessoas mais abertas à mudança

O que eles dizem

O governo poderoso é mau para a economia. O estado do bem--estar social emergiu devido ao desejo dos pobres de ter uma vida mais fácil fazendo com que os ricos paguem pelos custos dos ajustes que são constantemente exigidos pelas forças de mercado. Quando os ricos são tributados para pagar pelo seguro-desemprego, os cuidados com a saúde e outras medidas voltadas para o bem-estar social dos pobres, além de tornar os pobres preguiçosos e privar os ricos de um incentivo para criar a riqueza, isso também torna a economia menos dinâmica. Com a proteção do estado do bem-estar social, as pessoas não sentem a necessidade de se ajustar a novas realidades do mercado, retardando com isso as mudanças nas suas profissões e padrões de trabalho que são necessários para os ajustes econômicos dinâmicos. Nem mesmo temos que invocar o fracasso das economias comunistas. Basta contemplar a falta de dinamismo na Europa com o seu intumescido estado do bem-estar social e compará-lo com a vitalidade dos Estados Unidos.

O que eles não dizem

Um estado do bem-estar social bem planejado pode na realidade encorajar as pessoas a correr riscos com o seu emprego e ser mais, e não menos, abertas às mudanças. Essa é uma das razões pelas quais existe na Europa uma demanda menor de proteção comercial do que nos Estados Unidos. Os europeus sabem que, mesmo que as suas indústrias fechem devido à concorrência estrangeira, eles serão capazes de proteger o seu padrão de vida (por meio dos benefícios do auxílio-desemprego) e receber um treinamento para outra função (com subsídios do governo), ao passo que os americanos sabem que a perda do emprego pode significar uma enorme queda no seu padrão de vida, podendo até mesmo representar o fim da sua vida produtiva. É por esse motivo que os países europeus com os maiores estados do bem-estar social, como a Suécia, a Noruega e a Finlândia, conseguiram crescer mais rápido do que os Estados Unidos (ou com a mesma rapidez), até mesmo durante a "Renascença Americana" pós-1990.

A mais antiga profissão do mundo?

Representantes de diferentes profissões em um país cristão estavam debatendo qual era a mais antiga das profissões.

O médico disse: "Pensem bem. Qual foi a primeira coisa que Deus fez com os seres humanos? Uma cirurgia. Ele criou Eva com a costela de Adão. A medicina é a profissão mais antiga."

"Não, isso não é verdade", retrucou o arquiteto. "A primeira coisa que ele fez foi construir o mundo a partir do caos. É isso que os arquitetos fazem, eles criam a ordem a partir do caos. A nossa profissão é a mais antiga."

O político, que estava ouvindo com paciência, deu um sorriso maroto e perguntou: "E quem criou o caos?"

A medicina pode ou não ser a profissão mais antiga do mundo, mas é uma das mais populares em todo o planeta. No entanto, em nenhum país ela é mais popular do que no meu país de origem, a Coreia do Sul. Um levantamento realizado em 2003 revelou que quase quatro em cinco dos "candidatos à universidade com pontuação mais elevada" (definidos com aqueles que estão dentro dos 2% superiores da distribuição) na área de ciências exatas queriam estudar medicina. Segundo informações extraoficiais, durante os últimos anos, ficou mais difícil ingressar até mesmo no menos competitivo dos 27 departamentos médicos do país (no nível da graduação) do que nos melhores departamentos de engenharia do país. É impossível ser mais popular do que isso.

O interessante é que, embora a medicina sempre tenha sido uma disciplina popular na Coreia, essa enorme popularidade é recente. Trata-se basicamente de um fenômeno do século XXI. O que mudou?

Uma possibilidade óbvia é que, seja por que motivo for (p. ex., uma população que está envelhecendo), os ganhos relativos dos médicos aumentaram, e os jovens estão meramente reagindo às mudanças nos incentivos — o mercado deseja médicos mais capazes, de modo que um número mais elevado de pessoas competentes está ingressando na profissão. Entretanto, a renda relativa dos médicos na Coreia vem caindo, devido ao contínuo aumento da oferta. E não se trata de o governo ter introduzido alguma regulamentação que tenha tornado difícil para as pessoas obter empregos como engenheiros ou cientistas (as óbvias escolhas alternativas para os que querem ser médicos). Então, o que está realmente acontecendo?

O que está motivando tudo isso é a queda radical da segurança no emprego ao longo mais ou menos dos últimos dez anos. Depois da crise financeira de 1997 que acabou com os "anos milagrosos" do país, a Coreia abandonou o seu sistema econômico paternalista e intervencionista e adotou o liberalismo de mercado que enfatiza a máxima concorrência. A segurança no emprego foi drasticamente reduzida em nome de uma maior flexibilidade do mercado de trabalho. Milhões de trabalhadores foram obrigados a aceitar empregos temporários. Ironicamente, mesmo antes da crise, o país tinha um dos mercados de trabalho mais flexíveis do mundo rico, com um dos coeficientes mais elevados de trabalhadores sem um contrato permanente de mais ou menos 50%. A recente liberalização fez com que esse coeficiente aumentasse ainda mais e atingisse aproximadamente 60%. Além disso, até mesmo aqueles que têm contratos permanentes hoje sofrem com o aumento da insegurança no emprego. Antes da crise de 1997, a maioria dos trabalhadores com um contrato permanente podia esperar, *de facto* ou até mesmo *de jure*, ter um emprego para a vida inteira (como muitos dos seus equivalentes japoneses ainda têm). Mas isso acabou. Agora, os trabalhadores mais velhos que estão na casa dos 40 e 50 anos, mesmo que tenham um contrato permanente, são incentivados a abrir caminho para a geração mais jovem na primeira oportunidade possível. As empresas não podem demiti-los a seu bel-prazer, mas todos sabemos que existem maneiras de fazer com que as pessoas saibam que são indesejadas, o que as obriga a ir embora "voluntariamente".

Considerando-se isso, os jovens coreanos estão, compreensivelmente, evitando os riscos. Eles supõem que se se tornarem cientistas ou engenheiros, a probabilidade de que fiquem sem emprego por volta dos 40 anos é elevada, mesmo que ingressem em grandes companhias como a Samsung ou a Hyundai. Essa é uma perspectiva horrível, já que o estado do bem-estar social na Coreia é extremamente fraco; na verdade, o menor entre os países ricos (medido pelos gastos sociais públicos como uma parcela do PIB).[1] O estado do bem-estar social fraco não representava um grande problema anteriormente porque muitas pessoas tinham um emprego vitalício. Com o desaparecimento do emprego vitalício, ele se tornou letal. Se você perde o emprego, o seu padrão de vida cai catastroficamente e, o que é mais importante, você não tem realmente uma segunda chance. Portanto, os jovens coreanos inteligentes raciocinam que com uma licença para exercer a medicina eles poderão trabalhar até decidir se aposentar, que também é o conselho que recebem dos pais. Se o pior acontecer, eles podem montar a sua própria clínica, mesmo que não ganhem tanto dinheiro (bem, para um médico). É compreensível que todos os jovens coreanos inteligentes queiram estudar medicina (ou direito, outra profissão com uma licença, se estiverem na área de ciências humanas).

Não me entendam mal. Eu venero os médicos. Devo a minha vida a eles; submeti-me a algumas cirurgias que salvaram a minha vida e fiquei curado de um sem-número de infecções graças aos antibióticos que eles me receitaram. Mas mesmo assim, sei que é impossível que 80% dos jovens mais inteligentes da Coreia na área de ciências exatas estejam talhados para ser médicos.

Assim, um dos mercados de trabalho mais livres do mundo rico, ou seja, o mercado de trabalho coreano, está deixando acentuadamente de distribuir os seus talentos da maneira mais eficiente. O motivo? O aumento da insegurança no emprego.

O estado do bem-estar social é
a lei de falência para os trabalhadores

A segurança no emprego é uma questão complicada. Os economistas que defendem o livre mercado acreditam que qualquer regulamentação do mercado de trabalho que dificulte as demissões torna a economia menos eficiente e dinâmica. Para começar, ela enfraquece o incentivo para que as pessoas trabalhem arduamente. Além disso, desestimula a criação da riqueza por tornar os empregadores mais relutantes em fazer novas contratações (com medo de não poder demitir futuramente os funcionários, caso necessário).

As regulamentações do mercado de trabalho já são bastante ruins, argumentam eles, mas o estado do bem-estar social tornou as coisas ainda piores. Ao fornecer benefícios aos desempregados, seguro-saúde, instrução gratuita e até mesmo um auxílio desemprego, o estado do bem-estar social efetivamente concedeu a todos a garantia de ser contratado pelo governo — como um "trabalhador desempregado", se você preferir chamar assim — com um salário mínimo. Por conseguinte, os trabalhadores não têm um incentivo suficiente para trabalhar arduamente. Para piorar ainda mais as coisas, esses estados do bem-estar social são financiados por meio de impostos pagos pelos ricos, reduzindo assim os incentivos para que estes últimos trabalhem bastante, criem empregos e gerem riqueza.

Considerando-se tudo isso, prossegue o raciocínio, um país com um estado do bem-estar social mais forte será menos dinâmico; os seus trabalhadores serão menos compelidos a trabalhar, enquanto os seus empresários serão menos motivados a criar riqueza.

Esse argumento tem sido muito influente. Nos anos 1970, uma explicação popular para o medíocre desempenho econômico da Grã-Bretanha na época era que o seu estado do bem-estar social se tornara inchado e os seus sindicatos excessivamente poderosos (o que também se deve, em parte, ao estado do bem-estar social, à medida que este último abafa a ameaça do desemprego). Nessa interpretação da história britânica, Margaret Thatcher salvou a Grã-Bretanha colocando os sindicatos no seu devido lugar e reduzindo o estado do bem-estar social, embora o que efetivamente aconteceu seja mais complicado. A partir dos anos 1990, essa visão do estado do bem-estar social ficou ainda mais popular com o desempenho de crescimento (supostamente) superior dos Estados Unidos com relação ao de outros países ricos com estados do bem-estar social mais fortes.[2] Quando os governos de outros países tentam reduzir os seus gastos com o bem-estar social, eles frequentemente citam a cura da chamada "Doença Britânica" praticada pela Sra. Thatcher ou o dinamismo superior da economia americana.

Mas é realmente verdade que uma maior segurança no emprego e um estado do bem-estar social mais poderoso reduzem a produtividade e o dinamismo da economia?

Como no nosso exemplo coreano, a falta de segurança no emprego pode levar os jovens a fazer escolhas conservadoras na sua carreira, preferindo empregos seguros da área da medicina e do direito. Essa pode ser uma escolha adequada para eles do ponto de vista individual, mas conduz a uma má distribuição de talentos, reduzindo portanto a eficiência e o dinamismo econômicos.

O estado do bem-estar social mais fraco dos Estados Unidos tem sido uma das razões importantes pelas quais o protecionismo comercial é muito mais forte lá do que na Europa, apesar de uma maior aceitação da intervenção do governo nesta última. Na Europa (é claro que estou desconsiderando nos detalhes as diferenças nacionais), se o setor no qual você trabalha declina e você perde o emprego, sem dúvida você recebe um grande golpe, mas não é o fim do mundo. Você continua a ter o seguro-saúde e poderá morar nas casas de propriedade do governo (ou receber subsídios de moradia), enquanto recebe o salário-desemprego (até 80% da sua última remuneração), um novo treinamento subsidiado pelo governo e ainda conta com a ajuda do governo para procurar um novo emprego. Em contraposição, se você é um trabalhador americano, o melhor que você tem a fazer é se agarrar ao seu emprego atual, se necessário por meio do protecionismo, porque perder o emprego significa perder quase tudo. A cobertura do seguro-desemprego é irregular e dura menos do que na Europa. O governo oferece pouca ajuda para o retreinamento e a procura de emprego. O mais assustador é que perder o emprego significa perder o seguro-saúde e provavelmente a sua casa, pois existem poucas casas do governo ou subsídios públicos para o seu aluguel. Em decorrência disso, a resistência dos trabalhadores a qualquer reestruturação industrial que envolva a redução de empregos é muito maior nos Estados Unidos do que na Europa. A maioria dos trabalhadores americanos é incapaz de montar uma resistência organizada, mas aqueles que são — os trabalhadores sindicalizados — compreensivelmente farão todo o possível para preservar a atual distribuição de emprego.

Como demonstram os exemplos anteriores, uma insegurança maior pode fazer com que as pessoas trabalhem mais, mas ao mesmo tempo faz com que elas trabalhem mais nos empregos errados. Todos aqueles jovens coreanos que poderiam ser brilhantes cientistas e engenheiros estão mourejando na anatomia humana.

308

Muitos dos trabalhadores americanos que poderiam — depois de um retreinamento apropriado — estar trabalhando em indústrias emergentes (p. ex., a bioengenharia) estão sombriamente se agarrando aos seus empregos em indústrias que estão em declínio (p. ex., a automobilística), apenas retardando o inevitável.

A essência de todos os exemplos anteriores é que, quando as pessoas sabem que terão uma segunda (ou terceira ou até mesmo quarta) chance, elas se mostram muito mais abertas a correr riscos quando se trata da escolha do primeiro emprego (como no exemplo coreano) ou em largar os empregos atuais (como na comparação entre os Estados Unidos e a Europa).

Você acha essa lógica estranha? Pois não deveria. Porque essa é exatamente a lógica por trás da lei de falência, a qual a maioria das pessoas aceita como "óbvia".

Antes de meados do século XIX, nenhum país tinha uma lei de falência no sentido moderno. O que na época era chamado de lei de falência não conferia aos empresários falidos muita proteção contra os credores enquanto reestruturavam o seu negócio — nos Estados Unidos, o "Capítulo II" hoje oferece essa proteção durante seis meses. O mais importante é que a lei na ocasião não lhes dava uma segunda chance, pois lhes era exigido que pagassem todas as dívidas, por mais tempo que isso levasse, a não ser que os credores os "dispensassem" da obrigação. Isso significava que, mesmo que o empresário falido conseguisse de alguma maneira começar um novo negócio, ele tinha que usar todo o seu novo lucro para pagar as antigas dívidas, o que tolhia o crescimento do novo negócio. Tudo isso tornava extremamente arriscado começar um empreendimento comercial.

Com o tempo, as pessoas se deram conta de que a falta da segunda chance estava desencorajando enormemente os empresários de correr riscos. Começando com a Grã-Bretanha em 1849, os países passaram a introduzir modernas leis de falência com proteção do tribunal contra os credores durante a reestruturação inicial e, o que é extremamente importante, conferindo aos tribunais o poder de impor reduções permanentes às dívidas, até mesmo contrariando a vontade dos credores. Ao ser combinada com instituições como a responsabilidade limitada, que foi introduzida mais ou menos na mesma época (*ver pp. 34-48*), essa nova lei de falência reduziu o risco de qualquer empreendimento comercial, incentivando portanto as pessoas a correr riscos, o que tornou possível o capitalismo moderno.

Na medida em que oferece uma segunda oportunidade aos trabalhadores, podemos dizer que o estado do bem-estar social é como uma lei de falência para eles. Da mesma maneira como as leis de falência incentivam os empresários a correr riscos, o estado do bem-estar social incentiva os trabalhadores a ser mais abertos à mudança (e aos riscos resultantes) nas suas atitudes. Por saber que haverá uma segunda oportunidade, as pessoas podem ser mais audaciosas na escolha da sua carreira inicial e mais abertas à ideia de mudar de profissão mais tarde na vida.

Os países com governos mais poderosos podem crescer mais rápido

E as evidências? Qual é o desempenho relativo de países que diferem quanto ao tamanho dos seus estados do bem-estar social? Como mencionei anteriormente, a sabedoria convencional diz que os países com estados do bem-estar social mais fracos são mais dinâmicos. No entanto, as evidências não respaldam esse ponto de vista.

Até a década de 1980, os Estados Unidos cresceram muito mais devagar do que a Europa, apesar do fato de ter um estado do bem-estar social muito mais fraco. Em 1980, por exemplo, os gastos sociais públicos como uma parcela do PIB foram de apenas 13,3% nos Estados Unidos em comparação com 19,9% para quinze países da União Europeia. Esse percentual chegou a 28,6% na Suécia, 24,1% na Holanda e 23% na Alemanha (Ocidental). Apesar disso, entre 1950 e 1987, os Estados Unidos cresceram mais lentamente do que qualquer país europeu. A renda *per capita* cresceu 3,8% na Alemanha, 2,7% na Suécia, 2,5% na Holanda e 1,9% nos Estados Unidos durante esse período. Obviamente, o tamanho do estado do bem-estar social é apenas um dos fatores que determinam o desempenho econômico de um país, mas isso mostra que um estado do bem-estar social forte não é incompatível com o crescimento elevado.

Mesmo depois de 1990, quando o desempenho de crescimento relativo dos Estados Unidos melhorou, alguns países com estados do bem-estar social fortes cresceram mais rápido. Por exemplo, entre 1990 e 2008, a renda *per capita* dos Estados Unidos aumentou 1,8%. Esse percentual é basicamente o mesmo do período anterior, mas tendo em vista o arrefecimento das economias europeias, isso tornou os Estados Unidos uma das economias de crescimento mais rápido no grupo "principal" da OCDE (isto é, excluindo os países ainda não totalmente ricos, como a Coreia e a Turquia).

O interessante, contudo, é que as duas economias com crescimento mais rápido no grupo principal da OCDE durante o período pós-1990 são a Finlândia (2,6%) e a Noruega (2,5%), ambas com um estado do bem-estar social forte. Em 2003, a parcela dos gastos sociais públicos no PIB foi de 22,5% na Finlândia e 25,1%

na Noruega, comparados com a média de 20,7% da OCDE e de 16,2% nos Estados Unidos. A Suécia, que tem literalmente o maior estado do bem-estar social do mundo (31,3%, ou seja, duas vezes maior que o dos Estados Unidos), registrou uma taxa de crescimento de 1,8% que estava apenas levemente abaixo da taxa americana. Se contarmos apenas a década de 2000 (2000-2008), as taxas de crescimento da Suécia (2,4%) e da Finlândia (2,8%) foram bem superiores à dos Estados Unidos (1,8%). Se os economistas que defendem o livre mercado estivessem certos a respeito dos efeitos prejudiciais do estado do bem-estar social sobre a ética do trabalho e os incentivos para a criação da riqueza, esse tipo de coisa não deveria acontecer.

É claro que ao dizer tudo isso não estou apregoando que o estado do bem-estar social é necessariamente bom. À semelhança de todas as outras instituições, ele tem aspectos positivos e negativos. Especialmente se ele for baseado em programas direcionados (como nos Estados Unidos), em vez de universais, ele pode estigmatizar os beneficiários da assistência social. O estado do bem--estar social eleva os "rendimentos de reserva" das pessoas e evita que elas aceitem empregos mal-remunerados com condições de trabalho precárias, embora afirmar que isso seja uma coisa ruim é uma questão de opinião (pessoalmente, acho que a existência de um grande número de "pessoas pobres empregadas", como acontece nos Estados Unidos, é um problema tão grande quanto o das taxas de desemprego de um modo geral mais elevadas que vemos na Europa). No entanto, se o estado do bem-estar social for bem planejado, com a visão de conceder aos trabalhadores uma segunda oportunidade, como é o caso dos países escandinavos, ele pode estimular o crescimento econômico fazendo com que as pessoas fiquem mais abertas às mudanças e tornando assim mais fácil a reestruturação industrial. Só podemos acelerar o nosso carro porque ele tem freios. Se os carros não tivessem freios, nem mesmo os motoristas mais habilidosos ousariam dirigir a mais de 30 a 50 quilômetros por hora por temer os acidentes fatais. Analogamente, as pessoas conseguem aceitar com mais boa vontade o risco do desemprego e a necessidade de uma readaptação ocasional das suas habilidades quando sabem que essas experiências não irão destruir a sua vida. É por esse motivo que um governo mais poderoso pode fazer com que as pessoas fiquem mais abertas à mudança, tornando assim a economia mais dinâmica.

22
Os mercados financeiros precisam se tornar menos, e não mais, eficientes

O que eles dizem

O rápido desenvolvimento dos mercados financeiros possibilitou que distribuíssemos e deslocássemos rapidamente os recursos. É por esse motivo que os Estados Unidos, o Reino Unido, a Irlanda e algumas outras economias capitalistas que liberalizaram e abriram os seus mercados financeiros se saíram bem nas três últimas décadas. Os mercados financeiros liberais conferem à economia a capacidade de responder rapidamente às oportunidades variáveis, possibilitando assim que ela cresça mais rápido. É bem verdade que alguns dos excessos do período mais recente conferiram uma má reputação à área financeira, particularmente nos países anteriormente mencionados. No entanto, não devemos nos apressar a reprimir os mercados financeiros simplesmente por causa dessa única crise financeira do século XX que ninguém poderia ter previsto, por maior que ela possa ter sido, já que a eficiência do seu mercado financeiro é a chave da prosperidade de uma nação.

O que eles não dizem

O problema dos mercados financeiros atuais é que eles são eficientes demais. Com as recentes "inovações" financeiras que produziram um número enorme de novos instrumentos financeiros, o setor financeiro tornou-se mais eficiente em gerar lucros para si mesmo a curto prazo. Entretanto, como foi visto na crise global de 2008, esses novos ativos financeiros tornaram a economia como um todo, bem como o próprio sistema financeiro, muito mais instável. Além disso, considerando-se a liquidez dos seus ativos, os detentores dos ativos financeiros reagem com uma rapidez excessiva à mudança, o que torna difícil para as empresas do setor real manter o "capital paciente" de que elas precisam para se desenvolver a longo prazo. A defasagem da velocidade entre o setor financeiro e o setor real precisa ser reduzida, o que significa que é necessário tornar o mercado financeiro deliberadamente menos eficiente.

Três frases inúteis

Pessoas que visitavam a Islândia na década de 1990 relatavam que o guia turístico oficial distribuído no aeroporto de Reykjavík tinha, como todos os outros guias desse tipo, uma seção com "frases úteis". No entanto, ao contrário destes últimos, o guia islandês incluía uma seção de "frases inúteis". Aparentemente essa seção só continha três frases, que diziam, em inglês: "Onde fica a estação de trem?", "O dia está bonito hoje" e "Você tem alguma coisa mais barata?"

O comentário sobre a estação de trem é, por incrível que pareça, verdadeiro — a Islândia não tem estradas de ferro. Com relação ao tempo, o guia talvez estivesse sendo duro demais. Não morei lá, mas segundo a opinião geral, parece que a Islândia tem pelo menos alguns dias de sol por ano. Quanto ao fato de tudo ser caríssimo, a inclusão da pergunta a esse respeito nessa seção do guia era adequada e uma consequência do sucesso econômico do país. Os serviços que envolvem mão de obra são caros nos países com uma renda elevada (a não ser que eles tenham um constante suprimento de imigrantes que aceitam receber baixos salários, como os Estados Unidos e a Austrália), tornando tudo mais caro do que a taxa de câmbio oficial deveria sugerir (*ver pp. 149-160*).

Tendo sido uma das economias mais pobres da Europa, em 1995 a Islândia progredira e se tornara a décima primeira economia mais rica do mundo (depois de Luxemburgo, da Suíça, do Japão, da Noruega, da Dinamarca, da Alemanha, dos Estados Unidos, da Áustria, de Cingapura e da França).

Apesar de muito rica, a economia islandesa recebeu um poderoso impulso no final da década de 1990, graças à decisão do governo da época de privatizar e liberalizar o setor financeiro. Entre 1998 e 2003, o país privatizou bancos e fundos de investimento estatais, ao mesmo tempo que eliminou até mesmo as regulamentações mais básicas sobre as atividades dessas instituições, como a exigência de reserva para os bancos. Depois disso, os bancos islandeses se expandiram a uma velocidade impressionante, buscando inclusive clientes no exterior. Os seus serviços de *internet banking* fizeram um grande progresso na Grã-Bretanha, na Holanda e na Alemanha. E os investidores islandeses tiraram proveito das agressivas concessões de empréstimos dos seus bancos e mergulharam em orgias de compras corporativas, especialmente na Grã-Bretanha, o seu ex-adversário nas famosas "Guerras do Bacalhau" das décadas de 1950 a 1970. Esses investidores, apelidados de "especuladores vikings", eram mais bem representados por Baugur, a empresa de investimento de propriedade de Jón Jóhanneson, o jovem magnata dos negócios. Irrompendo em cena somente no início da década de 2000, em 2007 a Baugur se tornara uma influência importante na indústria do varejo britânica, com uma importante participação nos negócios empregando cerca de 65 mil pessoas, movimentando mais de 10 bilhões de libras em 3.800 lojas, entre elas a Hamleys, a Debenhams, e a Oasis and Iceland (o nome sedutor da rede britânica de alimentos congelados).

Durante algum tempo, a expansão financeira pareceu funcionar às mil maravilhas para a Islândia. Tendo sido um dia um fim de mundo financeiro, com a reputação de ser excessivamente regulador (a sua bolsa de valores só foi criada em 1985), o país se transformou em um novo e vigoroso eixo no sistema financeiro global. A partir do final da década de 1990, a Islândia cresceu em um ritmo extraordinário, tornando-se o quinto país mais rico do mundo em 2007 (depois da Noruega, de Luxemburgo, da Suíça e da Dinamarca). O céu parecia ser o limite.

Lamentavelmente, depois da crise financeira global de 2008, a economia islandesa entrou em colapso. Naquele verão, os seus três maiores bancos foram à falência e o governo teve que assumir o controle deles. As coisas ficaram tão ruins que, em outubro de 2009, o McDonald's decidiu se retirar da Islândia, relegando o país à condição indefinida da globalização. Na ocasião em que redijo estas linhas (início de 2010), a estimativa do FMI foi que a economia do país encolheu à taxa de 8,5% em 2009, o índice mais rápido de contração entre os países ricos.

A natureza arriscada da tendência financeira da Islândia a partir do final dos anos 1990 está cada vez mais vindo à luz. Os ativos bancários haviam atingido o equivalente a 1.000% do PIB em 2007, o dobro do percentual do Reino Unido, país que tem um dos setores bancários mais desenvolvidos do mundo. Além disso, a expansão financeira da Islândia fora alimentada por empréstimos estrangeiros. Em 2007, a dívida externa líquida (as dívidas externas menos as concessões de crédito ao exterior) subiram de 50% do PIB em 1997 para quase 250% do PIB em 2007. Países sofreram um colapso com uma exposição muito menor — as dívidas externas eram equivalentes a 25% do PIB na Coreia e 35% do PIB na Indonésia às vésperas da crise financeira asiática de 1997. Além disso, a natureza duvidosa das transações financeiras por trás do milagre econômico islandês foi revelada; com muita frequência, os principais tomadores de empréstimos dos bancos eram importantes acionistas desses mesmos bancos.

Novo mecanismo de crescimento?

Por que estou gastando tanto tempo falando a respeito de uma pequena ilha com pouco mais de 300 mil habitantes que não tem nem mesmo uma estação de trem ou um McDonald's, por mais dramática que possa ter sido a sua ascensão e queda? Porque a Islândia é o exemplo perfeito do que está errado com a visão financeira dominante de hoje.

Por mais extraordinária que a história da Islândia possa parecer, ela não estava sozinha ao alimentar o crescimento com a privatização, a liberalização e a abertura do setor financeiro ao longo das três últimas décadas. A Irlanda tentou se tornar outro eixo financeiro usando a mesma estratégia, com os seus ativos financeiros atingindo o equivalente a 900% do PIB em 2007. Assim como a Islândia, a Irlanda também presenciou uma forte queda na crise financeira global de 2008. Na ocasião em que escrevo estas linhas, a estimativa do FMI era que a economia do país havia encolhido 7,5% em 2009. A Letônia, outra que tinha a aspiração de ser um eixo financeiro, foi ainda mais duramen-

318

te atingida. Depois do colapso do seu *boom* baseado no sistema financeiro, o FMI estimou que a economia da Letônia encolheu 16% em 2009. Dubai, o eixo financeiro autodesignado do Oriente Médio, pareceu se sustentar por um pouco mais de tempo do que os seus rivais europeus, mas jogou a toalha em novembro de 2009, declarando uma moratória para o seu principal conglomerado de propriedade estatal.

Antes da sua recente perda de popularidade, essas economias eram elogiadas como exemplos de um novo modelo de negócios dirigido pelo sistema financeiro para os países que desejam progredir na era da globalização. Já em novembro de 2007, quando as nuvens de tempestade estavam rapidamente se agrupando nos mercados financeiros internacionais, Richard Portes, proeminente economista de formulação de políticas econômicas britânico, e Fridrik Baldursson, professor islandês, declararam solenemente em um relatório para a Câmara do Comércio da Islândia que "no geral, a internacionalização do setor financeiro islandês é uma extraordinária história de sucesso da qual os mercados devem tomar mais conhecimento".[1] Para algumas pessoas, nem mesmo os recentes colapsos da Islândia, da Irlanda e da Letônia são uma razão suficiente para abandonar uma estratégia econômica conduzida pelo sistema financeiro. Em setembro de 2009, a Turquia anunciou que iria implementar uma série de políticas econômicas que a transformarão em (mais um) eixo financeiro do Oriente Médio. Até mesmo o governo da Coreia, uma tradicional potência industrial, está implementando políticas que visam transformar o país no eixo financeiro do Nordeste Asiático, embora o seu entusiasmo tenha diminuído consideravelmente após o colapso da Irlanda e de Dubai, depois do que ela estava esperando modelar o país.

Mas o verdadeiro problema é que o que os países como a Islândia e a Irlanda estavam implementando eram apenas formas extremas da estratégia econômica seguida por muitos países — uma estratégia de crescimento baseada na desregulamentação financeira, que foi adotada pela primeira vez pelos Estados Unidos e pelo Reino Unido no início da década de 1980. O Reino Unido colocou o seu programa de desregulamentação financeira em marcha acelerada no final dessa mesma década, com a chamada desregulamentação "Big Bang" e desde então tem se orgulhado de uma regulamentação "leve". Os Estados Unidos fizeram a mesma coisa abolindo a Lei Glass-Steagall de 1933 em 1999, derrubando com isso o muro entre os bancos de investimento e os bancos comerciais, o qual havia definido o setor financeiro americano desde a Grande Depressão. Muitos outros países seguiram o exemplo.

O que estava incentivando um número cada vez maior de países a adotar uma estratégia de crescimento baseada em um sistema financeiro desregulamentado era o fato de que nesse sistema é mais fácil ganhar dinheiro em atividades financeiras do que por meio de outras atividades econômicas, ou é o que parecia até a crise de 2008. Um estudo realizado por dois economistas franceses, Gérard Duménil e Dominique Lévy — um dos poucos estudos que avaliam separadamente a taxa de lucro do setor financeiro e a do setor não financeiro — mostra que a primeira tem sido muito mais elevada do que a segunda nos Estados Unidos e na França durante as duas ou três últimas décadas.[2] De acordo com esse estudo, nos Estados Unidos a taxa de lucro das instituições financeiras era mais baixa do que as das empresas não financeiras entre meados da década de 1960 e o final da década de 1970. No entanto, após a desregulamentação financeira do início da década de 1980, a taxa de lucro das instituições financeiras tem apresentado uma tendência ascendente que varia entre 4 e 12%. A partir da década de 1980, ela tem sido sempre significativamente mais elevada do que a das empresas não financeiras, que tem variado entre 2 e 5%. Na França, a taxa de lucro das corporações financeiras foi *negativa* entre o início da década de 1970 e meados da década de 1980 (não existem dados disponíveis para a década de 1960). Entretanto, com a desregulamentação financeira do final da década de 1980, ela começou a subir e ultrapassou a das empresas não financeiras no início da década de 1990, quando ambas giravam em torno de 5%, e subiu para mais de 10% em 2001. Em contraposição, a taxa de lucro das empresas não financeiras francesas declinou a partir do início da década de 1990, chegando a cerca de 3% em 2001.

Nos Estados Unidos, o setor financeiro tornou-se de tal modo atraente que até mesmo empresas industriais se tornaram essencialmente empresas financeiras. Jim Crotty, o ilustre economista americano, calculou que a razão entre os ativos financeiros e os ativos não financeiros de propriedade de corporações não financeiras nos Estados Unidos aumentou de 0,4 na década de 1970 para quase 1 no início da década de 2.000.[3] Até mesmo empresas como a GE, a GM e a Ford — que foram um dia os símbolos do talento industrial americano — foram "financializadas" por meio da contínua expansão das suas subsidiárias financeiras, o que foi complementado pelo declínio das suas atividades industriais básicas. Já no início do século XXI, a maior parte do lucro dessas empresas industriais era proveniente das suas atividades financeiras, e não do seu segmento industrial básico (*ver pp. 261-272*). Por exemplo, em 2003, 45% do lucro da GE era gerado pela GE Capital. Em 2004, 80% dos lucros da

GM vinham da sua subsidiária financeira, a GMAC, enquanto a Ford Finance foi responsável pela totalidade dos lucros da Ford entre 2001 e 2003.[4]

Armas financeiras de destruição em massa?

O resultado de tudo isso foi um extraordinário crescimento no setor financeiro no mundo inteiro, especialmente nos países ricos. O crescimento não tinha lugar apenas em termos absolutos. O ponto mais importante é que o setor financeiro cresceu muito mais rápido — não, muito, muito mais rápido — do que a economia subjacente.

De acordo com um cálculo baseado em dados do FMI de autoria de Gabriel Palma, meu colega em Cambridge e proeminente autoridade em crises financeiras, a razão do estoque de ativos financeiros para a produção mundial aumentou de 1,2 para 4,4 entre 1980 e 2007.[5] O tamanho relativo do setor financeiro foi ainda maior em muitos países ricos. Segundo esse cálculo, a razão dos ativos financeiros para o PIB no Reino Unido chegou a 700% em 2007. A França, que frequentemente se designa um contraponto para o capitalismo financeiro anglo-americano, não ficou muito atrás do Reino Unido nesse aspecto; a razão dos seus ativos financeiros para o PIB é apenas levemente mais baixa do que a do Reino Unido. No estudo há pouco mencionado, Crotty, usando informações do governo, calcula que a razão dos ativos financeiros para o PIB nos Estados Unidos flutuou entre 400 e 500% entre as décadas de 1950 e 1970, mas começou a subir rapidamente a partir do início da década de 1980 com a desregulamentação financeira, rompendo a marca dos 900% no início da década de 2000.

Isso significava que um número cada vez maior de títulos de créditos estavam sendo criados para cada ativo real e atividade econômica subjacente. A criação de derivativos financeiros no mercado imobiliário, que foi uma das principais causas da crise de 2008, ilustra muito bem esse ponto.

Nos velhos tempos, quando alguém tomava dinheiro emprestado em um banco e comprava uma casa, o banco que concedia o empréstimo costumava ser dono do produto financeiro resultante (a hipoteca) e ponto final. No entanto, as inovações financeiras criaram títulos negociáveis lastreados em empréstimos hipotecários (MBSs), que reúnem até vários milhares de hipotecas. Por sua vez, esses MBSs, às vezes até 150 deles, eram amontoados em um título de dívida que conta com garantias lastreadas em ativos (CDO). Depois foram criados CDOs elevados ao quadrado usando outros CDOs como garantia. E depois foram criados CDOs ao cubo por meio da combinação de CDOs com CDOs ao quadrado. Até mesmo CDOs mais poderosos foram criados. Os *credit default swaps* (CDSs), também chamados de *swaps* de crédito, foram criados para nos proteger da inadimplência nos CDOs. E existem muito outros derivativos financeiros que formam a salada que é o sistema financeiro moderno.

A essa altura até mesmo eu estou ficando confuso (e, ao que se constata, o mesmo estava acontecendo com as pessoas que estavam lidando com tudo isso), mas a questão é que os mesmos ativos subjacentes (ou seja, as casas que faziam parte das hipotecas originais) e as atividades econômicas (as atividades que produziam renda para os detentores das hipotecas) estavam sendo repetidamente usados para "derivar" novos ativos. No entanto, o fato de esses ativos gerarem os retornos esperados depende, em última análise, do fato de essas centenas de milhares de trabalhadores e pequenos empresários que detêm as hipotecas originais atrasarem ou não os pagamentos da sua hipoteca.

O resultado foi uma estrutura cada vez mais alta de ativos financeiros oscilando sobre a mesma base de ativos reais (é claro que essa própria base estava crescendo, em parte alimentada por essa atividade, mas vamos nos abstrair disso no momento, já que o que interessa aqui é o fato de que o tamanho da superestrutura relacionada com a base estava crescendo). Se aumentamos a altura de uma edificação existente sem ampliar a base, aumentamos a chance de ela tombar. Na realidade, a situação é bem pior do que isso. À medida que o grau da "derivação" — ou a distância com relação aos ativos subjacentes — aumenta, fica cada vez mais difícil avaliar com precisão o preço do ativo. Desse modo, não estamos apenas adicionando andares a um prédio existente sem alargar a base; estamos, além disso, usando materiais de uma qualidade cada vez mais incerta nos andares superiores. É compreensível que Warren Buffet, o financista americano conhecido pela sua abordagem prática e realista ao investimento, tenha chamado os derivativos financeiros de "armas financeiras de destruição em massa" — bem antes que a crise de 2008 demonstrasse a capacidade destrutiva deles.

Cuidado com a defasagem

Todas as minhas críticas até agora a respeito do desenvolvimento exagerado do setor financeiro nas duas ou três últimas décadas *não* têm a intenção de afirmar que a totalidade do sistema financeiro é uma coisa ruim. Se tivéssemos escutado Adam Smith, que era contra as empresas de responsabilidade limitada (*ver pp. 34-48*) ou Thomas Jefferson, que considerava a atividade bancária "mais perigosa do que um exército efetivo", as nossas economias ainda seriam formadas pelas "fábricas satânicas" da era vitoriana, mesmo que não necessariamente as fábricas de alfinetes de Adam Smith.

No entanto, o fato de o desenvolvimento financeiro ter sido crucial para a expansão do capitalismo não significa que todas as formas de desenvolvimento financeiro sejam boas.

O que torna o capital financeiro necessário para o desenvolvimento econômico, porém potencialmente contraproducente ou até mesmo destrutivo, é o fato de ele ter muito mais liquidez do que o capital industrial. Suponha que você seja dono de uma fábrica e, de repente, precise de dinheiro para comprar matéria--prima ou máquinas para atender aos pedidos inesperados. Suponha também que você já investiu tudo o que tem na construção da fábrica e na compra das máquinas e insumos necessários para atender aos pedidos iniciais. Você ficará agradecido pelo fato de existirem bancos que estão dispostos a emprestar o dinheiro para você (usando a sua fábrica como garantia) por saber que você será capaz de gerar uma renda adicional com esses novos insumos. Ou então suponha que você deseja vender a metade da fábrica (digamos que para iniciar outra linha de negócio), mas ninguém deseje comprar metade de um prédio e metade de uma linha de produção. Nesse caso, você ficará aliviado ao saber que pode emitir ações e vender a metade das suas. Em outras palavras, o setor financeiro ajuda as empresas a se expandir e se diversificar por meio da sua capacidade de transformar ativos ilíquidos como prédios e máquinas em ativos líquidos como empréstimos e ações.

Entretanto, a própria liquidez dos ativos financeiros os torna potencialmente negativos para o restante da economia. Construir uma fábrica leva pelo menos meses, ou até mesmo anos, enquanto acumular o *know-how* necessário para construir uma empresa de nível internacional leva décadas. Em contrapartida, os ativos financeiros podem ser deslocados e reorganizados em questão de minutos, ou até mesmo segundos. Essa enorme defasagem criou imensos problemas, porque o capital financeiro é "impaciente" e busca ganhos rápidos (*ver pp. 34-48*). A curto prazo, isso gera uma instabilidade econômica, já que o capital líquido passeia imprevisivelmente pelo mundo e de maneiras "irracionais", como vimos recentemente. O mais importante é que, a longo prazo, isso conduz a um fraco crescimento da produtividade, porque os investimentos a longo prazo são reduzidos para satisfazer o capital impaciente. O resultado tem sido que, apesar do enorme progresso no "aprofundamento financeiro" (ou seja, o aumento na razão entre os ativos financeiros e o PIB), o crescimento na realidade desacelerou nos anos mais recentes (*ver pp. 99-113 e 193-205*).

Portanto, exatamente porque o sistema financeiro é eficiente ao reagir às variáveis oportunidades de lucro, ele pode se tornar prejudicial para o resto da economia. E foi esse o motivo que levou James Tobin, ganhador do Prêmio Nobel de economia em 1981, a falar sobre a necessidade de "jogar um pouco de areia nas rodas dos nossos mercados financeiros internacionais excessivamente eficientes". Com esse objetivo em mente, Tobin propôs uma taxa sobre as transações financeiras, deliberadamente destinada a desacelerar os fluxos financeiros. A chamada Taxa Tobin, um tabu nos círculos cultos até recentemente, foi recentemente defendida por Gordon Brown, o ex-primeiro-ministro britânico. Mas a Taxa Tobin não é a única maneira pela qual podemos reduzir a velocidade da defasagem entre o sistema financeiro e a economia real. Entre outros métodos estão dificultar as tomadas de controle hostis (reduzindo desse modo os ganhos do investimento especulativo em ações), proibir a venda a descoberto (a prática de vender ações que ainda não possuímos hoje), aumentar a margem de exigências (ou seja, a proporção do dinheiro que precisa ser pago adiantado na compra de ações) ou colocar restrições nas movimentações de capital entre os países, especialmente no caso dos países em desenvolvimento.

Não estou dizendo com tudo isso que a defasagem da velocidade entre o sistema financeiro e a economia real deva ser reduzida a zero. Um sistema financeiro perfeitamente sincronizado com a economia real seria inútil. A ideia central do sistema financeiro é exatamente o fato de ele poder se movimentar mais rápido do que a economia real. No entanto, se o setor financeiro se mover rápido demais, ele pode sabotar a economia real. Nas atuais circunstâncias, precisamos reprogramar o nosso sistema financeiro para que ele possibilite que as empresas façam esses investimentos a longo prazo no capital físico, nas aptidões humanas e nas organizações que são, em última análise, a fonte do desenvolvimento econômico, ao mesmo tempo que confira a eles a liquidez necessária.

23
Uma boa política econômica não requer bons economistas

O que eles dizem

Independentemente das justificativas teóricas para a intervenção do governo, o sucesso ou não das políticas do governo depende, em grande parte, da competência daqueles que as concebem e executam. Em especial, embora não exclusivamente, nos países em desenvolvimento os representantes do governo não são muito bem treinados em economia, o que é necessário para que eles possam implementar boas políticas econômicas. Esses representantes deveriam reconhecer os seus limites e se abster de implementar políticas "difíceis", como a política industrial seletiva, e se ater a políticas de livre mercado menos complicadas, que minimizam o papel do governo. Por conseguinte, as políticas de livre mercado são duplamente positivas, não apenas porque são as melhores mas também porque são as que menos exigem aptidões burocráticas.

O que eles não dizem

A execução de boas políticas econômicas *não* requer bons economistas. Os burocratas econômicos que têm tido mais êxito não são em geral economistas. Durante os seus anos "milagrosos", as políticas econômicas do Japão e (em menor grau) da Coreia foram

328

dirigidas por advogados. Em Taiwan e na China, as políticas econômicas têm sido conduzidas por engenheiros. Isso demonstra que o sucesso econômico não necessita de pessoas bem treinadas em economia — especialmente se for do tipo do livre mercado. Aliás, durante as três últimas décadas, a crescente influência da economia do livre mercado resultou em um desempenho econômico mais ineficiente no mundo inteiro, como demonstrei ao longo deste livro — um crescimento econômico mais baixo, uma maior instabilidade econômica, uma maior desigualdade, que finalmente culminaram no desastre da crise financeira de 2008. Na medida em que precisamos da economia, precisamos de vários tipos de economia diferentes da economia do livre mercado.

O milagre econômico sem economistas

As economias do Leste Asiático do Japão, de Taiwan, da Coreia do Sul, de Cingapura, de Hong Kong e da China são frequentemente chamadas de economias "milagrosas". É claro que isso é um exagero, mas no que diz respeito a exageros, este não é tão excêntrico.

Durante a sua "Revolução" Industrial no século XIX, a renda *per capita* nas economias da Europa Ocidental e das suas ramificações (América do Norte, Austrália e Nova Zelândia) cresceram entre 1 e 1,5% ao ano (o percentual exato depende do período exato e do país que estiver sendo examinado). Durante a chamada "Era de Ouro" do capitalismo, entre o início da década de 1950 e meados da de 1970, a renda *per capita* na Europa Ocidental e nas suas ramificações cresceu em torno de 3,5 a 4% ao ano.

Em contrapartida, durante os seus anos milagrosos, aproximadamente entre a década de 1950 e meados da de 1990 (e entre a década de 1980 e os dias de hoje no caso da China), a renda *per capita* cresceu em torno de 6 a 7% ao ano nas economias do Leste Asiático há pouco mencionadas. Se taxas de crescimento de 1 a 1,5% descrevem uma "revolução" e 3,5 a 4% uma "idade do ouro", 6 a 7% merecem ser chamados de "milagre".[1]

É natural que esses recordes econômicos nos levem a supor que esses países devem ter tido muitos bons economistas. Da mesma maneira pela qual a Alemanha se destaca na área de engenharia devido à qualidade dos seus engenheiros e a França lidera o mundo dos produtos de grife, parece óbvio que os países do Leste Asiático devem ter realizado milagres econômicos por causa da capacidade dos seus economistas. Especialmente no Japão, em Taiwan, na Coreia do Sul e na China — países nos quais o governo desempenhou um papel muito ativo durante os anos milagrosos — deve ter havido muitos economistas de excelente qualidade trabalhando para o governo, é o que qualquer pessoa deduziria.

Mas não foi esse o caso. Na realidade, a ausência de economistas chamava a atenção nos governos das economias milagrosas do Leste Asiático. Os burocratas econômicos japoneses eram predominantemente advogados por formação. Em Taiwan, a maioria dos que ocupavam altos cargos na área econômica era formada por engenheiros e cientistas, em vez de economistas, como é o caso na China hoje em dia. A Coreia também tinha uma elevada proporção de advogados na sua burocracia econômica, especialmente antes da década de 1980. Oh Won-Chul, o cérebro por trás do intenso programa de desenvolvimento das indústrias pesada e química do país na década de 1970 — que transformou a sua economia, fazendo com que o país deixasse de ser um eficiente exportador de produtos manufaturados de baixa qualidade e se tornasse um protagonista de classe internacional nas indústrias eletrônica, siderúrgica e de construção naval — era engenheiro por formação.

Se não precisamos de economistas para ter um bom desempenho econômico, como no caso do Leste Asiático, de que serve a economia? O FMI, o Banco Mundial e outras organizações internacionais vêm desperdiçando dinheiro ao oferecer cursos de treinamento em economia para autoridades do governo dos países em desenvolvimento e bolsas de estudo para jovens inteligentes desses países para que estudem em universidades americanas e britânicas famosas pela qualidade superior dos seus cursos de economia?

Uma possível explicação para a experiência do Leste Asiático é que do que as pessoas que administram a política econômica precisam é de uma inteligência genérica, e não um conhecimento especializado em economia. É possível que a economia ensinada nas salas das universidades esteja desligada demais da realidade para que possa ser usada na prática. Se esse for o caso, o governo obterá elaboradores de políticas econômicas mais capazes se recrutar aqueles que tiverem estudado aquela que for a disciplina mais prestigiosa do país (que pode ser direito, engenharia ou *até mesmo* economia, dependendo do país), em vez de uma disciplina que seja teoricamente mais relevante para a elaboração de políticas (ou seja, a economia) (*ver pp. 246-260*). Essa conjectura é indiretamente respaldada pelo fato de que embora as políticas econômicas em muitos países da América Latina tenham sido elaboradas por economistas, por sinal altamente capacitados (com os "Garotos de Chicago" do General Pinochet sendo o exemplo mais notório), o seu desempenho econômico têm sido muito inferior ao dos países do Leste Asiático. A Índia e o Paquistão também têm muitos economistas de nível internacional, mas o seu desempenho econômico não está à altura do do Leste Asiático.

John Kenneth Galbraith, o mais talentoso economista da história, certamente estava exagerando quando declarou que "a economia é extremamente útil como uma forma de emprego para os economistas", mas o que ele disse pode não ser tão despropositado. A economia não parece muito relevante para a administração econômica no mundo real.

Na realidade, é pior do que isso. Existem razões que nos levam a crer que a ciência da economia pode ser decididamente prejudicial para a economia.

Como foi possível que ninguém tenha conseguido antever o que ia acontecer?

Em novembro de 2008, a Rainha Elizabeth II visitou a London School of Economics, que tem um dos departamentos de economia de maior prestígio do mundo. Ao assistir a uma apresentação de um dos professores da instituição, Professor Luis Garicano, sobre a crise financeira que acabara de engolir o mundo, a Rainha perguntou: "Como foi possível que ninguém tenha conseguido antever o que ia acontecer?" Sua Majestade fez uma pergunta que estava na mente da maioria das pessoas desde a irrupção da crise no outono de 2008.

Ao longo das duas últimas décadas, todos esses especialistas altamente qualificados — economistas ganhadores do Prêmio Nobel, reguladores financeiros, jovens e brilhantes banqueiros de investimento formados pelas principais universidades do mundo — nos disseram repetidamente que tudo estava bem com a economia mundial. Fomos informados de que os economistas finalmente tinham encontrado a fórmula mágica que possibilitava que as nossas economias crescessem rapidamente com uma inflação baixa. As pessoas falavam sobre a economia "Cachinhos Dourados", na qual as coisas estão no ponto certo — nem quentes demais, nem frias demais. Alan Greenspan, o ex-presidente do Federal Reserve Board, o banco central americano, que presidiu a maior e a mais influente (do ponto de vista financeiro e ideológico) economia do mundo durante duas décadas, foi aclamado como um "maestro", como o chamou Bob Woodward, o jornalista que ficou famoso por causa do caso Watergate, no título do livro que escreveu a respeito dele. O seu sucessor, Ben Bernanke, falou a respeito de uma "grande moderação", que chegou com o controle da inflação e o desaparecimento dos violentos ciclos econômicos (*ver pp. 85-98*).

Portanto, foi um verdadeiro enigma para a maioria das pessoas, inclusive para a Rainha, que as coisas pudessem ter dado tão espetacularmente errado em um mundo no qual os economistas talentosos supostamente tinham destrinçado todos os principais problemas. Como pode todos aqueles caras inteligentes formados por algumas das melhores universidades, com equações matemáticas de alto nível saindo pelos ouvidos, ter errado tanto?

Ao tomar conhecimento da preocupação da soberana, a British Academy convocou uma reunião com alguns dos principais economistas do mundo acadêmico, do setor financeiro e do governo no dia 17 de junho de 2009. O resultado dessa reunião foi transmitido para a Rainha em uma carta, datada de 22 de julho de 2009, escrita pelo Professor Tim Besley, proeminente professor de economia da London School of Economics, e pelo Professor Peter Hennessy, renomado historiador do governo britânico da faculdade de Queen Mary na University of London.[2]

Na carta, os Professores Besley e Hennessy declaram que os economistas eram individualmente competentes e "executavam a sua tarefa adequadamente pelo seu próprio mérito, mas que eles haviam se concentrado excessivamente nos detalhes e deixado de enxergar a realidade mais ampla nos dias que antecederam a crise. Houve, segundo eles, "uma falha na imaginação coletiva de muitas pessoas inteligentes, tanto neste país quanto no exterior, e elas deixaram de perceber os riscos do sistema como um todo".

Uma falha na *imaginação coletiva*? A maioria dos economistas, inclusive quase todos (embora não todos) que estavam presente na reunião da British Academy, não disseram para nós que os livres mercados funcionam melhor porque são *racionais* e *individualistas*, sabendo portanto o que nós queremos para nós mesmos (e para mais ninguém, com a possível exceção das nossas famílias imediatas) e como obtê-lo da maneira mais eficiente possível? (*Ver pp. 72-84 e 232-245.*) Não me lembro de ter visto muita discussão em economia a respeito da imaginação, especialmente do tipo coletivo, e estou na profissão de economia nas duas últimas décadas. Não estou nem mesmo certo se um conceito como a imaginação, coletiva ou de outro tipo, tem lugar no discurso racionalista dominante na economia. Os bambambãs do mundo da economia da Grã-Bretanha estavam, portanto, basicamente admitindo que não sabem o que deu errado.

Mas dizer isso é atenuar a situação. Os economistas não são alguns técnicos inocentes que faziam um trabalho decente dentro dos estreitos limites da sua especialidade até que foram coletivamente abalados por um desastre único no século que ninguém poderia ter previsto.

Ao longo das três últimas décadas, os economistas desempenharam um importante papel na criação da crise de 2008 (e em dezenas de crises financeiras menores que aconteceram antes dela a partir do início da década de 1980, como a crise da dívida do Terceiro Mundo de 1982, a crise do peso mexicano de 1995, a crise asiática de 1997 e a crise russa de 1998) ao apresentar justificativas teóricas para a desregulamentação financeira e a busca desenfreada de lucros a curto prazo. Do ponto de vista mais amplo, eles promoveram teorias que justificavam as políticas que conduziram a um menor crescimento, a uma maior desigualdade, a uma maior insegurança no emprego e a crises financeiras mais frequentes que perseguiram o mundo nas três últimas décadas (*ver pp. 34-48, 85-98, 193-205 e 301-313*). Adicionalmente, eles promoveram políticas que enfraqueceram as perspectivas de desenvolvimento a longo prazo nos países em desenvolvimento (*ver pp. 99-113 e 161-177*). Nos países ricos, esses economistas incentivaram as pessoas a superestimar o poder das novas tecnologias (*ver pp. 59-71*), tornaram a vida das pessoas cada vez mais instável (*ver pp. 85-98*), fizeram com que elas desconsiderassem a perda do controle nacional sobre a economia (*ver pp. 114-130*) e tornaram-nas complacentes com relação à desindustrialização (*ver pp. 131-148*). Além disso, eles forneceram argumentos que insistem em afirmar que todos os resultados econômicos que muitas pessoas consideram censurável neste mundo, como a crescente desigualdade (*ver pp. 193--205*), salários executivos elevadíssimos (*ver pp. 206-217*) ou a extrema pobreza nos países pobres (*ver pp. 49-58*), são na realidade inevitáveis, considerando-se a natureza humana (egoísta e racional) e a necessidade de recompensar as pessoas de acordo com a contribuição produtiva de cada uma.

Em outras palavras, a economia tem sido pior do que irrelevante. A economia, como tem sido exercida nas três últimas décadas, tem sido decididamente nociva para a maioria das pessoas.

E os "outros" economistas?

Se a economia é tão má quanto dizem, o que estou fazendo trabalhando como economista? Se a irrelevância é a consequência social mais benigna das minhas ações profissionais e o dano o resultado mais provável, eu não deveria mudar de profissão e atuar em uma área mais benéfica, indo trabalhar como engenheiro ou bombeiro hidráulico?

Permaneço na área da economia porque acredito que ela não precisa ser nem inútil nem perniciosa. Afinal de contas, em todo este livro utilizei a economia para tentar explicar como o capitalismo efetivamente funciona. O que é perigoso é um tipo particular de economia, ou seja, e economia do livre mercado que tem sido praticada nas décadas mais recentes. Ao longo da história, houve muitas escolas de pensamento econômico que nos ajudaram a administrar melhor e desenvolver as nossas economias.

Começando do ponto em que estamos hoje, o que salvou a economia mundial de um colapso total no outono de 2008 foi a economia de John Maynard Keynes, Charles Kindleberger (autor do clássico livro sobre crises financeiras, *Manias, Panics, and Crashes*) e Hyman Minsky (o amplamente desvalorizado especialista americano em crises financeiras). A economia mundial não despencou em uma reprise da Grande Depressão de 1929 porque absorvemos as ideias deles e salvamos importantes instituições financeiras (embora não tenhamos punido adequadamente os banqueiros responsáveis pela bagunça e nem restaurado o setor ainda), aumentamos os gastos do governo, instituímos um seguro de depósito* mais forte, mantivemos o estado do bem-estar social (que respalda a renda dos desempregados) e inundamos o mercado financeiro de liquidez em uma escala sem precedente. Como foi explicado anteriormente, os economistas defensores do livre mercado de gerações anteriores e da atualidade são contrários a muitas dessas medidas que salvaram o mundo.

Embora não tivessem uma formação em economia, as autoridades econômicas do Leste Asiático sabiam um pouco de economia. No entanto, especialmente até a década de 1970, a maior parte da economia que elas conheciam não era da espécie do livre mercado. A economia que por acaso elas conheciam era a de Karl Marx, Friedrich List, Joseph Schumpeter, Nicholas Kaldor e Albert Hirschman. É claro que esses economistas viveram em uma época diferente, enfrentaram problemas diferentes e tinham visões políticas radicalmente divergentes (que iam das ideias do extremista de direita List às do extremista de esquerda Marx). Entretanto, havia um ponto comum nos tipos de economia deles. Era o reconhecimento de que o capitalismo se desenvolve por meio de investimentos a longo prazo e de inovações tecnológicas que transformam a estrutura produtiva, e não meramente da expansão de estruturas existentes. Muitas das coisas que os representantes do governo do Leste Asiático fizeram nos anos milagrosos — proteger as indústrias na infância, mobilizar os recursos, afastando-os vigorosamente da agricultura tecnologicamente estagnada e direcionando-os para o dinâmico setor industrial, e explorar o que Hirschman chamou de "vínculos" entre diferentes setores — têm origem nessas concepções econômicas, e não na

---

* Conhecido no Brasil como Fundo Garantido de Créditos (FGC). (N. da trad.)

perspectiva do livre mercado (*ver pp. 99-113*). Se os países do Leste Asiático, e na realidade a maioria dos países ricos da Europa e da América do Norte antes deles, tivessem administrado as suas economias de acordo com os princípios da economia de livre mercado, eles não teriam desenvolvido as suas economias do modo como fizeram.

A economia de Herbert Simon e dos seus seguidores realmente mudou a maneira como percebemos as empresas modernas e, em linhas mais gerais, a economia moderna. Ela nos ajuda a libertar-nos do mito de que a nossa economia é exclusivamente povoada por oportunistas racionais que interagem por meio do mecanismo do mercado. Quando entendemos que a economia é povoada por pessoas com uma racionalidade limitada e motivos complexos, que são organizadas de uma maneira complexa, combinando mercados, burocracias e redes (públicas e privadas), começamos a compreender que a nossa economia não pode ser administrada de acordo com a economia de livre mercado. Quando observamos com mais atenção as empresas, os governos e os países mais bem-sucedidos, vemos que eles são aqueles que têm esse tipo de visão mais variada do capitalismo, e não a visão simplista do livre mercado.

Mesmo dentro da escola de economia dominante, ou seja, a neoclássica, que fornece grande parte da base para a economia de livre mercado, existem teorias que explicam por que os mercados livres estão propensos a produzir resultados não muito favoráveis. São teorias do "fracasso do mercado" ou "economia do bem-estar", apresentadas pela primeira vez pelo professor de Cambridge, Arthur Pigou, no início do século XX, e posteriormente desenvolvidas por economistas da atualidade como Amartya Sem, William Baumol e Joseph Stiglitz, mencionando apenas alguns dos mais importantes.

É claro que os economistas que defendem o livre mercado não deram atenção a esses economistas ou, o que é pior, descartaram-nos como falsos profetas. Hoje em dia, poucos dos economistas citados no parágrafo anterior, a não ser os que pertencem à escola do fracasso do mercado, são ao menos mencionados nos principais compêndios de economia, e as suas ideias certamente não são adequadamente ensinadas. Mas os acontecimentos que se desenrolaram nas três últimas décadas demonstraram que temos coisas muito mais positivas a aprender com esses outros economistas do que com os economistas que defendem o livre mercado. O sucesso e fracasso relativos de diferentes empresas, economias e políticas durante esse período indicam que as opiniões desses economistas que hoje são desprezados, ou até mesmo estão esquecidos, contêm importantes lições a nos ensinar. A economia não precisa ser inútil ou nociva. Temos apenas que aprender os tipos certos de economia.

Conclusão
Como reconstruir
a economia mundial

A tarefa intimidante que temos diante de nós é reconstruir completamente a economia mundial. As coisas só não estão tão ruins quanto estiveram durante a Grande Depressão porque os governos sustentaram a demanda por meio de enormes gastos deficitários e do relaxamento da oferta de dinheiro (o Bank of England nunca teve uma taxa de juros mais baixa desde que foi fundado em 1644), ao mesmo tempo que evitaram a corrida aos bancos por intermédio da expansão do seguro de depósitos e do resgate de muitas instituições financeiras. Sem essas medidas e o aumento substancial nos gastos com o bem-estar social (p. ex., o auxílio-desemprego), estaríamos atravessando uma crise econômica muito pior do que a da década de 1930.

Há pessoas que acreditam que o sistema de livre mercado atualmente dominante é basicamente confiável. Elas pressupõem que fazer pequenos ajustes será uma solução suficiente para a nossa situação — um pouco mais de transparência aqui, um pouquinho mais de regulamentação ali e algumas pequenas restrições nos salários dos executivos acolá. No entanto, como tentei demonstrar, as suposições teóricas e empíricas fundamentais por trás da economia de livre mercado são altamente questionáveis. Nenhuma outra coisa que não seja uma total reconceitualização da maneira como organizamos a nossa economia e a nossa sociedade será aceitável.

Então, o que devemos fazer?

Este não é o lugar para explicar nos mínimos detalhes todas as propostas detalhadas necessárias para a reconstrução da economia mundial, muitas das quais, de qualquer modo, foram discutidas nas *23 Coisas* precedentes. Delinearei aqui apenas alguns *princípios* — oito deles — que acredito devemos ter em mente ao reestruturar o nosso sistema econômico.

Para começo de conversa: parafraseando o que Winston Churchill disse certa vez a respeito da democracia, vou reafirmar a minha posição anterior de que o *capitalismo é o pior sistema econômico excetuando-se todos outros*. A minha crítica é ao capitalismo de livre mercado, e não a todos os tipos de capitalismo.

O motivo do lucro ainda é o combustível mais poderoso e eficaz para acionar a nossa economia e devemos aproveitá-lo ao máximo. No entanto, precisamos nos lembrar de que deixá-lo livre sem restrições não é a melhor maneira de tirar partido dele, como descobrimos a duras penas ao longo das três últimas décadas.

Analogamente, o mercado é um mecanismo excepcionalmente eficaz para coordenar atividades econômicas complexas entre vários agentes econômicos, mas não é mais do que isso — um mecanismo, uma máquina. E como todas as máquinas, ele precisa ser cuidadosamente regulado e dirigido. Da mesma maneira pela qual um carro pode ser usado para matar pessoas quando dirigido por um motorista embriagado, ou para salvar vidas quando nos ajuda a levar a tempo um paciente em estado grave para o hospital, o mercado pode fazer coisas maravilhosas e coisas deploráveis. Podemos aprimorar o desempenho do mesmo carro colocando nele freios melhores, um motor mais potente ou um combustível mais eficiente, e podemos melhorar o desempenho do mesmo mercado por meio de mudanças apropriadas nas atitudes e nos motivos dos participantes, bem como nas regras que o regulam. Existem diferentes maneiras de organizar o capitalismo. O capitalismo do livre mercado é apenas uma delas, e não é das melhores. As três últimas décadas demonstraram que, contrariando o que afirmam os seus proponentes, ele desacelera a economia, aumenta a desigualdade e a insegurança, e provoca colapsos financeiros mais frequentes (e às vezes gigantescos).

Não existe um modelo ideal. O capitalismo americano é muito diferente do capitalismo escandinavo, que por sua vez difere das variedades alemã e francesa, sem mencionar a forma japonesa. Por exemplo, países que acham inaceitável a desigualdade econômica do estilo americano (que alguns podem não achar) podem reduzi-la por meio de um estado do bem-estar social financiado por faixas progressivas de imposto de renda (como na Suécia) ou por intermédio de restrições às próprias oportunidades de ganhar dinheiro, dificultando, por exemplo, a abertura de grandes lojas de varejo (como no Japão). Não existe uma maneira simples de escolher entre os dois modelos, embora pessoalmente eu ache que o sueco é melhor do que o japonês, pelo menos nesse aspecto.

Desse modo, devemos dizer sim ao capitalismo, mas precisamos terminar o nosso romance com o capitalismo desenfreado do livre mercado, que serviu muito mal à humanidade, e instalar uma variedade mais bem regulamentada. Que variedade seria essa depende dos nossos objetivos, valores e convicções.

Segundo: *devemos construir o nosso novo sistema econômico baseado no reconhecimento de que a racionalidade humana é severamente limitada*. A crise de 2008 revelou como a complexidade do mundo que criamos, especialmente na esfera das finanças, sobrepujou a nossa capacidade de compreendê-lo e controlá-lo. O nosso sistema econômico teve uma imensa queda porque foi reprogramado de acordo com o conselho de economistas que acreditam que a capacidade humana de lidar com a complexidade é essencialmente ilimitada.

O novo mundo deve ser formado com a clara admissão de que a nossa capacidade de raciocinar objetivamente é limitada. Foi sugerido que podemos evitar outra grande crise financeira aumentando a transparência. Isso está errado. O problema fundamental não é a nossa falta de informação e sim a nossa capacidade limitada de processá-la. Na realidade, se o problema fosse a falta de transparência, os países escandinavos — notoriamente transparentes — não teriam passado por uma crise financeira no início da década de 1990. Enquanto continuarmos a permitir "inovações financeiras" ilimitadas, a nossa capacidade de regular será sempre superada pela nossa capacidade de inovar.

Se quisermos seriamente evitar outra crise como o colapso de 2008, devemos simplesmente proibir os instrumentos financeiros complexos, a não ser que seja possível demonstrar inequivocamente que eles irão beneficiar a sociedade *a longo prazo*. Alguns descartarão essa ideia por considerá-la extravagante. Ela não é. Fazemos isso o tempo todo com outros produtos — pense a respeito dos padrões de segurança para os alimentos, as drogas farmacêuticas, os automóveis e os aviões. O resultado é um processo de aprovação pelo qual o impacto de cada novo instrumento financeiro, inventados por "gênios" nas instituições financeiras, é avaliado em função dos riscos e das recompensas para o nosso sistema como um todo a longo prazo, e não apenas em função dos lucros a curto prazo para essas instituições.

Terceiro: embora reconhecendo que não somos anjos altruístas, *devemos construir um sistema que traga à luz o melhor, e não o pior, das pessoas.* A ideologia do livre mercado se baseia na convicção de que as pessoas só farão alguma coisa "boa" se forem pagas para fazê-lo ou punidas por deixar de fazê-lo. Essa convicção é então aplicada assimetricamente e reconcebida como a visão de que as pessoas ricas precisam ser motivadas a trabalhar por mais riquezas, enquanto a motivação das pessoas pobres precisa ser o medo da pobreza. O autointeresse é um motivo poderoso. O sistema comunista se revelou inviável porque desconsiderou, ou melhor, tentou negar, esse propulsor humano. Isso não prova, contudo, que o autointeresse material seja o nosso único motivo. As pessoas *não* são tão instigadas pelo autointeresse material como afirmam os compêndios do livre mercado. Se o mundo real estivesse tão repleto de agentes interesseiros racionais como o que é retratado nesses compêndios, ele desmoronaria sob o peso das contínuas fraudes, monitorações, punições e barganhas.

Além disso, ao exaltar a busca do autointeresse material realizada pelas pessoas e corporações, criamos um mundo no qual o enriquecimento material absolve as pessoas e as corporações de outras responsabilidades para com a sociedade. Com isso, permitimos que os nossos banqueiros e administradores de fundos, direta e indiretamente, destruíssem empregos, fechassem fábricas, causassem danos ao nosso ambiente e arruinassem o próprio sistema financeiro na perseguição ao enriquecimento individual.

Se quisermos evitar que esse tipo de coisa aconteça de novo, devemos construir um sistema no qual o enriquecimento material seja levado a sério mas não possa se tornar o único objetivo. As organizações — sejam elas corporações ou órgãos do governo — devem ser concebidas para recompensar a confiança, a solidariedade, a honestidade e a cooperação entre os seus membros. O sistema financeiro precisa ser corrigido de maneira a reduzir a influência dos acionistas de curto prazo para que as empresas possam se permitir perseguir metas que não seja a maximização do lucro a curto prazo. Devemos recompensar melhor o comportamento com benefícios públicos (p. ex., a redução do consumo de energia, o investimento em treinamento), não apenas por meio de subsídios do governo mas também conferindo a esse comportamento um *status* social mais elevado.

Este não é apenas um argumento moral. É também um apelo ao autointeresse inteligente. Ao permitir que o autointeresse a curto prazo determine tudo corremos o risco de destruir o sistema inteiro, o que não atende ao interesse de ninguém a longo prazo.

Quarto: *devemos parar de acreditar que as pessoas sempre recebem a remuneração que "merecem".*

Com frequência, as pessoas dos países pobres são, individualmente, mais produtivas e empreendedoras do que os seus equivalentes nos países ricos. Se lhes fosse concedida uma oportunidade igual por meio da imigração livre, essas pessoas poderiam substituir a maior parte da força de trabalho nos países ricos, e o fariam, embora isso fosse politicamente inaceitável e indesejável. Vemos portanto que são os sistemas econômicos nacionais e o controle da imigração dos países ricos que mantêm pobres as pessoas pobres nos países pobres, e não a falta de qualidades pessoais delas.

Enfatizar que muitas pessoas permanecem pobres porque não têm realmente oportunidades iguais não quer dizer que elas mereçam permanecer pobres na medida em que tiverem tido oportunidades iguais. A não ser que exista alguma equalização no resultado, em especial (porém não exclusivamente) para que todas as crianças possam ter mais do que uma nutrição e atenção dos pais mínimas, a igualdade de oportunidades propiciada pelo mecanismo de mercado não garantirá uma competição realmente justa. Será como uma corrida na qual ninguém tem uma vantagem inicial, mas algumas pessoas correm com pesos amarrados às pernas.

Na outra extremidade do espectro, os salários executivos nos Estados Unidos atingiram a estratosfera nas últimas décadas. O salário relativo dos dirigentes americanos aumentou pelo menos em dez vezes entre a década de 1950 e os dias de hoje (um CEO típico costumava receber 35 vezes o salário de um trabalhador típico, enquanto hoje ele recebe entre 300 e 400 vezes esse valor), mas isso não acontece porque a produtividade dos executivos aumentou dez vezes mais rápido do que a dos trabalhadores. Mesmo excluindo as opções de ações, os dirigentes americanos recebem duas vezes e meia o salário dos seus equivalentes holandeses ou quatro vezes o dos japoneses, apesar de a sua produtividade não apresentar uma visível superioridade.

Somente quando estivermos livres para questionar as cartas que o mercado distribuiu para nós, seremos capazes de encontrar maneiras de estabelecer uma sociedade mais justa. Podemos, e devemos, mudar as regras do mercado de ações e o sistema de governança corporativa a fim de refrear a remuneração excessiva dos executivos nas empresas de responsabilidade limitada. Devemos não apenas oferecer oportunidades iguais mas também igualar, em uma certa medida, o ponto de partida de todas as crianças para uma sociedade verdadeiramente meritocrática. As pessoas devem receber uma segunda chance real, e não superficial, por meio do auxílio-desemprego e do retreinamento subsidiado pelo governo. Não devemos culpar as pessoas pobres nos países pobres pela sua pobreza, quando a explicação mais ampla reside na pobreza dos seus sistemas econômicos nacionais e no controle da imigração nos países ricos. Os resultados do mercado não são fenômenos "naturais". Eles podem ser modificados.

Quinto: *precisamos levar mais a sério "fazer as coisas"*. A economia do conhecimento pós-industrial é um mito. O setor industrial continua a ser vital.

Especialmente nos Estados Unidos e no Reino Unido, mas também em outros países, o declínio industrial das últimas décadas tem sido tratado como uma inevitabilidade da era pós-industrial, ou até mesmo acolhido favoravelmente como um sinal do sucesso pós-industrial.

No entanto, nós somos seres materiais e não podemos viver de ideias, por mais magnífica que a economia do conhecimento possa parecer. Além disso, sempre vivemos em uma economia do conhecimento, no sentido que sempre foi o domínio do conhecimento superior, e não da natureza física das atividades, que, em última análise, decidiu que país é rico ou pobre. Na realidade, quase todas as sociedades ainda estão fazendo cada vez mais coisas. Principalmente porque aqueles que fazem coisas se tornaram muito mais produtivos, as coisas ficaram mais baratas do que os serviços, em termos relativos, de modo que pensamos que não consumimos tantas coisas quanto antes.

A não ser que você seja um minúsculo paraíso fiscal (um *status* que irá se tornar cada vez mais difícil de manter, depois da crise de 2008), como Luxemburgo ou Mônaco, ou um pequeno país que flutua sobre petróleo, como Brunei ou o Kuwait, você precisa se tornar mais competente na fabricação de coisas a fim de elevar o seu padrão de vida. A Suíça e Cingapura, que são frequentemente elogiadas como histórias de sucesso pós-industrial, são na realidade duas das economias mais industrializadas do mundo. Além disso, a maioria dos serviços altamente valiosos são dependentes (às vezes até mesmo parasíticos) do setor industrial (p. ex., as finanças, a consultoria técnica). E os serviços não são muito negociáveis, de modo que um setor de serviços excessivamente grande torna a situação do seu balanço de pagamentos mais precária e, portanto, o seu crescimento econômico mais difícil de sustentar.

O mito da economia do conhecimento pós-industrial também orientou mal os nossos investimentos. Ele incentivou a ênfase excessiva, por exemplo, na educação formal, cujo impacto no crescimento econômico se revela altamente complexo e incerto, e na propagação da internet, cujo impacto na produtividade é na realidade bastante modesto.

O investimento em coisas "maçantes" como maquinaria, infraestrutura e treinamento de trabalhadores precisa ser incentivado por meio de mudanças apropriadas na regulamentação fiscal (p. ex., depreciação acelerada para máquinas), subsídios (p. ex., para o treinamento dos trabalhadores) ou investimentos públicos (p. ex., redirecionamento para o desenvolvimento infraestrutural). A política industrial precisa ser reestruturada para promover grandes oportunidades para o crescimento da produtividade dos principais setores industriais.

Sexto: *precisamos atingir um melhor equilíbrio entre o setor financeiro e as atividades "reais"*.

Uma moderna economia produtiva não pode existir sem um saudável setor financeiro. O sistema financeiro desempenha, entre outras coisas, o papel crucial de resolver o descompasso entre o ato do investimento e a produção dos seus frutos. Ao "tornar líquidos" ativos físicos cujas características não podem ser alteradas rapidamente, o sistema financeiro também nos ajuda a deslocar rapidamente os recursos.

Entretanto, nas três últimas décadas, o sistema financeiro tornou-se a situação proverbial da carroça colocada na frente dos bois. A liberalização financeira facilitou o deslocamento do dinheiro, até mesmo através das fronteiras nacionais, possibilitando que os investidores financeiros ficassem mais impacientes para obter resultados instantâneos. Como resultado, tanto as corporações quanto os governos se viram forçados a implementar políticas que produzem lucros rápidos, independentemente das suas implicações a longo prazo. Os investidores financeiros têm utilizado a sua maior mobilidade como uma ficha de barganha para extrair uma parcela maior da renda nacional. A movimentação mais fácil dos recursos financeiros também resultou em uma maior instabilidade financeira e mais insegurança no emprego (que é necessária para a realização de lucros rápidos).

É preciso diminuir o ritmo do sistema financeiro. Não colocando-nos de volta nos dias da prisão dos devedores e das pequenas oficinas financiadas pela poupança pessoal. No entanto, a não ser que diminuamos a defasagem da velocidade entre o sistema financeiro e a economia real, não incentivaremos o investimento a longo prazo e o verdadeiro crescimento, porque os investimentos produtivos frequentemente levam um longo tempo para dar frutos. A indústria japonesa precisou de quarenta anos de proteção e de subsídios do governo para conseguir se tornar um sucesso internacional, mesmo no segmento inferior do mercado. A Nokia levou dezessete anos para ter lucro no setor da eletrônica, onde é hoje uma das líderes mundiais. No entanto, depois do crescente grau de desregulamentação financeira, o mundo tem operado com horizontes cada vez mais curtos. Taxas sobre transações financeiras, restrições sobre a movimentação do capital além das fronteiras do país (especialmente nas saídas e entradas nos países em desenvolvimento), maiores restrições às fusões e aquisições são algumas das medidas que desacelerarão o sistema financeiro, conduzindo-o a uma velocidade no qual ele ajuda, em vez de enfraquecer ou mesmo sabotar, a economia real.

Sétimo: *o governo precisa se tornar mais forte e mais ativo.*

Nas três últimas décadas, os ideólogos que promovem o livre mercado têm nos dito constantemente que o governo é uma parte do problema e não uma solução para os males da nossa sociedade. É bem verdade que existem casos de erros dos governos — às vezes impressionantes — mas os mercados e as corporações também erram e, o que é importante, existem muitos exemplos de incríveis sucessos dos governos. O papel do governo precisa ser detalhadamente reavaliado.

Não estou me referindo ao gerenciamento da crise, que é evidente desde 2008, até mesmo nas economias declaradamente de livre mercado, como a dos Estados Unidos. Trata-se mais de criar uma sociedade próspera, equitativa e estável. Apesar das suas limitações e das numerosas tentativas de enfraquecê-lo, o governo democrático é, pelo menos até agora, o melhor veículo que temos para conciliar as exigências conflitantes da nossa sociedade e, que o mais importante, melhorar o nosso bem-estar coletivo. Ao refletir a respeito de como podemos tirar o melhor partido do governo, precisamos abandonar alguns dos *trade-offs* convencionais difundidos pelos economistas que defendem o livre mercado.

Fomos informados que um governo forte, que recolhe um imposto de renda elevado dos ricos e o redistribui para os pobres, é ruim para o crescimento, pois desestimula os ricos de criar riqueza e torna as classes inferiores preguiçosas. No entanto, se ter um governo fraco é bom para o crescimento econômico, muitos países em desenvolvimento que têm um governo desse tipo deveriam estar prosperando. Evidentemente, esse não é o caso. Ao mesmo tempo, os exemplos escandinavos, nos quais um poderoso estado do bem-estar social tem coexistido com um bom desempenho de crescimento (ou até mesmo incentivado-o), também deveria expor os limites à crença de que os governos fracos são sempre melhores para o crescimento.

Os economistas que defendem o livre mercado também nos informaram que os governos ativos (ou invasivos, como eles dizem) são ruins para o crescimento econômico. No entanto, contrariando a ideia habitual, praticamente todos os países ricos de hoje usaram a intervenção do governo para ficar ricos (se você ainda não está convencido com relação a este ponto, consulte o meu livro anterior, *Bad Samaritans*). Quando apropriadamente projetada e implementada, a intervenção do governo pode aumentar o dinamismo econômico aumentando a oferta de insumos que os mercados não costumam fornecer com facilidade (p. ex., P&D,

treinamento para os trabalhadores), compartilhando o risco em projetos com um elevado retorno social porém com um baixo retorno privado, e, nos países em desenvolvimento, propiciando o espaço no qual as empresas incipientes nas indústrias "na infância" podem desenvolver a sua capacidade produtiva.

Precisamos pensar mais criativamente a respeito de como o governo se torna um elemento essencial em um sistema econômico onde há mais dinamismo, uma maior estabilidade e níveis mais aceitáveis de justiça. Isso significa construir um melhor estado do bem-estar social, um melhor sistema regulatório (especialmente para o sistema financeiro) e uma melhor política industrial.

Oitavo: *o sistema econômico mundial precisa favorecer "injustamente" os países em desenvolvimento.*

Devido às restrições impostas pelos padrões democráticos, os defensores do livre mercado na realidade tiveram dificuldade em implementar uma reforma completa de livre mercado na maioria dos países ricos. Até mesmo Margaret Thatcher constatou ser impossível acabar com o National Health Service. Em decorrência disso, na verdade foram os países em desenvolvimento as principais cobaias dos experimentos da política de livre mercado.

Muitos países mais pobres, especialmente na África e na América Latina, foram obrigados a adotar políticas de livre mercado a fim de tomar dinheiro emprestado das organizações amantes do livre mercado (como o FMI e o Banco Mundial) e dos governos dos países ricos (que também, em última análise, controlam o FMI e o Banco Mundial). Devido à fraqueza das suas democracias, as políticas de livre mercado puderam ser implementadas mais implacavelmente nos países em desenvolvimento, mesmo quando prejudicavam muitas pessoas. Esta é a suprema ironia: as pessoas que mais precisavam de ajuda foram as mais cruelmente atingidas. Essa tendência foi reforçada pelo fortalecimento de regras globais ao longo das últimas décadas a respeito do que os governos podem fazer para proteger e desenvolver as suas economias (mais necessário nos países pobres) por meio da instituição e/ou fortalecimento de organizações como a OMC, o BIS e vários acordos de livre mercado e investimento bilaterais e regionais. O resultado foi uma implementação muito mais completa de políticas de livre mercado e um desempenho muito pior sob o aspecto do crescimento, da estabilidade e da desigualdade do que nos países desenvolvidos.

O sistema econômico mundial precisa ser completamente reformulado a fim de proporcionar mais "espaço de políticas" para que os países em desenvolvimento persigam políticas que lhes sejam mais adequadas (os países ricos têm muito mais liberdade de movimento para ajustar as regras internacionais ou até mesmo desconsiderá-las). Os países em desenvolvimento precisam de um regime mais permissivo no que diz respeito ao uso do protecionismo, da regulamentação do investimento estrangeiro e dos direitos da propriedade intelectual, entre outras coisas. Essas são políticas que os países ricos na verdade utilizaram quando eram países em desenvolvimento. Tudo isso requer uma reforma da OMC, a anulação e/ou reforma de acordos comerciais e de investimento bilaterais existentes entre países ricos e pobres, e mudanças nas condições de políticas associadas a empréstimos das organizações financeiras internacionais e à ajuda externa dos países ricos.

É claro que essas coisas "favorecem injustamente" os países em desenvolvimento, como argumentariam alguns países ricos. No entanto, os países em desenvolvimento já sofrem tantas desvantagens no sistema internacional que precisam dessas oportunidades para ter alguma esperança de alcançar os outros.

Os oito princípios contrariam diretamente a sabedoria econômica recebida nas três últimas décadas. Alguns leitores terão se sentido pouco à vontade com isso. Entretanto, a não ser que abandonemos agora os princípios que nos desapontaram e que continuam a nos refrear, encontraremos desastres semelhantes mais à frente. E não teremos feito nada para aliviar a situação de bilhões de pessoas que sofrem devido à pobreza e à insegurança, em especial, mas não exclusivamente, no mundo em desenvolvimento. É chegada a hora de ficar pouco à vontade.

Notas

1

1 Para detalhes sobre como a tarifa (impedir o livre comércio das mercadorias) foi outra questão importante na formação da Guerra Civil americana, consulte o meu livro anterior *Kicking Away the Ladder — Development Strategy in Historical Perspective* (Anthem Press, Londres, 2002), pp. 24-8 e referências dessa parte.

2

1 A. Smith, *An Inquiry into the Nature and Causes of the Wealth of Nations* (Clarendon Press, Oxford, 1976), p. 741.

2 N. Rosenberg e L. Birdzell, *How the West Grew Rich* (IB TAuris & Co., Londres, 1986), p. 200.

3 A. Glyn, *Capitalism Unleashed — Finance, Globalisation, and Welfare* (Oxford University Press, Oxford, 2004), p. 7, fig. 1.3.

4 J. G. Palma, "The revenge of the market on the rentiers — Why neo-liberal reports on the end of history turned out to be premature", *Cambridge Journal of Economics,* 2009, vol. 33, nº 4, p. 851, fig. 12.

5 Ver W. Lazonick e M. O'Sullivan, "Maximising shareholder value: A New ideology for corporate governance", *Economy*

and Society, 2000, vol. 29, nº 1, e W. Lazonick, "The buyback boondoggle", *Business Week*, 24 de agosto de 2009.

6 Lazonick, *op. cit.*

4

1 R. Sarti, "Domestic service: Past and present in Southern and Northern Europe", *Gender and History*, 2006, vol. 18, nº 2, p. 223, tabela 1.

2 Como citado *in* J. Greenwood, A. Seshadri e M. Yorukoglu, "Engines of liberation", *Review of Economic Studies*, 2005, vol. 72, p. 11.

3 C. Goldin, "The quiet revolution that transformed women's employment, education, and family", *American Economic Review*, 2006, vol. 96, nº 2, p. 4, fig. 1.

4 I. Rubinov, "The problem of domestic service", *Journal of Political Economy*, 1996, vol. 14, nº 8, p. 505.

5 O livro é H.-J. Chan e I. Grabel, *Reclaiming Development — An Alternative Economic Policy Manual* (Zed Press, Londres, 2004).

6 K. Ohmae, *The Borderless World: Power and Strategy in the Interlinked Economy* (Harper & Row, Nova York, 1990).

5

1 Um resumo acessível da literatura acadêmica sobre a complexidade das motivações humanas pode ser encontrado *in* B. Frey, *Not Just for the Money — Economic Theory of Personal Motivation* (Edward Elgar, Cheltenham, 1997).

2 O exemplo desenvolve aquele usado por K. Basu, "On why we do not try to walk off without paying after a taxi-ride", *Economic and Political Weekly*, 1983, n⁰ 48.

6

1 S. Fischer, 'Maintaining price stability', *Finance and Development*, dezembro de 1996.

2 Um estudo de Robert Barro, um proeminente economista defensor do livre mercado, conclui que a inflação moderada (10 a 20%) tem um efeito negativo baixo no crescimento, e que, abaixo de 10%, a inflação não tem nenhum efeito. Ver R. Barro, "Inflation and growth", *Review of Federal Reserve Bank of St Louis*, 1996, vol. 78, n⁰ 3. Um estudo realizado por Michael Sarel, economista do FMI, estima que abaixo de 8% a inflação causa apenas um pequeno impacto no crescimento — na verdade, ressalta ele, o relacionamento é positivo abaixo desse nível — ou seja, a inflação ajuda em vez de atrapalhar o crescimento. Ver M. Sarel, "Non-linear effects of inflation on economic growth", *IMF Staff Papers*, 1996, vol. 43, março.

3 Ver: M. Bruno, "Does inflation really lower growth?", *Finance and Development*, 1995, vol. 32, pp. 35-8; M. Bruno e W. Easterly, "Inflation and growth: In search of a stable relationship", *Review of Federal Reserve Bank of St Louis*, 1996, vol. 78, n⁰ 3.

4 Na década de 1960, a taxa de inflação da Coreia foi muito mais alta do que a de cinco países da América Latina (Venezuela, Bolívia, México, Peru e Colômbia) e não muito mais baixo do que a da Argentina. Na década de 1970, a taxa de inflação coreana foi mais elevada do que a encontrada na Ve-

nezuela, no Equador e no México, e não muito inferior à da Colômbia e à da Bolívia. As informações são de A. Singh, "How did East Asia grow so fast? — Slow progress towards an analytical consensus", 1995, UNCTAD Discussion Paper, nº 97, tabela 8.

5 Existem muitas maneiras diferentes de calcular as taxas de lucro, mas o conceito relevante nesse caso são os retornos sobre os ativos. Segundo S. Claessens, S. Djankov e L. Lang, "Corporate growth, financing, and risks in the decades before East Asia's financial crisis", 1998, Policy Research, tese nº 2017, World Bank, Washington, DC, fig. 1, os retornos sobre ativos em 46 países desenvolvidos e em desenvolvimento durante o período 1988-1996 variaram entre 3,3% (Áustria) e 9,8% (Tailândia). O coeficiente variou entre 4 e 7% em quarenta dos 46 países; ficou abaixo de 4% em três países e acima de 7% em três países. Outro estudo do Banco Mundial coloca a taxa média de lucro para empresas não financeiras nas economias de "mercado emergente" (países com renda média) durante a década de 1990 (1992—2001) em um nível ainda mais baixo, 3,1% (lucro líquido/ativos). Ver S. Mohapatra, D. Ratha e P. Suttle, "Corporate financing patterns and performance in emerging markets", mimeo., março de 2003, World Bank, Washington, DC.

6 C. Reinhart e K. Rogoff, *This Time is Different* (Princeton University Press, Princeton e Oxford, 2008), p. 252, fig. 16.1.

7

1 Para mais detalhes sobre as opiniões protecionistas de Lincoln, consulte o meu livro anterior *Kicking Away the Ladder*

(Anthem Press, Londres, 2002), pp. 27-8 e as referências dele.

2 Essa história é narrada com mais detalhes nos meus livros anteriores: *Kicking Away the Ladder* é uma monografia acadêmica com muitas referências e anotações, porém de modo nenhum de difícil leitura, concentrada particularmente na política comercial; *Bad Samaritans* (Random House, Londres, 2007, e Bloomsbury EUA, Nova York, 2008) aborda um leque mais amplo de políticas em diversas áreas e está escrito em uma linguagem mais coloquial.

8

1 Outras evidências são encontradas no meu recente livro *Bad Samaritans* (Random House, Londres, 2007, e Bloomsbury EUA, Nova York, 2008), cap. 4, "The Finn and the Elephant", e R. Kozul-Wright e P. Rayment, *The Resistible Rise of Market Fundamentalism* (Zed Books, Londres, 2007), cap. 4.

9

1 K. Coutts, A. Glyn e B. Rowthorn, "Structural change under New Labour', *Cambridge Journal of Economics*, 2007, vol. 31, nº 5.

2 O termo foi tomado emprestado do relatório de 2008 do Department for BEER (Business, Enterprise and Regulatory Reform) do governo britânico *Globalisation and the Changing UK Economy* (2008).

3 B. Alford, "De-industrialisation", *ReFRESH*, outono de 1997, p. 6, tabela 1.

4   B. Rowthorn e K. Coutts, "De-industrialisation and the balance of payments in advanced economies", *Cambridge Journal of Economics*, 2004, vol. 28, nº 5.

10

1   T. Gylfason, "Why Europe works less and grows taller", *Challenge*, 2007, janeiro/fevereiro.

11

1   P. Collier e J. Gunning, "Why has Africa grown slowly?", *Journal of Economic Perspectives*, 1999, vol. 13, nº 3, p. 4.

2   Daniel Etounga-Manguelle, engenheiro e escritor camaronês, assinala o seguinte: "O africano, ancorado na sua cultura ancestral, está de tal modo convencido de que o passado só pode se repetir, que ele só se preocupa superficialmente com o futuro. Entretanto, sem uma percepção dinâmica do futuro, não há planejamento, previsão ou formação de um cenário; em outras palavras, não há nenhuma política para afetar o desenrolar dos acontecimentos" (p. 69). E então ele prossegue dizendo que "As sociedades africanas são como um time de futebol no qual, em decorrência de rivalidades pessoais e uma falta de espírito de equipe, um jogador deixa de passar a bola para outro com medo de que este último marque um gol" (p. 75). D. Etounga-Manguelle, "Does Africa need a cultural adjustment program?" *in* L. Harrison e S. Huntington (orgs.), *Culture Matters — How Values Shape Human Progress* (Basic Books, Nova York, 2000).

3   Segundo Weber, em 1863, cerca de um quarto da população da França não falava francês. Nesse mesmo ano, 11% das

crianças que frequentavam a escola com idades entre 7 e 13 anos não falavam nem um pouco de francês, enquanto outros 37% falavam ou compreendiam o idioma mas não sabiam escrevê-lo. E. Weber, *Peasants into Frenchmen — The Modernisation of Rural France, 1870-1914* (Stanford University Press, Stanford, 1976), p. 67.

4 Ver H-J. Chang, "Under-explored treasure troves of development lessons — lessons from the histories of small rich European countries (SRECs)" *in* M. Kremer, P. van Lieshoust e R. Went (orgs.), *Doing Good or Doing Better — Development Policies in a Globalising World* (Amsterdam University Press, Amsterdã, 2009) e H-J. Chang, "Economic history of the developed world: Lessons for África", palestra proferida no Eminent Speakers Programme of the African Development Bank, 26 de fevereiro de 2009 (o *download* pode ser feito em: http://www.econ.cam.ac.uk/faculty/chang/pubs/ ChangAfDBlecturetext.pdf).

5 See H-J. Chang, "How important were the 'initial conditions' for economic development — East Asia vs. Sub-Saharan África" (cap. 4) *in* H-J. Chang, *The East Asian Development Experience: The Miracle, the Crisis, and the Future* (Zed Press, Londres, 2006).

6 Para a comparação da qualidade das instituições nos países ricos de hoje quando eles estavam em níveis semelhantes de desenvolvimento com os encontrados hoje nos países em desenvolvimento, ver H-J. Chang, *Kicking Away the Ladder* (Anthem Press, Londres, 2002), cap. 3.

12

1 Uma explicação e apreciação em linguagem coloquial da teoria da vantagem comparativa é encontrada em "My six-year-old son should get a job", cap. 3 do meu livro *Bad Samaritans* (Random House, Londres, 2007, e Bloomsbury EUA, Nova York, 2008).

2 Outros detalhes podem ser encontrados nos meus livros anteriores, *Kicking Away the Ladder* (Anthem Press, Londres, 2002) e *Bad Samaritans*.

13

1 Os dezesseis países nos quais a desigualdade aumentou são, em ordem decrescente de desigualdade de renda até 2000: Estados Unidos, Coreia do Sul, Reino Unido, Israel, Espanha, Itália, Holanda, Japão, Austrália, Canadá, Suécia, Noruega, Bélgica, Finlândia, Luxemburgo e Áustria. Os quatro países nos quais a desigualdade de renda caiu foram a Alemanha, a Suíça, a França e a Dinamarca.

2 L. Mishel, J. Bernstein e H. Shierholz, *The State of Working America, 2008/2009* (Economic Policy Institute, Washington, DC, 2009), p. 26, tabela 3.

3 Segundo a OCDE (Organization for Economic Development and Cooperation), antes dos tributos e transferências, os Estados Unidos, até meados de 2000, tinha um coeficiente Gini (indicador da desigualdade da renda, sendo 0 a igualdade absoluta e 1 a desigualdade absoluta) de 0,46. Os coeficientes foram 0,51 para a Alemanha, 0,49 para a Bélgica, 0,44 para o Japão, 0,43 para a Suécia e 0,42 para a Holanda.

14

1 L. Mishel, J. Bernstein e H. Shierholz, *The State of Working America, 2008/2009* (Economic Policy Institute, Washington, DC, 2009), tabela 3.2.

2 *Ibid.*, tabela 3.1.

3 "Should Congress put a cap on executive pay?", *The New York Times*, 3 janeiro de 2009.

4 Mishel *et al., op. cit.*, tabela 3.A2. Os treze países são Austrália, Bélgica, Canadá, França, Alemanha, Itália, Japão, Holanda, Nova Zelândia, Espanha, Suécia, Suíça e Reino Unido.

5 *Ibid.*, tabela 3.A2.

6 L. A. Bebchuk e J. M. Fried, "Executive compensation as an agency problem", *Journal of Economic Perspectives*, 2003, vol. 17, nº 3, p. 81.

15

1 OCDE, "Is informal normal? — Towards more and better jobs in developing countries", 2009.

2 D. Roodman e J. Morduch, "The impact of microcredit on the poor in Bangladesh: Revisiting the evidence", 2009, documento de trabalho, nº 174, Center for Global Development, Washington, DC.

3 M. Bateman, *Why Doesn't Microfinance Work?* (Zed Books, Londres, 2010).

16

1 Discurso na Mansion House, 19 de junho de 2009.

2 Uma apresentação envolvente, em linguagem coloquial, das pesquisas sobre o lado irracional da natureza humana é encontrada *in* P. Ubel, *Free Market Madness: Why Human Nature is at Odds with Economics — and Why it Matters* (Harvard Business School Press, Boston, 2009).

17

1 J. Samoff, "Education for all in Africa: Still a distant dream" *in* R. Arnove e C. Torres (orgs.), *Comparative Education — The Dialectic of the Global and the Local* (Rowman e Littlefield Publishers Inc., Lanham, Maryland, 2007), p. 361, tabela 16.3.

2 L. Pritchett, "Where has all the education gone?", *The World Bank Economic Review*, 2001, vol. 13, n⁰ 3.

3 A. Wolf, *Does Education Matter?* (Penguin Books, Londres, 2002), p. 42.

4 Na oitava série, os Estados Unidos ultrapassou a Lituânia, mas continuou atrás da Rússia e da Hungria; a pontuação para alunos da quarta série na Hungria e para alunos da oitava série na Letônia e no Cazaquistão não está disponível.

5 Os outros países europeus foram, na ordem de classificação no teste, Alemanha, Dinamarca, Itália, Áustria, Suécia, Escócia e Noruega. Ver o website do National Center for Educational Statistics do US Department of Education Institute of Education Sciences, http://nces.ed.gov/timss/table07_1.asp.

6 Os outros países ricos foram, na ordem de classificação no teste, Japão, Inglaterra, Estados Unidos, Austrália, Suécia, Escócia e Itália. Ver o website da nota anterior.

7 Os trabalhos mais influentes dessa escola de pensamento foram *Labor and Monopoly Capital: The Degradation of Work in the Twentieth Century* de Harry Braverman (Monthly Review Press, Nova York, 1974) e "What do bosses do?" de Stephen Marglin, publicado em duas partes em *The Review of Radical Political Economy* em 1974 e 1975.

8 Wolf, *op. cit.*, p. 264.

9 Mais detalhes sobre a questão da classificação e muitos outros comentários reveladores sobre o papel da instrução no desenvolvimento econômico são encontrados em Wolf, *op. cit.*

18

1 R. Blackburn, "Finance and the fourth dimension", *New Left Review*, maio/junho 2006, p. 44.

19

1 A participação do governo federal nos gastos totais com P&D nos Estados Unidos foi de 53,6% em 1953, 56,8% em 1955, 64,6% em 1960, 64,9% em 1965, 57,1% em 1970, 51,7% em 1975, 47,2% em 1980, 47,9% em 1985 e 47,3% em 1989 (estimados). Ver D. Mowery e N. Rosenberg, "The U.S. National Innovation System" *in* R. Nelson (org.), *National Innovation Systems* (Oxford University Press, Nova York e Oxford, 1993), p. 41, tabela 2.3.

2 H. Simon, "Organizations and markets", *Journal of Economic Perspectives*, 1991, vol. 5, n° 2, p. 27.

20

1 Mais detalhes sobre como a cultura confucionista *não* foi uma das causas do desenvolvimento do Leste Asiático são encontrados em "Lazy Japanese and thieving Germans", cap. 9 no meu livro *Bad Samaritans* (Random House, Londres, 2007, e Bloomsbury USA, Nova York, 2008).

2 M. Jäntti *et al.*, "American exceptionalism in a new light: a comparison of intergenerational earnings mobility in the Nordic countries, the United Kingdom e the United States", The Warwick Economic Research Paper Series, Departamento de Economia, University of Warwick, outubro de 2005.

21

1 A OCDE é a Organização para a Cooperação e Desenvolvimento Econômico. Ela é o clube dos países ricos, na qual a condição de "rico" de vários membros pode ser discutível, como é o caso de Portugal, Coreia, República Tcheca, Hungria, República Eslovaca, Polônia, México e Turquia (na ordem decrescente de renda *per capita*). Desses países, Portugal e a Coreia são os mais ricos, com cerca de 18 mil dólares de renda *per capita* anual (em 2006), e a Turquia o mais pobre, com uma renda *per capita* anual de 5,4 mil dólares (em 2006). O membro seguinte mais pobre da OCDE, depois de Portugal e da Coreia, é a Grécia, que tem uma renda *per capita* anual de mais de 24 mil dólares. Em 2003 (o último ano para o qual a OCDE tem os dados), os gastos sociais públicos foram responsáveis por 5,7% do PIB na Coreia. O percentual mais elevado foi o da Suécia, 31,3%. A média da

OCDE foi de 20,7%. Ver *OECD Factbook 2008: Economic, Environmental and Social Statistics.*

2 Em 2003 (o último ano para o qual a OCDE tem os dados), os gastos sociais públicos foram responsáveis por 16,2% do PIB nos Estados Unidos, comparados com a média de 20,7% da OCDE e a média de 23,9% dos quinze países de União Europeia. Entre os estados-membros da OCDE, apenas a Coreia (5,7%) e o México (6,8%) — dois países que geralmente não são considerados plenamente desenvolvidos — apresentaram um coeficiente mais baixo. *Ibid.*

22

1 R. Portes e F. Baldursson, *The Internationalisation of Iceland's Financial Sector* (Iceland Chamber of Commerce, Reykjavik, 2007), p. 6.

2 G. Duménil e D. Lévy, "Costs and benefits of neoliberalism: A class analysis", *in* G. Epstein (org.), *Financialisation and the World Economy* (Edward Elgar, Cheltenham, 2005).

3 J. Crotty, "If financial market competition is so intense, why are financial firm profits so high? — Reflections on the current 'golden age' of finance", tese nº 134, PERI (Political Economy Research Institute), University of Massachusetts, Amherst, abril de 2007.

4 As informações sobre a GE foram extraídas de R. Blackburn, "Finance and the fourth dimension", *New Left Review*, maio/junho de 2006, p. 44. J. Froud *et al.*, *Financialisation and Strategy: Narrative and Numbers* (Routledge, Londres, 2006), estima que o coeficiente poderia chegar a 50%. As informa-

ções sobre a Ford foram extraídas do estudo de Froud *et al.* e as da GM do estudo de Blackburn.

5 J. G. Palma, "The revenge of the market on the rentiers — Why neoliberal reports of the end of history turned out to be premature", *Cambridge Journal of Economics*, 2009, vol. 33, nº 4.

23

1 A sua renda *per capita* duplicará em dez anos, se você for uma economia "milagrosa" que cresce 7% ao ano. Se você for uma economia da "idade do ouro" que cresce 3,5% ao ano *per capita*, serão necessários cerca de vinte anos para duplicar a sua renda *per capita*. Nesses vinte anos, a renda *per capita* da economia milagrosa terá quadruplicado. Em contraposição, uma economia da "revolução industrial", que cresce 1% ano do ponto de vista *per capita*, levará cerca de setenta anos para duplicar a sua renda *per capita*.

2 O *download* da carta pode ser feito no website, http://media. ft.com/cms/3e3b6ca8-7a08-11de-b86f-00144feabdc0.pdf.